Graffiti – eine Herausforderung für das Strafrecht

Europäische Hochschulschriften

European University Studies
Publications Universitaires Européennes

Reihe II **Rechtswissenschaft**

Series II Law

Série II Droit

Band/Volume **5518**

Wan-Tae Kim

Graffiti – eine Herausforderung für das Strafrecht

Zugleich eine kritische Würdigung des Tatbestands der Sachbeschädigung

PL ACADEMIC RESEARCH

Bibliografische Information der Deutschen Nationalbibliothek
Die Deutsche Nationalbibliothek verzeichnet diese Publikation in der Deutschen Nationalbibliografie; detaillierte bibliografische Daten sind im Internet über http://dnb.d-nb.de abrufbar.

Zugl.: Frankfurt (Main), Univ., Diss., 2013

D 30
ISSN 0531-7312
ISBN 978-3-631-64762-2 (Print)
E-ISBN 978-3-653-03533-9 (E-Book)
DOI 10.3726/978-3-653-03533-9

PL Academic Research ist ein Imprint der Peter Lang GmbH.
Peter Lang – Frankfurt am Main · Bern · Bruxelles · New York · Oxford · Warszawa · Wien

Dieses Buch wurde vor Erscheinen peer reviewed.

www.peterlang.com

Vorwort

Die vorliegende Arbeit wurde im Sommersemester 2013 von dem Fachbereich Rechtswissenschaft der Johann Wolfgang Goethe-Universität Frankfurt am Main als Dissertation angenommen. Das Manuskript wurde im Januar 2013 fertig gestellt und erschienene Gesetzesvorhaben, Literaturen und Rechtsprechungen konnten auf dem Stand bis 2012 berücksichtigt werden.

Mein erster herzlichster und tiefster Dank gilt meinem Doktorvater, Herrn Prof. Dr. Dr. h.c. Ulfrid Neumann; der das Thema der Arbeit stets mit besonderem Engagement, großem Interesse durch das Institut für Kriminalwissenschaften und Rechtsphilosophie der Goethe Universität gefördert hat und mich bei meinen Forschungen mit Rat, Tat und Zuspruch durch sein Vertrauen, sowie die motivierende und intensive Betreuung in vorbildlicher Weise jedes mal unterstützt hat und mich auch sonst vor, während und nach Abschluss des Dissertationsverfahrens zur regelmäßigen Besprechung immer bereitwillig und in jeder Hinsicht zuvorkommend unterstützte.

Herrn Prof. Dr. Walter Kargl bin ich zu großen Dank für die rasche Erstellung des Zweitgutachtens und die wertvollen Anregungen zu meiner Arbeit vor allem unter ökonomischen Blickwinkeln verpflichtet. Sehr dankbar bin ich Herrn Prof. Dr. Cornelius Prittwitz und Herrn Prof. Dr. Dr. Peter Sester. Sie haben es ermöglicht, das Promotionsverfahren zügig zum Prüfungsausschuss zu bringen.

Herrn Prof. Dr. Wolfgang Schild, Herrn Prof. Dr. Joachim Wieland und Frau Prof. Dr. Regina Harzer bin ich ebenfalls zu großen Dank für die hilfreichen juristischen Hinweise verpflichtet.

Zu Dank verpflichtet bin ich auch dem „Peter Lang Verlag Frankfurt am Main“ für die Aufnahme meiner Dissertation in ihre Schriftenreihe „Europäische Hochschulschriften“.

Danken möchte ich auch allen Ungenannten und Genannten, die mich bei der Anfertigung der Dissertationsschrift unterstützt haben, auch Herrn Dr. Denis Basak, Hannes Oenning und Helmut Vogt, die diese Arbeit bis zur Fertigstellung mit großem Interesse und Hilfsbereitschaft zu Teilen bzw. vollständig kritisch begleitet haben.

In besonderer Weise bin ich zu ewigem Dank an meiner ganzen Familie verpflichtet, allen voran meinen Eltern und Schwiegereltern. Ganz besonders herzlich möchte ich meiner lieben Großmutter und meinem Vater danken, die mich in der Entscheidung für das Studium Rechtswissenschaft in Deutschland unterstützten. Meiner lieben Mutter, die immer mit viel freundschaftlichem Verhalten zur Seite stand, gilt auch besonders mein herzlichster und tiefster Dank für ihre jederzeitige Förderung meines Lebensweges, ihr uferloses Verständnis und ihre uneingeschränkte Unterstützung mit Rat und Tat in jeder Hinsicht. Ebenso gebührt mein herzlichster Dank meinem Bruder Herrn Kim Jin-Yeong, der mit seiner Wärme und Geduld einen unschätzbaren Beitrag zum Gelingen meiner Dissertation geleistet hat.

Meiner lieben Tochter Kim See-Rhim danke ich ganz herzlich für ihre grenzenlose Unterstützung und ihr liebevolles Verständnis. Zu guter Letzt bedanke ich mich vom ganzen Herzen bei meiner lieben Frau Jung Su Jung, die von Herzen für Beistand, Anregungen und Ermutigungen für mich immer da ist. Ich danke ihr ganz herzlich für ihre Bereitschaft und ihr Verständnis, über mehrere Jahre – während meiner schwierigen Promotionsphase zur schönsten Zeit meines Lebens um das Entstehen und die Anfertigung meiner Dissertation zu ermöglichen. Ihr widme ich diese Dissertationsarbeit in tief empfundener großer Liebe und inniger Verbundenheit.

Ich danke allen lieben Menschen für ihre vielfältige Unterstützung, sage auf diesem Weg ganz herzlich: Danke schön und „Die Liebe erträgt alles, sie glaubt alles, sie hofft alles, sie duldet alles".

Frankfurt am Main, Goethe Universität, im Juni 2013 Kim Wan-Tae

Inhaltsverzeichnis

Abkürzungsverzeichnis 15

Einleitung 19
I. Problemaufriss 19
II. Forschungsstand 20
III. Zielsetzungen der Untersuchung 21
IV. Gang der Untersuchung 22

1. Kapitel: Graffiti als kriminologisches Phänomen 25
I. Graffiti-Begriffbestimmung 25
1. Annäherung an den Begriff Graffiti 25
2. Die semantische Bedeutung des Worts Graffiti 26
II. Das kulturelle Phänomen Graffiti 26
1. Ausdrucksformen Graffitis 26
a) Graffitis als Ausdruck der Menschen 26
b) Graffitis als Ausdruck der Protestbotschaft 27
c) Graffitis als Ausdruck der Mitteilungen 27
2. Entstehungen und Bedeutungen von Graffitis in den USA, Deutschland und Südkorea 29
a) USA 29
b) Deutschland 30
c) Südkorea 33
III. Das kriminologische Phänomen Graffiti 35
1. Graffiti – Kunstfreiheit oder Sachbeschädigung 35
2. Häufige Situation beim unbefugten Sprayen von Graffitis 36
3. Hintergründe der Täter 37
IV. Zusammenfassendes Ergebnis 40

2. Kapitel: Der strafrechtliche Umgang mit Graffitis nach dem Straftatbestand der Sachbeschädigung bis zum 39. Strafrechtsänderungsgesetz vom 7. September 2005 41
I. Allgemeine Einzelfragen der Sachbeschädigung im StGB 41
1. Entstehungsgeschichte 41

a) § 303 StGB 41
b) § 304 StGB 43
2. Kriminalpolitische Bedeutung 43
3. Geschütztes Rechtsgut 44
II. Die Auslegung des Tatbestands der Sachbeschädigung in der Rechtsprechung und Strafrechtswissenschaft zum Beschädigungsbegriff bis zur Gesetzesänderung 45
1. Strenge Substanztheorie 45
a) Darstellung der Theorie 45
b) Übertragbarkeit der Theorie auf Fälle des Sprayens 46
aa) Ursprüngliche Beschädigung 47
bb) Sekundäre Schädigung durch die Reinigung 48
c) Kritische Würdigung der Theorie 50
2. Die Theorie der Brauchbarkeitsminderung 51
a) Darstellung der Theorie 51
b) Erweiterung der Substanztheorie durch das Reichsgericht 52
c) Das Verzichten der Voraussetzung einer Substanzverletzung durch den BGH 54
aa) Fälle „Luftablassen aus Reifen“ 54
bb) Fälle „wilden Plakatierens“ 56
d) Übertragbarkeit der Theorie auf die Graffiti-Problematik 57
e) Kritische Würdigung 58
3. Funktionsvereitelungstheorie 60
a) Darstellung der Theorie 60
b) Übertragbarkeit der Theorie auf die Graffiti-Problematik 61
c) Kritische Würdigung der Theorie 62
4. Zustandsveränderungstheorie 63
a) Darstellung der Theorie 63
b) Übertragbarkeit der Theorie auf Fälle des Plakatierens und Sprayens von Graffitis 64
c) Kritische Würdigung der Theorie 65
5. Die Theorie der Wertminderung 67
a) Darstellung der Theorie 67
b) Übertragbarkeit der Theorie auf die Graffti-Problematik 68
c) Kritische Würdigung der Theorie 68
6. Zusammenfassendes Ergebnis 69
III. Gesetzgebungsgeschichte zur Reform des Straftatbestands der Sachbeschädigung 70
1. Gesetzgebungsverfahren vor Gesetzesantrag des Landes Berlin 71

a) Reformentwurf 1962 72
aa) Wortlaut 72
bb) Begründung 72
cc) Ablehnungsgründe 72
b) Reformentwurf 1982 73
aa) Wortlaut 73
bb) Begründung 73
cc) Ablehnungsgründe 73
2. Gesetzgebungsgeschichte eines Graffiti-Bekämpfungsgesetzes durch das Land Berlin, die CDU/CSU- und FDP-Fraktion in den Jahren 1998 bis 2000 74
a) Reformentwurf durch das Land Berlin 74
aa) Wortlaut 74
bb) Begründung 74
cc) Ablehnungsgründe 75
b) Reformentwürfe der CDU/CSU-,und FDP-Fraktion 75
aa) Wortlaut 75
bb) Begründung 75
cc) Ablehnungsgründe 76
3. Gesetzgebungsgeschichte eines Graffiti-Bekämpfungsgesetzes durch das Land Baden-Württemberg, das Land Berlin, die FDP-, CDU/CSU-, die Bundesländer, SPD- und Bündnis 90/Die Grünen Fraktion in den Jahren 2001 bis 2005 76
a) Darstellung des Wortlauts in der 14. Legislaturperiode 76
b) Darstellung des Wortlauts durch die 15. Legislaturperiode 77
c) Darstellung des Wortlauts des Koalitionsentwurfs vom 2005 78
4. Nachweise durch die Gesetzgebungsgeschichte des Graffitibekämpfungsgesetzes 79
a) Problematik 79
b) Begründung 79
c) Ablehnungsgründe 80
IV. Zusammenfassendes Ergebnis 84

3. Kapitel: Der Straftatbestand der Sachbeschädigung in der Fassung des 39. Strafrechtsänderungsgesetzes vom 08.09.2005 85
I. Allgemeines zum Straftatbestand der Sachbeschädigung durch das 39. Strafrechtsänderungsgesetz 85
1. Normtexte 85
a) § 303 StGB Sachbeschädigung 85

b) § 304 StGB Gemeinschädliche Sachbeschädigung ... 86
2. Normcharakter ... 86
a) § 303 StGB ... 86
b) § 304 StGB ... 87
3. Geschütztes Rechtsgut ... 87
a) § 303 StGB ... 87
aa) Darstellung des Rechtsgutskonzepts ... 88
bb) Schützwürdige Rechtsgüter auf Graffitis ... 90
b) § 304 StGB ... 92
4. Strafrahmen ... 93
II. Zu den einzelnen Tatbestandmerkmalen des § 303 Abs. 2 StGB ... 94
1. Tatobjekt „fremde Sache“ ... 94
2. Tathandlung „Veränderung des Erscheinungsbildes“ ... 94
a) Veränderung des Erscheinungsbildes ... 95
aa) Hintergrund ... 95
bb) Darstellung des Wortlauts ... 96
cc) Übertragbarkeit des Wortlauts ... 98
b) Nicht nur unerheblich ... 100
aa) Darstellung des Wortlauts ... 100
bb) Übertragbarkeit des Wortlauts ... 101
aaa) Bezug auf die unmittelbare Einwirkung auf Substanz an der Sache ... 101
bbb) Bezug auf den Umständen des Einzelfalls ... 102
ccc) Bezug auf die optische Wahrnehmung unter besonderen Bedingungen ... 103
c) Nicht nur vorübergehend ... 103
aa) Darstellung des Wortlauts ... 103
bb) Übertragbarkeit des Wortlauts ... 104
aaa) Bezug auf den Entfernungsaufwand ... 104
bbb) Bezug auf die zeitliche Dauerhaftigkeit ... 105
d) Unbefugt ... 106
aa) Darstellung des Wortlauts ... 106
bb) Übertragbarkeit des Wortlauts ... 107
III. Einzelfragen zum Straftatbestand der Sachbeschädigung ... 108
1. § 303 StGB ... 108
a) Rechtswidrigkeit ... 108
b) Konkurrenzen ... 108
2. § 304 StGB ... 108
IV. Das Bestimmtheitsgebot als Grenze der Strafgesetzgebung Art. 103 Abs. 2 GG ... 109

1. Verändern des Erscheinungsbildes ... 110
2. „Unbefugt“ ... 111
3. „Nicht nur unerheblich und nicht nur vorübergehend“ ... 112
4. Konsequenz bei der Auslegung der Tatbestandsmerkmale „nicht nur unerheblich“ und „nicht nur vorübergehend“ ... 113
V. Zusammenfassendes Ergebnis ... 115

4. Kapitel: Kriminalpolitische Bewertung der Graffitigesetzgebung ... 117
I. Schwierigkeiten bei der Strafverfolgung ... 117
II. Zur Effektivität des Graffitibekämpfungsgesetzes ... 119
III. Rechtliche Alternativen zur Verhängung von Geld- und Freiheitsstrafen ... 120
1. TOA ... 120
2. Schadenwiedergutmachung ... 123
3. Zivilrecht ... 125
4. Ordnungswidrigkeitenrecht ... 126
5. Zusammenfassendes Ergebnis ... 131
IV. Gesellschaftliche Alternativen zur strafrechtlichen Graffitibekämpfung ... 133
1. Präventive Angebote zur Graffitibekämpfung ... 133
a) Halls of Fame ... 133
aa) Erfahrung in Österreich ... 133
bb) Erfahrung in Deutschland ... 134
cc) Übertragbarkeit ... 134
b) Graffiti-Workshops ... 136
c) Technische Maßnahmen ... 137
d) Zusammenfassendes Ergebnis ... 138
2. Ein allgemein zu beobachtender Trend in der rechtspolitischen Debatte ... 139
3. Die „Broken-Windows“-Theorie ... 140
a) Darstellung der Theorie ... 140
b) Übertragbarkeit der Theorie ... 142
4. Die „Zero-Tolerance“-Politik ... 145
a) Darstellung der „Zero-Tolerance“-Politik ... 145
b) Kriminalitätsfurcht als Entstehungszusammenhang ... 147
c) Das Sicherheitsgefühl in der Bevölkerung als Entstehungszusammenhänge ... 149
5. Status quo des Umgangs mit Jugenddelinquenz ... 153
V. Zusammenfassendes Ergebnis ... 155

5. Kapitel: Lösungsvorschläge zur Reform des Straftatbestands der Sachbeschädigung ... 157
I. Rechtslage aus Gründen der Strafrechtsdogmatik in Südkorea ... 157
1. Rechtslage in Südkorea ... 157
a) Darstellung der Gesetzeslage § 366 KoStGB ... 157
b) Entstehungsgeschichte ... 157
c) Geschützes Rechtsgut ... 158
d) Tatobjekte ... 159
2. Die Strafbarkeit des illegalen Sprayens von Graffitis in Südkorea ... 159
a) Rechtsprechung ... 159
b) Literatur ... 160
c) Stellungnahme ... 162
3. Rechtsvergleich der Gesetzeslage in drei europäischen Ländern ... 163
a) Italien ... 163
aa) Art. 635 Abs. 1 ItaStGB ... 163
bb) Art. 639 Abs. 1 ItaStGB ... 163
cc) Stellungnahme ... 163
b) Österreich ... 164
aa) § 125 ÖsterStGB ... 164
bb) § 126 Abs. 1 Nr. 7 und Abs. 2 ÖsterStGB ... 164
cc) Stellungnahme ... 164
c) Schweiz ... 165
aa) Art. 144 Abs. 1 SchwStGB ... 165
bb) Stellungnahme ... 165
4. Zusammenfassendes Ergebnis ... 165
II. Zur Reform des Straftatbestands der Sachbeschädigung ... 166
1. Begründung auf Fälle des Sprayens ... 166
2. Ablehnungsgründe ... 166
III. Alternativentwurf ... 168
1. Wortlaut ... 168
a) § 303 StGB Sachbeschädigung ... 168
b) § 304 StGB Gemeinschädliche Sachbeschädigung ... 168
2. Begründung ... 168
a) Zum besseren Schutz des Eigentums nach §§ 303, 304 StGB ... 170
aa) Derzeitiger Eigentumsschutz ... 170
bb) Kritische Würdigung der Rechtslage ... 171
cc) Lösung ... 173
aaa) Formulierungsvorschläge ... 173
bbb) Strafrahmenvorschläge ... 173
dd) Schluss-Wort ... 175

b) Zur besseren gerichtlichen Feststellung von Sachbeschädigungen 176
IV. Zusammenfassendes Ergebnis 176

Zusammenfassung der wesentlichen Ergebnisse 179

Literaturverzeichnis 189

Abkürzungsverzeichnis

a.A.	andere Ansicht
a.a.O.	am angegebenen Ort
a.F.	alte Fassung
Abs.	Absatz
AE-WGM	Alternativ-Entwurf Wiedergutmachung 1992
AG	Amtsgericht
Anm.	Anmerkung
AöR	Archiv des öffentlichen Rechts
AQ	Aufklärungsquote
ARSP	Archiv für Rechts- und Sozialphilosophie
Art.	Artikel
AT	Allgemeiner Teil des StGB
Aufl.	Auflage
BayObLG	Bayerisches Oberstes Landesgericht
Bd.	Band
Beschl.	Beschluss
BGB	Bürgerliches Gesetzbuch
BGBl.	Bundesgesetzblatt
BGH	Bundesgerichtshof
BGHSt	Entscheidungen des Bundesgerichtshofs in Strafsachen
BJagdG	Bundesjagdgesetz
BMI	Bundesministerium des Innern
BR-Drucks.	Drucksache des Bundesrates
BT	Besonderer Teil des StGB
BT-Drucks.	Drucksache des Bundestages
BT-Plenarproto.	Plenarprotokoll des Deutschen Bundestages
BVerfG	Bundesverfassungsgericht
BVerfGE	Entscheidungen des Bundesverfassungsgerichts
BVerwGE	Entscheidungen des Bundesverwaltungsgerichts
bzw.	beziehungsweise
DenkmalschutzG	Denkmalschutzgesetz
ders.	derselbe
d.h.	das heißt

DÖV	Die öffentliche Verwaltung
DRiZ	Deutsche Richterzeitung
EBO	Eisenbahn-Bau- und Betriebsordnung
EGStGB	Einführungsgesetz zum Strafgesetzbuch
EMRK	Europäische Menschenrechtskonvention
etc.	et cetera
f.	folgende
ff.	fortfolgende
FS	Festschrift
GA	Goltdammer's Archiv für Strafrecht
gem.	gemäß
GG	Grundgesetz
ggf.	gegebenenfalls
GS	Gedächtnisschrift
GVl.	Gesetz- und Verordnungsblatt
HansOLG	Hanseatisches Oberlandesgericht
Hrsg.	Herausgeber
i.d.R	in der Regel
i.d.S.	in diesem Sinne
i.S.d.	im Sinne des/der
i.S.	im Sinne einer/eines
i.S.v.	im Sinne von
ItaStGB	italienisches Strafgesetzbuch
i.V.m	in Verbindung mit
JA	Juristische Arbeitsblätter
JGG	Jugendgerichtsgesetz
JR	Juristische Rundschau
Jura	Juristische Ausbildung
JuS	Juristische Schulung
JZ	Juristenzeitung
KG	Kammergericht
KJ	Kritische Justiz
KoBGB	Bürgerliches Gesetzbuch von Südkorea
KoOG	Entscheidungen von Oberstengerichtshof von Südkorea
KoStGB	Strafgesetzbuch von Südkorea
KoVerfGE	Entscheidungen des Verfassungsgerichtshofs von Südkorea
KrimJ	Kriminologisches Journal Zeitschrift
KrimZ	Kriminologische Zentralstelle
Krit.	Kritisch

KritV	Kritische Vierteljahresschrift für Gesetzgebung und Rechtswissenschaft
KRW	Südkorea – Won
Lfg.	Lieferung
LG	Landgericht
LK	Leipziger Kommentar
LKA	Landeskriminalamt
MDR	Monatsschrift für deutsches Recht
MschrKrim	Monatsschrift für Kriminologie und Strafrechtsreform
MK	Münchener Kommentar
n.F.	neue Fassung
NJ	Neue Justiz
NJW	Neue Juristische Wochenschrift
NK	Nomos Kommentar
Nr.	Nummer
NStZ	Neue Zeitschrift für Strafrecht
NStZ-RR	NStZ-Rechtsprechungs-Report
NVwZ	Neue Zeitschrift für Verwaltungsrecht
OLG	Oberlandesgericht
ÖsterStGB	österreichisches Strafgesetzbuch
OWiG	Gesetz über Ordnungswidrigkeiten
PKS	Polizeiliche Kriminalstatistik Bundesrepublik Deutschland
Proto.	Protokoll
RG	Reichsgericht
RGBl.	Reichsgesetzblatt
RGSt	Entscheidungen des Reichsgerichts in Strafsachen
Rn.	Randnummer
S.	Seite oder Satz
SächsPolG	Polizeigesetz des Freistaates Sachsen
SBR	Statistisches Bundesamt Rechtspflege
SchwStGB	schweizerisches Strafgesetzbuch
SchwZStr	Schweizerische Zeitschrift für Strafrecht
SK	Systematischer Kommentar
sog.	sogenannt
SSW	Satzger/Schmitt/Widmaier Kommentar
StA	Staatanwalt(schaft)
StGB	Strafgesetzbuch
StPO	Strafprozeßordnung
StraFo	Strafverteidiger Forum
StrR	Strafrecht

StrÄG	Gesetz zur Änderung des Strafrechts
StrRG	Gesetz zur Reform des Strafrechts
Stud-K	Studienkommentar
StV	Strafverteidiger
StVO	Straßenverkehrsordnung
StVollzG	Strafvollzugsgesetz
TOA	Täter-Opfer-Ausgleich
TV	Tatverdächtige
Urt.	Urteil
u.a.	und andere
usw.	und so weiter
u.U.	unter Umständen
v.	vom oder von
VewRs	Verwaltungsrundschau
vgl.	vergleiche
VVDStRL	Veröffentlichungen der Vereinigung Deutscher Staatsrechtslehrer
VVPolG	Verwaltungsvorschriften zum Polizeigesetz
WiKG	Gesetz zur Bekämpfung der Wirtschaftskriminalität
z.B.	zum Beispiel
ZfRV	Zeitschrift für Rechtsvergleichung
ZfStrVo	Zeitschrift für Strafvollzug und Straffälligenhilfe
ZIS	Zeitschrift für Internationale Strafrechtsdogmatik
ZRP	Zeitschrift für Rechtspolitik
ZStW	Zeitschrift für die gesamte Strafrechtswissenschaft
z.T.	zum Teil

Einleitung

I. Problemaufriss

Gesellschaftliche Veränderungen spiegeln sich regelmäßig auch in deren Rechtsvorschriften wider. Ein Beispiel, dass seit Jahren im Strafrecht kontrovers diskutiert wird, ist der Umgang mit illegalen Graffitis. Graffitis auf Häuserwänden, Verkehrsschildern sowie auf privaten und öffentlichen Verkehrsmitteln, beeinflussen das Straßenbild in zahlreichen Städten[1] und verursachen teilweise erhebliche Schäden.[2]

Nach neueren empirischen Untersuchungen dürften die durch Graffitis verursachten Schäden[3] in Deutschland pro Jahr zwischen 200–500 Millionen Euro[4] liegen. Es verwundert daher nicht, dass die Frage des strafrechtlichen Umgangs mit unbefugt gesprühten Graffitis bereits zwischen 1998 und 2005 vom Deutschen Bundestag und im Bundesrat intensiv diskutiert und mit der Frage der Sicherheit der deutschen Städte in Zusammenhang gebracht wurde.[5] Durch das Graffitibekämpfungsgesetz vom 08.09.2005[6] hat sich der damalige rot-grüne Gesetzgeber dieses Problems angenommen.

---

1 Vgl. Behforouzi, Die deutsche Graffiti-Szene, S. 1; Maron, Das 39. Strafrechtsänderungsgesetz, S. 1; Mogg, Die strafrechtliche Erfassung von Graffiti, S. 3.

2 Maron, Das 39. Strafrechtsänderungsgesetz, S. 1; Mogg, Die strafrechtliche Erfassung von Graffiti, S. 3; Ingelfinger, Graffiti und Sachbeschädigung, S. 12; Wolf, Graffiti als kriminologisches und strafrechtsdogmatisches Problem, S. 84–85.

3 Höffler, Graffti – Prävention durch Wiedergutmachung, S. 26, 31; Maron, Das 39. Strafrechtsänderungsgesetz, S. 250.

4 Vgl. Maron, Das 39. Strafrechtsänderungsgesetz, S. 10; Eisenschmid, NJW 2005, 3033 (3033); Schwind, Kriminologie, S. 281; Kaiser, Graffiti, S. 31; Mogg, Die strafrechtliche Erfassung von Graffiti, S. 3; Ingelfinger, Graffti und Sachbeschädigung, S. 12; BT-Drucks. 15/63 vom 13.11.2002, S. 1, 3; Hilgers, Wissenschaftliche Dienste des deutschen Bundestages, Nr. 48/05 am 14/07.2005.

5 BT-Plenarproto. 15/182 am 17.06.2005, S. 17186; BT-Drucks. 15/5317, S. 3; 15/404, S. 6; 15/63, S. 3; 14/8013, S. 6; 14/872, S. 4; Entwurf des Landes Baden-Württemberg, BR-Drucks. 765/01 vom 09.10.01, Anlage 2, S. 2; 765/01 (Beschluß) vom 30.11.01, Anlage, S. 2; Entwurf des Landes Berlin, 805/98 vom 23.09.98, Begründung, S. 2; 805/98 (Beschluß) vom 19.03.99, Anlage, S. 2.

6 Am 08.09.2005 trat das Graffitibekämpfungsgesetz in Kraft, BGBl I Nr. 56 vom 07.09.2005, S. 2674; BT-Drucks. 15/5313 vom 19.04.2005; BR-Drucks. 452/05 vom 08.07.2005; Krüger,

Umstritten war bis zur Gesetzesänderung im Jahr 2005, ob das illegale Sprayen von Graffitis überhaupt als Straftatbestand zu werten ist. Aufgrund der aus Sicht der Politik nur unzureichenden strafrechtlichen Verfolgungsmöglichkeiten wurde im September 2005 ein neuer Absatz 2 in den § 303 StGB mit aufgenommen, der eine Handlung auch dann als strafrechtlich relevant einstuft, wenn dadurch das Erscheinungsbild einer fremden Sache nicht nur unerheblich und nicht nur vorübergehend verändert wird.[7]

Um diese strafrechtliche Entwicklung näher zu untersuchen, gibt die vorliegende Arbeit einen Überblick über den strafrechtlichen Umgang mit dem Graffiti-Phänomen, diskutiert die gegenwärtige Strafrechtspraxis kritisch und analysiert die Hintergründe des Graffitibekämpfungsgesetzes.

II. Forschungsstand

Die Strafrechtswissenschaften haben sich aus kriminologischer, kriminalpolitischer sowie aus dogmatischer Sicht mit dem Problem beschäftigt.[8] Inzwischen gibt es zahlreiche Arbeiten zum Thema Graffiti. Einige Aspekte konnten jedoch noch nicht hinreichend geklärt werden. So hat sich die Rechtsprechung zum neuen § 303 Abs. 2 StGB bisher nur wenig geäußert.

Die Bundesregierung hatte mit ihrer Mehrheit im Bundestag durch das Graffitibekämpfungsgesetz vom 08. September 2005 die rechtlichen Grundlagen für eine, nach ihrer Auffassung effektivere Verfolgung des unbefugten Sprayens von Graffitis geschaffen, um das Sicherheitsgefühl der Bevölkerung[9] zu verbessern. Nach der Gesetzesänderung wurde allerdings diskutiert, ob die Neuregelung des § 303 StGB mit einem Verlust an Rechtssicherheit verbunden ist. Fraglich ist von daher, ob die neuen Regelungen des § 303 StGB, im Hinblick auf das illegale Sprayen von Graffitis, als sachgerecht angesehen werden können, oder reformbedürftig sind.

NJ 2006, 247 (247); Wüstenhagen/Pfab, StraFo 2006, 190 (190); Hillenkamp, Was bewirkt das „Noffiti-Gesetz"?, in: FS für Schwind, S. 927; vgl. Schnurr, Graffiti als Sachbeschädigung, S. 15; Eisenschmid, NJW 2005, 3033 (3034).

7 BT-Drucks. 15/5313, S. 2; vgl. BT-Drucks. 15/5317, S. 2; 15/404, S. 5; 15/302, S. 2; 15/63, S. 2.

8 Maron, das 39. Strafrechtsänderungsgesetz; Ingelfinger, Graffti und Sachbeschädigung; Wolf, Graffti als kriminologisches und strafrechtsdogmatisches Problem; Mogg, Die strafrechtliche Erfassung von Graffiti; Schnurr, Graffiti als Sachbeschädigung; Behforouzi, Die deutsche Graffiti-Szene; Höffler, Graffiti – Prävention durch Wiedergutmachung.

9 BT-Drucks. 15/5317, S. 3; 15/404, S. 6.

Das gegenwärtige Strafrecht wird von gesellschaftlichen und politischen Interessen beeinflusst.[10] Während aus dogmatischer Sicht eine Auseinandersetzung mit der Frage der strafrechtlichen Erfassung von Graffiti[11] erfolgt, wird aus kriminalpräventiver Sicht eine Auseinandersetzung mit der deutschen Graffiti-Szene diskutiert.[12] Eine empirische rechtswissenschaftliche Arbeit untersucht unter der Fragestellung „Graffiti – Prävention durch Wiedergutmachung" ein Münchner Modellprojekt unter dem Schwerpunkt der „Implementation und Effektivität".[13] Da der Tatbestand der Sachbeschädigung, trotz volkswirtschaftlicher Schäden, nicht immer geahndet wird,[14] befürchten die Bürger einen Verlust an Rechtssicherheit.

Insgesamt ist festzustellen, dass der Diskussionsstand hinsichtlich des unbefugten Sprayens von Graffitis, trotz großer Bemühungen zur Klärung der Rechtslage, noch immer deutlich hinter der wissenschaftlichen Diskussion über die Rechtfertigung von Strafe zurückbleibt.

III. Zielsetzungen der Untersuchung

Diese Arbeit soll den Stand der Diskussion über den Tatbestand der Sachbeschädigung zusammenfassend vorstellen und illegale Graffitis als eine Herausforderung für das Strafrecht untersuchen. Bei der strafrechtlichen Ahndung illegaler Graffitis kommen, in Abhängigkeit vom jeweiligen Fall, neben dem Straftatbestand der Sachbeschädigung nach § 303 StGB, auch noch weitere Strafgesetze, z.B. die gemeinschädliche Sachbeschädigung nach § 304 StGB, in Betracht.

Die vorliegende Arbeit konzentriert sich jedoch auf den Straftatbestand der Sachbeschädigung des § 303 StGB, um insbesondere den Beschädigungsbegriff des § 303 Abs. 1 StGB näher konkretisieren zu können. Aus den für den Tatbestand der Sachbeschädigung gewonnenen Erkenntnissen soll die Auslegung des Tatbestands der Sachbeschädigung in der Rechtsprechung und Strafrechtswissenschaft für die bisher immer noch unzureichende Theorie zum Beschädigungsbegriff entwickelt werden. Die Arbeit will vor dem Hintergrund der Unsicherheiten beim strafrechtlichen Umgang mit den illegalen Graffitis zeigen, in welchem

10 Schnurr, Graffiti als Sachbeschädigung, S. 7; Behforouzi, Die deutsche Graffiti-Szene, S. 1; vgl. Braum, KJ 2000, S. 47.

11 Mogg, Die strafrechtliche Erfassung von Graffiti, S. 4.

12 Behforouzi, Die deutsche Graffiti-Szene, S. 1.

13 Höffler, Graffiti – Prävention durch Wiedergutmachung, S. 1–2.

14 Maron, das 39. Strafrechtsänderungsgesetz, S. 1; Ingelfinger, Graffti und Sachbeschädigung, S. 12, 14; Wolf, Graffti als kriminologisches und strafrechtsdogmatisches Problem, S. 19.

Umfang der Straftatbestand der Sachbeschädigung einen Beitrag zu mehr Rechtssicherheit bei Grafftis leisten kann.

Die Änderungen der Auslegung des § 303 Abs. 1 StGB (dieser bezieht sich auf die Zeit vor der Änderung des Gesetzes im Jahr 2005) in den Graffitifällen sind Ausdruck eines Wandels der gesellschaftlichen Verhältnisse. Einerseits überträgt der Gesetzgeber dem Strafrichter die Verantwortung für die Auslegung des Gesetzes, andererseits soll aber im Einzelfall eine gerechte Auslegung gefunden und nicht willkürlich entschieden werden. Dabei wird der Beschädigungsbegriff maßgeblich von der Auslegung des § 303 Abs. 2 StGB bestimmt, der den auch schon vor der Gesetzesnovelle vertretenen Interpretationsmöglichkeiten zum Straftatbestand des § 303 Abs. 1 StGB, eine Grenze setzt.[15]

Diese Arbeit will deshalb die Frage beantworten, weshalb und in welchem Umfang ein bestimmtes Verhalten vom Gesetzgeber als kriminell eingestuft werden darf. Die vorliegende Untersuchung will aber auch einen Teil zur Bewältigung der Herausforderungen leisten, mit denen das Strafrecht durch das Phänomen Graffiti konfrontiert wird. Die Aufgabe besteht deshalb darin, die im Strafrecht vorgeschlagenen Alternativen zur kriminalpolitischen Bewertung der Graffitigesetzgebung kritisch zu hinterfragen.

IV. Gang der Untersuchung

Die Arbeit gliedert sich in fünf Kapitel. Die Herausforderungen, die mit dem Graffiti-Phänomen für das Strafrecht verbunden sind, kann man erst verstehen, wenn man den Tatbestand der Sachbeschädigung nach der alten Rechtslage, also dem heutigen § 303 Abs. 1 StGB, die Neuregelung des § 303 Abs. 2 StGB gegenüberstellt.

Zunächst soll das kriminologische Phänomen „Graffiti" dargestellt werden. Dem schließt sich eine Darstellung an, warum der Tatbestand der Sachbeschädigung wegen der Graffiti-Problematik ergänzt wurde.

Im zweiten Kapitel der Arbeit soll anhand des strafrechtlichen Umgang mit Graffitis nach dem Straftatbestand der Sachbeschädigung bis zum 39. Strafrechtsänderungsgesetz vom 8. September 2005 zur Ahndung von Graffiti, der Frage nachgegangen werden, ob und wenn ja, unter welchen Voraussetzungen das Sprühen von Graffitis vom Tatbestand des § 303 Abs. 1 StGB erfasst wird. Diese Arbeit setzt sich mithin mit dem Beschädigungsbegriff des § 303 Abs. 1 StGB auseinander. Im Hinblick darauf wird auf die Schwierigkeit zur Bestimmung des Begriffs Beschädigung eingegangen.

---

15 Maron, das 39. Strafrechtsänderungsgesetz, S. 228–229.

Im zweiten Kapitel der Arbeit soll anhand der unterschiedlichen Theorien der Rechtsprechung und des wissenschaftlichen Schrifttums zum Beschädigungsbegriff diskutiert werden, ob diese Theorien zum § 303 Abs. 1 StGB als eine überzeugende Antwort auf das unbefugte Sprayen von Graffitis geeignet sind und das Besprayen von Gegenständen mit Graffitis als Sachbeschädigung nach § 303 Abs. 1 StGB strafbar ist. Zudem werden die Entwürfe dargestellt und es wird begründet werden, warum sie als problematisch für die Reform des Straftatbestands der Sachbeschädigung angesehen werden.

Die Rechtslage soll in der Fassung des 39. Strafgesetzbuchs-Änderungsgesetzes im dritten Kapitel dargestellt werden. Gegenstand der Diskussion ist, ob und inwiefern das Rechtsgutskonzept für die Auslegung des Tatbestands der Sachbeschädigung von Bedeutung ist. Dabei ist zu untersuchen, wie man mit den Tatbestandsmerkmalen die Reichweite des Tatbestands der Sachbeschädigung ermitteln kann. Letztlich stellt sich die Frage, ob § 303 Abs. 2 StGB mit dem Bestimmtheitsgebot zu vereinbaren ist.

Die Kriminalisierung des illegalen Sprayens von Graffitis hat auch erhebliche Folgen für die noch jungen Täter. Deshalb soll im vierten Kapitel untersucht werden, ob Alternativen zur rein rechtlichen und gesellschaftlichen Graffitibekämpfung zur Verfügung stehen. Unter dem Aspekt der Kriminalisierung Jugendlicher ist zu debattieren, ob die Graffiti-Bekämpfungsgesetzgebung zur Angst der Jugendlichen vor Kriminalisierung beiträgt.

Im vierten Kapitel werden dann die Entwicklungen und tatsächlichen Hintergründe des kriminologischen Phänomens behandelt. Schließlich sollen im Rahmen der kriminalpolitischen Bewertung der Graffitigesetzgebung Überlegungen angestellt werden, wie eine kritische Strafrechtswissenschaft auf das unerlaubte Sprayen von Graffitis strafrechtspolitisch reagieren sollte.

Nach der Darstellung des Abschnitts über die Graffitiproblematik in den USA und Südkorea, wird in dieser Arbeit auch die Frage aufgeworfen, welche Rechtsgrundlagen aus Gründen der Strafrechtsdogmatik bevorzugt heranzuziehen sind. Auf dieser Grundlage werden eigene Vorschläge gemacht, die zeigen sollen, wie sich das Graffitiproblem innerhalb des geltenden Strafrechts lösen lässt.

1. Kapitel: Graffiti als kriminologisches Phänomen

Im 1. Kapitel dieser Arbeit stehen Ausführungen zum kriminologischen Phänomen Graffiti im Vordergrund. Für das Verständnis des kriminologischen Phänomens „Graffiti", wie es in den USA, Deutschland und auch in Südkorea zu beobachten ist, müssen neben der Feststellung, dass Graffitis erhebliche wirtschaftliche Schäden verursachen, die kriminologischen Hintergründe solcher Taten beachtet werden. Der Beschäftigung mit dem kriminologischen Phänomen Graffiti soll zunächst eine Begriffsbestimmung vorausgehen. Es wird definiert, was unter Graffiti zu verstehen ist.

I. Graffiti-Begriffbestimmung

1. Annäherung an den Begriff Graffiti

Graffiti wird als „ein Alltagserlebnis für den Betrachter" beschrieben.[16] Die Begriffe Graffitis und Writings werden zwar häufig synonym verwendet, es bestehen jedoch Unterschiede: Das „Writing" wurde von den Medien als Graffiti bezeichnet, obwohl dieser Begriff nicht näher definiert ist.[17] Der Begriff „Graffiti" wird heute umfassend für jede Art von allgemeinen Zeichnungen und Schriften an der Wand verwendet, während das „Writing" nur das Schreiben des eigenen Namens verkörpert.[18] Der Begriff „Graffiti" wurde auch auf besprühte Leinwände ausgeweitet.[19] „Graffiti" ist folglich ein Sammelbegriff für gesprühte Bilder, Zeichen und Schriftzüge.[20] Man versteht unter Graffiti vor allem alle Arten von gesprühten Wandbildern, bezeichnet damit aber auch alle gesprühten Schriftzüge und Zeichnungen im öffentlichen Raum.

---

16 Höffler, Graffiti – Prävention durch Wiedergutmachung, S. 2.

17 Krekow/Steiner/Taupitz, HipHop-Lexikon, S. 149; http://de.wikipedia.org/wiki/Graffiti; Schwarzkopf, Graffiti Art, S. 52; vgl. Behforouzi, Die deutsche Graffti-Szene, S. 17, 21; Schnurr, Graffiti als Sachbeschädigung, S. 7.

18 Treeck, Graffiti Lexikon, S. 132, 416–417; Stahl, An der Wand, S. 9ff.

19 Treeck, Graffiti Lexikon, S. 258–259.

20 Behforouzi, Die deutsche Graffti-Szene, S. 6–7; http://de.wikipedia.org/wiki/Graffiti.

2. Die semantische Bedeutung des Worts Graffiti

Es gibt viele unterschiedliche Erscheinungsformen von Graffiti. Der Begriff „Graffiti“ hat eine lange Geschichte: Dem lateinischen „graphire“ liegt das griechische Verb „graphein“ zu Grunde und bedeutet „das Schreiben oder Zeichnen“ mit einem graphium, das einen Schreibgriffel meint.[21] Das aus dem Griechischen stammende Wort wird in der italienischen Sprache als „Sgraffito“ bezeichnet und beschreibt eine Form der Fassadengestaltung. Diese Form war besonders in der Architektur der italienischen Renaissance als sogenannter Kratzputztechnik sehr beliebt. Die Künstler der damaligen Zeit haben verschiedenfarbige Putzschichten übereinander aufgetragen. Durch partielles Abkratzen der noch frischen Schichten kamen dann die darunter liegenden Schichten zum Vorschein. So entstanden Muster, Schriften und Bilder. Die Schreibweisen sind unterschiedlich: Sgraffito, Sgraffiato, Graffito, Graffiato und Graffiti. Nach dem Wortlaut bedeutet es also gekratzt.[22]

Daraus wurde dann das Wort „Graffiti“ abgeleitet. 1967 führte Robert Reisner das Wort „Graffiti“ in den amerikanischen Sprachraum ein. Er verwandte ihn als Oberbegriff für subkulturelle Auf- und Inschriften, wobei Graffiti eigentlich der Plural von Graffito ist. In den meisten Sprachen, so z.B. auch im Deutschen, werden auch einzelne Wandbilder als „Graffiti“, mehrere als „Graffitis“ bezeichnet.[23] Heute werden mit Graffitis vor allem die von Jugendlichen mit Sprühdosen illegal oder legal hergestellten Bilder bezeichnet.

II. Das kulturelle Phänomen Graffiti

1. Ausdrucksformen Graffitis

a) Graffitis als Ausdruck der Menschen

Graffitis zählen historisch gesehen, zu den ältesten und beständigsten Ausdrucksformen der Menschen.[24] Graffitis stellten mit den ältesten Zeichen der

21 http://www.lehrerweb.at/materials/sek/be/web/bel/index.html#ursprung; Ecker, Graffiti in modernen Gesellschaften, S. 82; Stahl, Beiträge zur Kunstwissenschaft, S. 5.

22 Stahl, An der Wand, S. 5; Die Technik des Sgraffito verwendete man besonders an den Fassaden von Renaissancepalästen. Schweikhart, Sgraffito-Graffiti, S. 129; http: www.duden.de/rechtsschreibung/Graffito.

23 Ecker, Graffiti in modernen Gesellschaften, S. 82; Treeck, Graffiti Lexikon, S. 132, 325.

24 Stahl, An der Wand, S. 9; Reinecke, Street-Art, S. 20.

menschlichen Existenz nicht weniger als den Urbeginn der Schrift dar.[25] Durch Fotos von Kratz-Graffitis wurde die Analyse des historischen Phänomens Graffiti ermöglicht.[26] Die ältesten der gefundenen Höhlenbilder wurden ca. 35 000 v. Chr. gemalt.[27] Wandmalereien auf der Agora in Athen oder in Pompeji sind Ausdruck der künstlerischen Tätigkeit der damaligen Menschen. Alle Malereien auf Wänden (insbesondere in den Höhlen der Steinzeit) gehören im sozialen und künstlerischen Verständnis allerdings nicht zu den Vorläufern der heutigen Graffitis.[28]

b) Graffitis als Ausdruck der Protestbotschaft

Politische Graffitis hatten eine lange Tradition. Das unerlaubte Sprayen von Graffitis war geschichtlich teilweise ein Ausdruck der Protestbotschaft an die Wohlstandgesellschaft.[29] Graffitis spielten eine Rolle als Ausdruck des politischen Protestes im öffentlichen Raum.[30] Es handelt sich dabei um Appelle, die mit einer politischen Anschauung versehen sind. Heute sind politische Graffitis nicht mehr so häufig zu sehen, wegen der zunehmenden Individualisierung politischer Gruppen.

c) Graffitis als Ausdruck der Mitteilungen

Graffitis werden als visuell wahrnehmbare Form von Straßenkunst bezeichnet.[31] Graffitis beeinflussen das Erscheinungsbildteil einer Stadt. „Crew“ ist Ausdruck für Gruppe. „Bombing“ ist eine Unterform des Graffito bei „Tags“ „Throw-ups“ und Silberbilder.[32] „Tags“ bestehen in der Regel nur aus dem Namen des Sprayers. Dies ist die häufigste Form des Graffito.[33] „Tags“ haben sich häufig zu

25 Brassai, Höhlenwand, in: Stahl, An der Wand, S. 196.
26 Treeck, Graffiti Lexikon, S. 188, 310.
27 Bosinski, Eiszeitliche Höhlenkunst, S. 13.
28 Vgl. Schwarz-Winklhofer/Biedermann, Zeichen und Symbole, S. 490; Bosinski, Eiszeitliche Höhlenkunst, S. 15; Treeck, Graffiti Lexikon, S. 280, 316.
29 Ecker, Graffiti in modernen Gesellschaften, S. 86.
30 Kaiser, Graffiti, S. 5; Reinecke, Street-Art, S. 61; vgl. Schnurr, Graffiti als Sachbeschädigung, S. 7; Maron, Das 39. Strafrechtsänderungsgesetz, S. 5–6; Behforouzi, Die deutsche Graffiti-Szene, S. 27.
31 http://de.wikipedia.org/wiki/Graffiti; http://de.wikipedia.org/wiki/Street Art; vgl. Behforouzi, Die deutsche Graffiti-Szene, S. 7, 18; Wehde, Typographische Kultur, S. 3.
32 Treeck, Graffiti Lexikon, S. 55.
33 „Tags“ ist klein und einfarbig; Ecker, Graffiti in modernen Gesellschaften, S. 85.

einer zweifarbigen Konturschrift, den „Throw-ups" entwickelt.[34] „Throw-ups" werden in einem Zug an die Wand gesprüht. Unter dem Begriff „Pieces" versteht man ein großes Wandbild, das alleine oder von mehreren Personen angebracht wird.[35] Ein „Piece" beinhaltet in der Regel einen Schriftzug, der durch eine „Comic Figur" oder „Cartoons" erweitert wird.[36] Da es sich bei „Pieces" um aufwendige künstlerische Darstellungen handelt, benötigt ihre Anbringung eine große Vorbereitungszeit. Bei „Pieces" werden oftmals Momenterfahrungen mit in das Bild einbezogen.

Eine eigenständige Entwicklung der Buchstaben setzte mit dem „Wildstyle" ein.[37] Dieser Schrifttyp bildete die erste formal eigenständige Ausdrucksform der Sprayer.[38] „Drips" entstehen als „gestalterisches Element" durch Auslaufen der Sprühfarbe. „Crossing" ist ein Durchstreichen durch Übersprühen. „Toys" werden als unbegabte Bilder häufig von anderen Sprayern zum Übersprühen freigegeben.[39] Die Sprayer benutzten in der Regel Filzstifte und Farbspraydosen, sie benutzen aber heute auch Marker, Lacksprühdosen, Hämmer, Schleifpapiere, Schleifsteine, Säuren oder sonstige Gegenstände. Grafftis wurden mit den eigenständigen Farben und Formen („Styles") mit den Namensschriftzügen groß auf Wände oder Flächen zu den gesprühten, gemalten oder gekratzten Bilder, Buchstaben, Symbole gesprüht. Die Schriftzüge werden bunt, groß und oft unleserlich an die Wände angebracht. „Gesprüht werden persöhnliche Signalspuren („Tags"; „Pieces") in der Hoffnung, dass diese möglichst viele Menschen sehen und möglichst lange sichtbar bleiben".[40] Es handelt sich um Graffitis und das Signaturkürzel der Sprayer. „Tags" sind in nur wenigen Sekunden angebracht. Das Risiko, dabei erkannt zu werden, ist gering. „Tags" werden vom Bürger als besonderes Ärgernis empfunden.

In den Städten haben die Graffitisymbole mit den benutzten Farben und Formen das städtische Erscheinungsbild verändert. Mit dem Verständnis der von den Schäden Betroffenen kann allein schon wegen der teilweise hohen Säube-

---

34 Throw-ups werden schnell angebracht, sie bestehen nur aus einer Umbrandung der Outline, sie verbrauchen wenig Farbe und sind schnell zu vollenden; Treeck, Graffiti Lexikon, S. 384.

35 Behforouzi, Die deutsche Graffiti-Szene, S. 29–31; Maron, das 39. Strafrechtsänderungsgesetz, S. 7.

36 Treeck, Graffiti Lexikon, S. 69–70, 310, 312.

37 Wildstyle ist als Style zu verstehen, der von außenstehenden nur sehr schwierig zu entziffern ist; Treeck, Graffiti Lexikon, S. 373–374.

38 Stahl, An der Wand, S. 49.

39 Treeck, Graffiti Lexikon, S. 78, 96, 388.

40 Behforouzi, Die deutsche Graffiti-Szene, S. 6, 17; Schwind, Kriminologie, S. 281; Wissenschaftliche Dienste des deutschen Bundestages, Hans Anton Hilgers, Nr. 48/05 Der aktuelle Begriff am 14.07.2005.

rungskosten nicht gerechnet werden, obwohl Sprayer ihr Vorgehen auch als künstlerisches kommunikatives Instrument verstanden wissen wollen.

2. Entstehungen und Bedeutungen von Graffitis in den USA, Deutschland und Südkorea

a) USA

Die ersten „Tags“ entstanden Ende der 60er Jahre und Anfang der 70er Jahre in New York unter dem Namen „JULIO“ und der Postleitzahl „204“ sowie mit dem Namen „TAKI“ und der Postleitzahl „183“.[41] Über „TAKI 183“ berichtete die New York Times am 31. Juli 1971. Die Times stellte fest, dass sich das unbefugte Sprayen von Graffiti rasch und intensiv über die gesamte Stadt verbreitete.[42] Parallel dazu fand das Bemalen der Wände in den 60er und 70er Jahren, im Zusammenhang mit den Protesten gegen den Vietnam-Krieg und allgemein im Zusammenhang mit der Studentenbewegung in den USA zur Verbreitung der politischen Parolen und im Zusammenhang mit der Bekämpfung der Jugendkriminalität in den Slums statt.[43]

Anfang der 80er Jahre entwickelte sich die Musik- und Graffitiszene mit der jugendsubkulturellen Hip-Hop-Bewegung in Bronx.[44] Vor allem in Bronx wurde Graffiti durch Ausstellungen in Gallerien zunehmend kommerzialisiert. Die Sprayer rückten durch Graffiti auf den öffentlichen Zügen ins allgemeine Bewusstsein der New Yorker Öffentlichkeit. Durch die Entwicklung der Graffiti-Szene kamen viele Sprayer auf die Idee, Ausstellungen ihrer Werke zu zeigen. Dadurch verhalfen sie dem Graffiti als eigene Kunstform zu einer immer größeren Anerkennung.[45]

---

41 http://de.wikipedia.org/wiki/Graffiti; Niebaum, Illegales Sprayen als jugendkulturelle Form der Sachbeschädigung oder „Narrenhände beschmieren Tisch und Wände“? in: Raithel, Jürgen/Mansel, Jürgen (Hrsg), Kriminaltät und Gewalt im Jugendalter, S. 227–228; Rheinberg/Manig, „Was macht Spaß am Graffiti-Sprayen?“ in: Report Psychologie, S. 2.

42 Stahl, An der Wand, S. 46; Reinecke, Street-Art, S. 20–21.

43 Vgl. Mogg, Die strafrechtliche Erfassung von Graffiti, S. 2; Schnurr, Graffiti als Sachbeschädigung, S. 7; Schmidt-Brümmer, Wandmalerei, S. 97; Niebaum, Illegales Sprayen als jugendkulturelle Form der Sachbeschädigung oder „Narrenhände beschmieren Tisch und Wände“? in: Raithel, Jürgen/Mansel, Jürgen (Hrsg), Kriminaltät und Gewalt im Jugendalter, S. 227–228.

44 Kaiser, Graffiti, S. 7.

45 Behforouzi, Die deutsche Graffiti-Szene, S. 21.

Hip-Hop entstand aus dem harten Leben in New York heraus, das geprägt war von „Intoleranz, Rassismus und Gewalttätigkeiten".[46] MCing lautet die ursprüngliche Bezeichnung für das Rappen. Rap ist der Sprechgesang des Hip-Hops, der einen Grundbeat mit rhythmischen, sich reimenden Sätzen begleitet.[47] B-Boying ist auf der Straße der eigentliche Breakdance als Tanzstil.[48] Djing ist das Spielen von Schallplatten. Die Hip-Hop-Bewegung verneint das Rappen, das B-Boying und das Djing.[49] Heute wird der Begriff „B-Boying" für Hip-Hopper auch schon weiter gefasst.[50] Eine Subkultur des Alltags bewegt sich durch Graffitis in Wort und Bild.[51] Jugendliche schrieben fremde Namenskürzel auf öffentliche Anlagen, Hauswände, Betonwände und U-Bahn-Stationen. Um ihre Identität nicht preiszugeben, legten sich die Jugendlichen die Namen „Julio" oder „Taki" zu. Schnell wurde es zum erklärten Ziel der Sprayer, möglichst viele Tags überall in New York anzubringen.[52] Die Graffitis sind Ausdruck davon, dass sich viele Jugendliche auf der Suche nach einem Platz in der Gesellschaft befinden. Graffitis wurden jedoch auf fremdem Eigentum, soweit diese ohne Erlaubnis der Eigentümer stattfanden, nicht nur positiv bewertet, sondern nicht selten auch als Vandalismus angesehen.

Die Voraussetzungen, die zur Entstehung des Graffitiphänomens in New York geführt haben, werden kontrovers diskutiert. Ende der 80er Jahre wollte der damalige Bürgermeister von New York das Graffiti-Problem durch eine Politik der Abschreckung beseitigen. Er war der Auffassung, dass sich die Stadt New York das unbefugte Sprayen von Graffitis durch Jugendliche nicht mehr länger gefallen lassen könne, weil dadurch die öffentliche Sicherheit und das Sicherheitsgefühl der Bürger beeinträchtigt würden.[53] Zugleich entstanden erhebliche Schäden in den USA und speziell in New York durch Graffitis.[54]

b) Deutschland

Die Graffiti-Entstehungsgeschichte hat auch in Deutschland eine lange Tradition. Das Bemalen der Wände fand zu Beginn im Zusammenhang mit politischen

46 Ecker, Graffiti in modernen Gesellschaften, S. 94.
47 Treeck, Graffiti Lexikon, S. 269–270, 323.
48 Treeck, Graffiti Lexikon, S. 35–36, 57; http://de.wikipedia.org/wiki//Breakdance.
49 Krekow/Steiner/Taupitz, Hip Hop-Lexikon, S. 5f.
50 Schwarzkopf, Graffiti Art, S. 52.
51 Schmitt/Irion, Graffiti Problem, S. 9, 18; vgl. Peyer, Narrenhände, Hamburg 1991, S. 10.
52 Behforouzi, Die deutsche Graffiti-Szene, S. 16–17.
53 Schwind, Kriminologie, S. 334; http://de.wikipedia.org/wiki/Graffiti.
54 Maron, Das 39. Strafrechtsänderungsgesetz, S. 7.

Parolen und dem Umbruch der 68er Generation statt.[55] Die „american“ Graffitis wurden in Deutschland Anfang bis Mitte der 80er Jahre gesprüht.[56] Die Subkultur der „Hip-Hop-Bewegung“ fand in den 80er Jahren ihren Weg aus der New Yorker Bronx hinein nach Europa, wobei die Graffitis, nach New Yorker Vorbild, zum selben Zeitpunkt auch in Deutschland auftauchten.[57]

Die deutsche Graffiti-Szene entstand Anfang der 80er Jahre in Berlin.[58] Innerhalb der „Hip-Hop-Bewegung“ entwickelte sich eine eigene Geheimsprache. Sie entstand aus der Sprache der Straße. Etliche der Slangwörter wurden in die deutsche Alltagssprache integriert.[59] Graffitis wurden in Deutschland, im Umfeld der Hip-Hop-Kultur, zu einem wichtigen Wirtschaftsfaktor für Jugendliche und Erwachsene.[60] Graffitis waren eine besondere Ausdrucksform der Jugendlichen.[61] Der Film „Wild Style“ gibt einen Einblick in die frühe New Yorker Hip-Hop-Szene Anfang der achtziger Jahre. Viele Jugendlichen waren durch die Geschichte des Graffiti-Künstlers Zoro und die Spannung zwischen der Kunst und dem Leben mit der Freundin Rose begeistert.[62] Jugendliche schrieben ihre Künstlernamen mit Sprühdosen an die Wände. Im Jahr 1987 entstand die Europäische Graffiti Union, die bekannteste Graffiti-Vereinigung in München, deren Ziel es ist, kommerzielle Aufträge für Graffiti-Sprayer zu besorgen. Die Europäische Graffiti Union organisierte die „Writer-Szene“ überregional. Ab 1988 begannen die Gruppen, die Szenen der anderen Großstädte zu entdecken. So wurden Kontakte zwischen Graffiti-Künstlern und Interessenten geknüpft, die auch zu Aufträgen führten.[63] Im Bereich der Graffiti-Magazine wie „Freestyle“, „On the Run“ und „Bomber“ Ende 1989, wurde das kommerzielle Sprayen von Graffitis als „Hip-Hop-Subkultur häufig diskutiert.[64] Heute wird der Begriff Graffiti häufig als Markenzeichen für Kinderwagen, Kaffeetassen, Duschvorhänge oder Hemden verwendet.[65] Supermärkte und Kleidungsgeschäfte beauftra-

55 Höffler, Graffiti – Prävention durch Wiedergutmachung, S. 3.
56 Schmitt/Irion, Graffiti Problem, S. 18.
57 Suter, Graffiti Rebellion der Zeichen, S. 117–118.
58 Kaiser, Graffiti, S. 9.
59 Krekow/Steiner/Taupitz, Hip Hop-Lexikon, S. 6.
60 Höffler, Graffiti – Prävention durch Wiedergutmachung, S. 4.
61 Vgl. Schwarzkopf, Graffiti Art, S. 9ff.
62 Behforouzi, Die deutsche Graffiti-Szene, S. 23; vgl. Niebaum, Illegales Sprayen als jugendkulturelle Form der Sachbeschädigung oder „Narrenhände beschmieren Tisch und Wände“? in: Raithel, Jürgen/Mansel, Jürgen (Hrsg), Kriminaltät und Gewalt im Jugendalter, S. 229.
63 Behforouzi, Die deutsche Graffiti-Szene, S. 25; vgl. Niebaum, Illegales Sprayen als jugendkulturelle Form der Sachbeschädigung oder „Narrenhände beschmieren Tisch und Wände“? in: Raithel, Jürgen/Mansel, Jürgen (Hrsg), Kriminaltät und Gewalt im Jugendalter, S. 231.
64 Schlutenhafner/Klaußenborg, Graffiti, S. 8ff.
65 Stahl, An der Wand, S. 12f.

gen Sprayer, um ihre Wände von Sprayern gestalten zu lassen.[66] Die Angebote des kommerziellen Freizeitmarktes verdrängten die traditionellen Partizipationsangebote der Erwachsenstrukturen wie Kirchen und Jugendverbände. Der Sprüh-Stil wurde meistens von Sprayern aus dem Internet kopiert.[67] In den 90er Jahren haben auch Graffiti-Magazine und das Internet als riesige Kommunikationsform zur Globalisierung des Writing zunehmend beigetragen.[68] Die Stadt Berlin hatte „Graffitis" an einer öffentlichen Toilette im November 2004 als Kunst aufgenommen.[69] Graffitis werden immer mehr in Deutschland und Europa als künstlerische Gestaltungsform verwendet, um Graffiti an die Öffentlichkeit zu bringen. In Wien wurden „Graffitis" im März 2006 als „Ausdrucksform der Jugendkultur" angesehen. Die Stadt Helsinki hat „Graffitis" im Jahr 2008 „als Teil der Subkultur" anerkannt. Diese Subkulturen tauchen heute in unterschiedlichster Form in den vielen internationalen Großstädten auf.[70] Teile der Jugendlichen betrachten sich als Künstler, andere sprechen sich vehement dagegen aus, Subkultur-Kunst zu machen.[71] Die gemeinsamen Aktivitäten der Jugendlichen sind Ausdruck eines Lebens- und Zugehörigkeitsgefühl in vielen Großstädten.[72] Die Graffitis sind ein Ausdruck davon, dass sich viele Jugendliche auf der Suche nach einem Platz in der Gesellschaft befinden. Das Sprayen von Graffitis kann von daher als eine subkulturelle Ausdrucks- und Darstellungsform von Jugendlichen angesehen werden, die ein Gefühl des Protests gegenüber der Gesellschaft ausdrücken wollen.[73]

Graffitis wurden vor allem von den Mitgliedern der Subkulturen zur Darstellung des eigenen Lebensgefühls eingesetzt.[74] Für das Entstehen von Subkulturen sind vor allem die sozialen Veränderungen der Gesellschaft, vor dem Hintergrund gesellschaftlicher Konflikte, verantwortlich.[75] Weitere Motive für die Jugendlichen, illegale Graffitis zu sprayen, sind der Wunsch nach Anerkennung vor einem großen potentiellen Publikum und der Wunsch nach Abenteuern.[76] Im Hinblick auf die Nutzung städtischer Räume durch die Sprayer wurde in Deutschland eine Diskussion darüber geführt, was öffentlicher Raum überhaupt noch bedeutet und wem er gehört, bzw. wer den Raum nach seinen Wünschen

66 Zakosek/Laubach, Graffiti Art, S. 16.
67 Kaiser, Graffiti, S. 8–9, 11.
68 Ecker, Graffti, in: Hainzl, Zeichen an der Wand, S. 94–95.
69 www. berufskolleg-bergkloster-bestwig.de.
70 http://de.wikipedia.org/wiki/Graffiti.
71 Treeck, Graffiti Lexikon, S. 192.
72 Behforouzi, Die deutsche Graffiti-Szene, S. 24–25, 118–119, 124.
73 Kaiser, Graffiti, S. 42–43.
74 Kaiser, Graffiti, S. 28–29.
75 Höffler, Graffiti – Prävention durch Wiedergutmachung, S. 51.
76 Behforouzi, Die deutsche Graffiti-Szene, S. 124–125.

bestimmen und gestalten darf.[77] Der öffentliche Raum ist von Ordnung geprägt. Sprayer beabsichtigen keine Veränderung des Erscheinungsbildes in ästhetischer Hinsicht, sondern sie wollen stören.[78] Neben den gesellschaftlich anerkannten Formen des Sprayens von Graffitis, ist von daher eine Zunahme „illegaler" Graffitis zu verzeichnen. Die Empörung über besprühte öffentliche Verkehrsmittel und die finanziellen Schäden führten dazu, dass die Bahndepots stärker bewacht wurden.[79]

Von Anfang der 80er bis Mitte der 90er Jahre wurden die Diskussionen zum Straftatbestand von Graffitis dann allerdings nicht weiter intensiviert.[80]

Im Hinblick auf die Eigentumsschäden in vielen Großstädten hat das historische Phänomen Graffiti in Deutschland zwar längst keinen so großen Stellenwert wie in USA, trotzdem sind Graffitis auch hier weit mehr als der Ausdruck einer Subkultur.[81] Aufgrund der zunehmenden Verbreitung seit 1999, wurde deshalb in Deutschland die Einbringung eines Graffiti-Bekämpfungsgesetzes stärker diskutiert.[82] Da in vielen deutschen Großstädten die Eigentumsschäden durch das unbefugte Sprayen von Graffitis wieder zugenommen haben, hat der deutsche Bundestag im Jahr 2005 das Graffiti-Bekämpfungsgesetz verabschiedet.[83]

c) Südkorea

Das unbefugte Sprayen von Graffitis findet man nicht nur in den USA, Deutschland oder Europa. Anfang der 90er Jahren erreichte die amerikanische „Hip-Hop-Bewegung" Südkorea. Das berühmte 2Km lange besprühte Graffiti entstand Anfang der 90er Jahre in der Nähe der Busan National Uni. in Südkorea.[84] Ende der 90er Jahre wurden in Gangchon HB und in Apgujeong legale Flächen und Räume für Graffitis bereitgestellt. Drei amerikanische Graffitis entstanden daraufhin innerhalb der Subkultur-Bewegung und sind eine ästhetische Mitteilung.[85] Designnews veröffentlichte am 20. Feb. 2010 mit Hip-Hop-Subkultur über das Graffiti ETP Festival 2008, Frisbe und Global Fair&Festival 2009 Incheon.[86] Die berühmten Plätze der Graffitis verbreiteten sich rasch durch das

77 Irion/Schmitt, Graffiti – Problem oder Kultur, S. 28–30.

78 Suter, Graffiti Rebellion der Zeichen, S. 121ff.

79 Wolf, Graffiti als kriminologisches und strafrechtsdogmatisches Problem, S. 51.

80 Maron, Das 39. Strafrechtsänderungsgesetz, S. 156–157.

81 Maron, Das 39. Strafrechtsänderungsgesetz, S. 6–9.

82 BT-Drucks. 15/5317; 15/5313; 15/404; 15/302; 14/8013; 14/872; 14/569; 14/546.

83 Maron, Das 39. Strafrechtsänderungsgesetz, S. 10.

84 Kim Young-Geun, Vadalism, S. 66, 68; http://www.kookje.co.kr/news, am 10.05.2011.

85 http://blog.daum.net/spogood784/94.

86 http://dn1.kr/graphic/bbs; http://bfmin.com.

Internet. Die Hip-Hop-Kultur, zu der auch die Graffiti-Szene gehört, ist von daher auch in Asien vorhanden. Die Graffiti-Szene wird in Seoul ab Mitte 2000 in der Nähe der Uni. Hongik mit den Schriftzügen der Hip-Hop-Kultur der Jugendlichen in Verbindung gebracht. Gesprühte Figuren fordern das öffentliche Interesse heraus. Die Graffitis stellen für die Jugendlichen zwischen 10 und 20 Jahren eine Möglichkeit dar, eine Identität innerhalb der Subkultur zu erreichen. Die Jugendlichen erleben sich als einzigartig und entwickeln die ihnen eigenen Hip-Hop-Ideen bei Kleidung, Haarstil, Berufswahl, oder durch den Auszug aus dem Elternhaus. Die Hip-Hop-Bewegung ist eine eigenständige Jugendsubkultur zur „Entfaltung und Selbstdarstellung". Sie gibt den Jugendlichen ein bestimmtes „Lebensgefühl" und ermöglicht ihnen, vorhandene Aggression in kreatives Handeln umzuwandeln.[87] Hip-Hop schafft die Verbindung zwischen der gesellschaftlichen Kultur und der individuellen Lebenswelt der Jugendlichen. Auch Graffiti ist eine Subkultur-Bewegung,[88] wobei die Graffitisprayer meist Jugendliche im Alter von 12 bis 17 Jahren sind. Beim unbefugten Sprayen von Graffitis handelt es sich zwar in den Augen der Jugendlichen um künstlerische Aktivitäten, die Kunstfreiheit kann aber einen unbefugten Eingriff in fremdes Eigentum nicht legitimieren.[89] Heute gibt es in Südkorea aber keine strafrechtlichen Maßnahmen und keine Graffiti-Bekämfungsgesetze, weil die Eingentumsschäden häufig nicht angezeigt werden.

Die Betroffenen neigen dazu, ihre normal verputzen und gestrichene Häuser einfach überstreichen zu lassen, was sich immer wieder als wirkungslos erweist, weil die Farbe in den Untergrund eindringt und immer wieder nach Außen sichtbar wird.

Bei der Planung von Neubauten sollten die Bürger daher mehr darauf achten, dass keine Materialien im gefährdeten unteren Fassadenbereich verwendet werden, die ein tiefes Eindringen des Sprayens ermöglichen. Moderne Materialien versiegeln den Untergrund und ermöglichen ein einfaches Abwaschen der Schmierereien mit Wasser. Diese Materialien sind zwar teuer, bringen aber das gewünschte Ergebnis einer dauerhaften Entfernung, was ohne dieses nur mit großem finanziellem Reinigungsaufwand möglich wäre.

Die Eigentümer oder Eigentümerinnen können sich mit einem Versicherungsschutz über die Wohngebäudeversicherung vor den wirtschaftlichen Folgen durch Verschmutzungen oder Graffitis des öffentlichen Raumes schützen.

---

87 http://blog.daum.net/csj0008/8441136; http://www.keic.or.kr/down/newsletter/090301/culture.

88 National Assembly Research Service am 31.08.2009, Kim Chang Su, The Core of Culture's Social Value – About the Relationship between Culture and Citizen Satisfaction, S. 27; The Hankyoreh 21 am 11.10.2000, 329Ho.

89 Pressian vom 13.05.2011; Ohmynews vom 28.09.2005.

Anzumerken ist, dass in Südkorea Graffitis nicht dadurch reduziert werden, dass die Sanktionen erhöht werden (je höher die Sanktion, desto stärker ist der Reiz, gegen die Regelung der Sachbeschädigung zu verstoßen). Zudem machen sich die Sprayer kaum Gedanken über die rechtlichen Folgen. Insofern scheint das strafrechtliche Problem von Graffiti viel weniger offen zu Tage zu treten, als in Deutschland oder in den USA.

III. Das kriminologische Phänomen Graffiti

Im folgenden Abschnitt wird der Frage nachgegangen, wieso Graffitis unter Strafe gestellt werden sollten.

1. Graffiti – Kunstfreiheit oder Sachbeschädigung

Graffitis werden teilweise als künstlerische Aktivität von Jugendlichen angesehen.[90] Kunst im Sinne von Art. 5 Abs. 3 S. 1 GG ist nach der Rechtsprechung des Bundesverfassungsgerichts die freie, schöpferische Gestaltung, in der Eindrücke, Erfahrungen, Erlebnisse des Künstlers durch das Medium einer bestimmten Formensprache zur unmittelbaren Anschauung gebracht werden.[91] Schablonen-Graffiti wird als ein Begriff von Kunst gekennzeichnet. Es sei eine anerkannte und akzeptierte Kunstform.[92] Das gilt nicht für alle Graffitis. Für größere Pieces ist das z.T. nachvollziehbar, bei vielen Tags erscheint es höchst zweifelhaft. Für die Mehrzahl der Graffitis greift eher keiner dieser Kunstbegriffe, sie bleiben Schmierereien, die auch nicht den Anspruch erheben, Kunst zu sein.[93] Vandalismus ist nicht Bestandteil der Kunstfreiheit,[94] vielmehr handele sich bei illegalen Graffitis um eine Beeinträchtigung des fremden Eigentums.[95] Nach Art. 5 Abs. 3 S. 1 GG dürfen nicht die Eigentumsrechte Fremder verletzt werden.[96] Von daher wird kaum noch ernsthaft behauptet werden können, dass man unter dem Deckmantel der Kunst fremde Häuser beschmutzen darf. Art. 5 Abs. 3 GG ließe sich aber auch als immanente Schutzbereichbeschränkung beschreiben, der zwar Form und Inhalt der künstlerischen Betätigung schützt, nicht aber Zugriff auf

90 Kaiser, Graffiti, S. 28.
91 BVerfGE 30, 188 (189).
92 Kaiser, Graffiti, S. 22.
93 Vgl.Kaiser, Graffiti, S. 18–24.
94 Fischer, StGB, § 303, Rn. 20.
95 Ingelfinger, Graffiti und Sachbeschädigung, S. 15f.
96 BT-Drucks. 15/5317, S. 4; 15/404, S. 7.

fremdes Eigentum gewährt.[97] Zumindest zivilrechtlich müssen sich die Eigentümer gegen die Beeinträchtigungen ihres Eigentums wehren dürfen.[98] Das durch Art. 14 Abs. 1 S. 1 GG verbürgte Eigentumsrecht steht nach den vom Grundgesetz getroffenen Wertungen nicht prinzipiell hinter der Kunstfreiheit zurück.[99] Die Kunstfreiheit kann deshalb gemäß Art. 5 Abs. 3 S. 1 GG keinen Rechtfertigungsgrund darstellen.[100] Damit lässt sich das unbefugte Sprayen von Graffitis nicht durch Kunstfreiheit legitimieren.

2. Häufige Situation beim unbefugten Sprayen von Graffitis

Die Zahl der Sachbeschädigungen auf Straßen, Wegen oder Plätzen hat ab dem Jahr 1998 ständig zugenommen. Als Tatobjekt „wird häufig ein Hausfriedensbruch festzustellen sein".[101] Die polizeilichen Ermittler haben allerdings oft Schwierigkeiten, ausreichende Beweise dafür zu finden, dass eine Sachbeschädigung durch Graffitis vorliegt. Zudem hat die zunehmende polizeiliche und strafjustizielle Verfolgung auch zu einer Änderung im Hinblick auf die Ausgestaltung der Graffitis geführt.[102] Bei der heimlichen Anfertigung der Graffitis sind die Täter zunehmend bereit, größere Risiken in Kauf zu nehmen.[103] Weil das Sprayen eines größeren und in der Regel mehrfarbigen „Pieces" länger dauert, ist die Wahrscheinlichkeit, dabei festgenommen zu werden, höher als bei einem bloßen „Tag". Der Verfolgungsdruck hat vor diesem Hintergrund Einfluss auf die Ausdrucksformen der Graffitis. Die „Tags" sind den „Sprayern" allerdings auf Dauer nicht mehr ausreichend und sie suchen nun ganz gezielt nach weiteren Ausdrucksmöglichkeiten, um ihre Namen an die Wände und Mauern zu sprayen. Während einfache Graffitis häufig in Situationen mit höherem Verfolgungsdruck gesprayt werden, werden die aufwändigeren „Pieces" in der Regel in Situationen gesprayt, in denen die Wahrscheinlichkeit, erkannt zu werden, aus Sicht der Täter gering ist.[104]

97 Pieroth/Schlink, Grundrechte, Rn. 665.

98 Behforouzi, Die deutsche Graffiti-Szene, S. 70–71.

99 Maron, Das 39. Strafrechtsänderungsgesetz, S. 60–61.

100 Fischer, StGB, Rn. 20.

101 Wolf, Graffiti als kriminologisches und strafrechtsdogmatisches Problem, S. 85.

102 Wolf, Graffiti als kriminologisches und strafrechtsdogmatisches Problem, S. 59, 65–66.

103 Höffler, Graffti – Prävention durch Wiedergutmachung, S. 44; vgl. http: //news.knan.co.kr, Nara Yoschitomo ist ein berühmter Künstler in Japan. Am 27.02.09 wurde er in New York Graffiti angebracht und verhaftet. Er hatte wie Story in Film bei dem unbefugten Sprayen von Graffiti eine spannende Erfahrung.

104 Vgl. Behforouzi, Die deutsche Graffiti-Szene, S. 28–31.

3. Hintergründe der Täter

Das unbefugte Sprayen von Graffitis hängt häufig von der persönlichen Situation der Jugendlichen ab. Das Besprühen und Beschmieren kann durch die „Alkoholisierung des Täters“ bedingt sein.[105] Besonders betroffen sind S-Bahnen, Bushaltestellen, S-Bahn/U-Bahnstationen, Wände, Verteilerkästen, Zigarettenautomaten, Verkehrsschilder und sonstige öffentliche Objekte.[106] Es handelt sich bei den von illegalen Graffitis betroffenen Gegenständen häufig um öffentliches Eigentum. Unkontrollierte oder schon in einen schlechten Zustand befindliche Gegenstände werden häufig durch Graffitis zusätzlich beschädigt.[107]

Vor allem in relativ unkontrollierten Räumen werden Gegenstände beschmiert.[108] Der Sprayer nimmt dabei teilweise das Risiko in Kauf, sich beim Erklettern von Autobahnschildern und fahrenden Zügen zu verletzten.[109] Graffitis können mit relativ kleinem Aufwand große Sachschäden verursachen.[110] Ein schneller Tathergang erschwert gleichzeitig die Strafverfolgung.[111] Graffiti ist eine besondere Erscheinungsform von Eigentumskriminalität.[112] Ihre Beseitigung ist mit z.T. hohen Kosten verbunden. Die unrechtmäßige Handlung ergibt sich insbesondere aus der Gefährdung oder Verletzung des zu schützenden Rechtsguts.[113] Dass Graffitis an die Wände von Personen gesprüht werden, welche die aggressiven Handlungen der Sprayer hervorgerufen haben, dürfte eher die Ausnahme sein.[114]

Vandalismus ist häufig kurzfristig und eine episodenhafte Erscheinungsform.[115] Häufig sind die Geschädigten den Sprayern nicht persönlich bekannt.[116] Die Sprayer von Graffitis suchen den mangelhaft überwachten Tatort.[117] Die

---

105 Wolf, Graffiti als kriminologisches und strafrechtsdogmatisches Problem, S. 86–87; vgl. Schwind, Kriminologie, S. 612.

106 Höffler, Graffiti – Prävention durch Wiedergutmachung, S. 204.

107 Wolf, Graffiti als kriminologisches und strafrechtsdogmatisches Problem, 51.

108 Schwind, Kriminologie, S. 332, 373; Strubelt, Soziale Probleme in ausgewählten Neubaugebieten verschiedener Städte der Bundesrepublik Deutschland, S. 32–33.

109 Wohlfarth, VewRS 1998, 84 (85).

110 Höffler, Graffiti – Prävention durch Wiedergutmachung, S. 135–139.

111 Vgl. Winko, Graffiti, Der Kriminalist 1997, S. 483.

112 Maron, das 39. Strafrechtsänderungsgesetz, S. 9–10; Mogg, Die strafrechtliche Erfassung von Graffiti, S. 1; vgl. Wessels/Hillenkamp, StrR BT 2, Rn. 14; BT-Drucks. 15/63 v. 13.11.2002, S. 1, 3; Wohlfarth, VewRS 1998, 84 (84).

113 Wessels/Beulke, StrR AT, Rn. 15.

114 Behforouzi, Die deutsche Graffiti-Szene, S. 146.

115 Wolf, Graffiti als kriminologisches und strafrechtsdogmatisches Problem, S. 51–52, 76.

116 Behforouzi, Die deutsche Graffiti-Szene, S. 145.

117 Wolf, Graffiti als kriminologisches und strafrechtsdogmatisches Problem, S. 87.

Sprayer von Graffitis suchen tendenziell eher das Abenteuer, den „Kick“, der mit dem heimlichen unbefugten Anbringen ihrer Bilder verbunden ist.[118] Graffitis sind ein soziales Ausdrucksmittel, die das Lebensgefühl der Sprayer wiederspiegeln sollen.[119] Motivation und Hintergründe für das Sprayen sind Gruppengefühl, Glücksgefühl, Lebensgefühl, Anreize, Kreativität, Anerkennung, Ruhm und Stolz.[120] Bei dem Risiko, dem sich der Sprayer aussetzt, spielt die „Fame“ „von Akzeptanz über Respekt und Anerkennung, bis hin zu Berühmtheit in der Szene“, eine entscheidende Rolle. Diese Faktoren stehen häufig mit gruppenspezifisch ablaufenden Prozessen gegenüber anderen Mitgliedern aus der „Peer-Group“ in Verbindung.[121]

In der Identitätsphase des Erwachsenenwerdens grenzen sich die Jugendlichen von den Eltern und der Gesellschaft ab. Anpassungsprobleme entstehen durch das Hineinwachsen der Jugendlichen in die Erwachsenwelt.[122] Die Jugendlichen haben z.B. Ängste im Hinblick auf ihre Zukunftsperspektiven.[123] Die Entwicklungen im Jugendalter stellen auf der einen Seite ein Risiko dar, bereiten aber auch auf das spätere Leben vor. Die Jugendlichen lehnen sich gegen die Normen ihrer Gesellschaft auf. Sie sind Erwachsenen gegenüber kritisch eingestellt. Kompromisse werden nicht toleriert. Die Ansprüche sind sehr hoch. Mit den Entwicklungsprozessen lernen sie in Peer-Group auch „Identität“, „Selbstgefühl“, „Kompetenzorientierung“, Spaß, Neues auszuprobieren, mit Verbotenem und Gefährlichem umzugehen und einmal besser zu werden, als die anderen und besser zu werden als vorher. Verhaltensweisen der Jugendlichen werden durch die Peer-Group mit Peer-Normen gesteuert.[124] Die Jugendlichen wollen die anderen Mitglieder ihrer jeweiligen Peer-Group durch ihre Taten beeindrucken und schaffen sich einen eigenen Raum für das Ausprobieren von verschiedenen Identitäten.[125] Tatsächlich ist es so, dass große Teile der Gesellschaft die Graffitis ablehnen und diejenigen, die Graffitis gut finden, ähnliche Ansichten wie die Sprayer haben. Das Phänomen der Jugendkulturen hat als „Teilkultur der Gesellschaft“ mit dem Lebensgefühl und Zugehörigkeitsgefühl der Jugendlichen zuge-

---

118 Schwind, Kriminologie, S. 275–276.

119 Behforouzi, Die deutsche Graffiti-Szene, S. 118–119.

120 Höffler, Graffiti – Prävention durch Wiedergutmachung, S. 50, 312–314; Kaiser, Graffit, S. 25; vgl. Mogg, Die strafrechtliche Erfassung von Graffiti, S. 1–2.

121 Schwind, Kriminologie, S. 282; Höffler, Graffiti – Prävention durch Wiedergutmachung, S. 45–47.

122 Schwind, Kriminologie, S. 211; Schneider, Kriminologie, S. 436.

123 Kaiser, Graffiti, S. 43–44.

124 Schwind, Kriminologie, S. 22, 282; Höffler, Graffti – Prävention durch Wiedergutmachung, S. 45; Behforouzi, Die deutsche Graffiti-Szene, S. 116–117.

125 Schnurr, Graffiti als Sachbeschädigung, S. 216, 218.

nommen.[126] Die Musik, Kleidung und das Sprühen von Graffitis werden von den Subkulturen der Jugendlichen aus anderen Subkulturen beeinflusst. Soziale Einflüsse unter Gleichaltrigen spielen bei Jugendlichen eine wichtige Rolle. Im jugendlichen Alter prägen Gleichaltrige ausgesprochen stark den Lebensstil. Sie diskutieren über Themen, wie Smartphones, am liebsten mit Peer-Groups. Dementsprechend sind auch ihr Wissensstand und ihre geliebten Werte häufig mit den Werten anderer Jugendlicher eng verbunden. Peer-Groups tragen zur Herausbildung der Identität unter Gleichaltrigen bei. Sie bieten Identifikationsmöglichkeiten, helfen beim Kennenlernen von Lebensstilen und ermöglichen „Bedürfnisbefriedigung".[127] Die Gegenstände im öffentlichen Raum werden für die Bedürfnisse der Jugendlichen in Besitz genommen.[128] Hintergrund ist häufig ein Imponiergehabe gegenüber den anderen Mitgliedern einer Peer-Group und das Streben nach Anerkennung bei Gleichaltrigen, verbunden mit dem „Kick des Verbotenen".[129]

Die Jugendlichen haben nur ein wenig ausgeprägtes Bewusstsein für Verbotenes. Sie sind phasensweise stark auf sich selbst bezogen. Die Strafbarkeit durch Grafftis wird nicht realistisch wahrgenommen. Die Jugendlichen glauben, dass sie unverwundbar sind und ihnen deshalb nichts passieren kann. Strafbare Handlungen werden nur von anderen, aber nicht von ihnen selbst durchgeführt. Die Jugendlichen öffnen sich gegenüber Peer-Groups, von denen sie sich besser verstanden fühlen. Die Jugendlichen schließen von sich auf andere und überschätzen sich dadurch. Ihre Denkweise (das machen alle, oder das macht keiner) macht Jugendliche anfällig für Gruppendruck. Die Jugendlichen suchen einen Weg, von ihren Peer-Groups akzeptiert zu werden. Die Jugendlichen lernen mehr Durchsetzungsvermögen in Peer-Groups. Als wesentlichen Einflussfaktor auf Sachbeschädigung gilt vor allem ein erhöhter Alkoholkonsum. Die Sachbeschädigung kommt resultiert häufig aus der jugendlichen Gruppendynamik (regelmäßig werden „Tags" mit Namenskürzel, bzw. Symbol der Sprayer gesprüht). Daneben werden teilweise auch Sprayer anderer Sprayergruppen gegrüßt. Hinzu kommen ein Imponiergehabe oder Mutproben bei Straftaten wie Reifen stechen, Antennen abknicken, Abtreten von Fahrzeugspiegeln. Frustrationen, Langweile und mangelhafte Achtung vor fremdem Eigentum sind als Hintergrund für die Taten zu benennen. Dabei wird davon ausgegangen, dass viele Jugendliche den Wert des Eigentums anderer nicht hinreichend schätzen.

---

126 http://de.wikipedia.org/wiki/Graffiti.

127 Kaiser, Graffiti, S. 42–45.

128 Wolf, Graffiti als kriminologisches und strafrechtsdogmatisches Problem, S. 51.

129 Schwind, Kriminologie, S. 275–276, 282; vgl. Wolf, Graffiti als kriminologisches und strafrechtsdogmatisches Problem, S. 87–88; Behforouzi, die deutsche Graffiti-Szene, S. 123–128.

IV. Zusammenfassendes Ergebnis

Das American Graffiti entstand als kultureller Ausdruck von Jugendlichen, im Zusammenhang mit der Hip-Hop-Bewegung in den Slums. Die deutsche Graffiti-Szene war Ausdruck der Wohlstandgesellschaft. Die Entstehung von Graffitis wurde durch die Hip-Hop-Subkulturbewegungen in den USA, Deutschland, Europa und Südkorea beeinflusst.[130] Die Jugendlichen unterschätzen dabei allerdings den Wert des fremden Eigentums. Sachbeschädigung rechtfertigt sich nicht durch Kunstfreiheit.[131] Anzumerken ist, dass Graffti gegen den Willen des Eigentümers angebracht werden und die Substanz des Untergrundes beschädigt wird. Bildhafte Darstellungen, Schriftzüge und Namenskürzel verunstalten in zunehmende Maße öffentliche und private Gebäude, Häuser und Verkehrseinrichtungen. Die wenigsten Darstellungen genügen künstlerischen Ansprüchen. Grafftis werden mit Lackfarben oder mit Filzfaserschreibern angebracht, oder mit spitzen Gegenständen in den Untergrund eingeritzt. Die Entfernung der Schäden verlangt einen erheblichen Aufwand. Die größtenteils jugendlichen Täter sind sich häufig der Folgen ihrer Aktionen nicht bewusst. Graffitis verursachen in USA, Deutschland, Südkorea und weltweit, erhebliche wirtschaftliche Schäden an fremdem Eigentum.[132]

---

130 Vgl. Behforouzi, Die deutsche Graffiti-Szene, S. 22, 26; Maron, Das 39. Strafrechtsänderungsgesetz, S. 7–8.

131 Maron, Das 39. Strafrechtsänderungsgesetz, S. 61.

132 Vgl. Maron, Das 39. Strafrechtsänderungsgesetz, S. 7, 10; Wolf, Graffiti als kriminologisches und strafrechtsdogmatisches Problem, S. 51–52.

2. Kapitel: Der strafrechtliche Umgang mit Graffitis nach dem Straftatbestand der Sachbeschädigung bis zum 39. Strafrechtsänderungsgesetz vom 7. September 2005

In dieser Arbeit soll zuerst der Stand der Diskussion dargestellt werden, in der man versucht hat, das illegale Sprayen von Graffitis unter den § 303 Abs. 1 StGB zu fassen. Im Hinblick auf den strafrechtlichen Umgang mit Grafftis bestand große Uneinigkeit nach dem Straftatbestand der Sachbeschädigung bis zum 39. Strafrechtsänderungsgesetz vom 7. September 2005 dahingehend, ob insbesondere das illegale Graffiti-Sprayen unter den Beschädigungsbegriff fällt, oder nicht. Die Rechtsprechung war hier unterschiedlich. Dies führte zu großen Auslegungsschwierigkeiten. Bis zum 39. Strafrechtsänderungsgesetz vom 7. September 2005 bestand von daher eine Tendenz, den Straftatbestand der Sachbeschädigung eng auszulegen. Diese Arbeit soll daher die unterschiedlichen Theorien der Rechtsprechung und des wissenschaftlichen Schrifttums zum Beschädigungsbegriff dahingehend diskutieren, ob das Besprayen von Gegenständen mit Graffitis als Sachbeschädigung nach § 303 Abs. 1 StGB strafbar ist. Diese Arbeit soll aber auch zwingend die Ausführungen des Gesetzgebers zum § 303 Abs. 2 StGB einbeziehen, der schließlich nach der aktuellen Gesetzeslage primär für Graffitis zuständig ist.

I. Allgemeine Einzelfragen der Sachbeschädigung im StGB

1. Entstehungsgeschichte

a) § 303 StGB

Es stellt sich die Frage, ob es historische Vorläufer des bisherigen § 303 StGB in der bis 2005 geltenden Fassung gibt. Das Allgemeine Preußische Landrecht von 1794 äußert sich nach § 1488 wie folgt: „Wer aus Rache, Bosheit oder Mutwillen, einen anderen an seinem Eigenthume oder Vermögen beschädigt, der soll nicht nur den Schaden ersetzen, sondern auch verhältnismäßige Leibestrafe erhalten“. Das Allgemeine Preußische Landrecht macht Angaben zu Schadensersatz, Strafzumessung, Tathandlung des Beschädigens und Tatobjekt als fremdes Eigentum.[133] Der § 281 StGB für das Deutsche Reich[134] enthält die folgende Formulierung:

(1) „Wer vorsätzlich und rechtswidrig eine fremde Sache beschädigt oder zerstört, wird mit Geldstrafe bis zu dreihundert Thalern oder mit Gefängnis bis zu zwei Jahren bestraft.
(2) Der Versuch ist strafbar.
(3) Die Verfolgung tritt nur auf Antrag ein".

Der Tatbestand der Sachbeschädigung wurde im Deutschen Reich am 15. Mai 1871 eingeführt.[135] Eine Rücknahme des Antrags auf Strafverfolgung wurde durch den Absatz 4 (26. Feb. 1876) möglich, wenn das Vergehen gegen einen Angehörigen verübt wurde. Der Absatz 4 wurde dann durch die Einführung der Rücknahmemöglichkeit nach Art. 19 Nr. 161 EGStGB im Jahre 1974 abgeschafft und in den Art. 18 Nr. 44 EGStGB 1974 übergeführt. Der Wortlaut Gefängnis wurde durch das 1. Strafrechtsänderungsgesetz am 25. Juni 1969 durch das Wort Freiheitsstrafe ersetzt. Durch das 22. Strafrechtsänderungsgesetz am 18. Juli 1985 wurde schließlich der § 303 Abs. 3 StGB, wegen der Verfolgung eines besonderen öffentlichen Interesses, eingeführt. § 303 Abs. 3 StGB war durch Art. 1 Nr. 16 und 17 des WiKG am 15. Mai 1986 abgeschafft und in den § 303c StGB überführt worden.[136] Der Tatbestand der Sachbeschädigung hat von daher eine lange Tradition.

§ 303 StGB vom 13.11.1998 beinhaltete die folgende Formulierung:

(1) „Wer rechtswidrig eine fremde Sache beschädigt oder zerstört, wird mit Freiheitsstrafe bis zu zwei Jahren oder mit Geldstrafe bestraft".
(2) „Der Versuch ist strafbar".

Der jetzige Gesetzestext war auch schon im Reichsstrafgesetzbuch von 1871 enthalten.[137] Der Straftatbestand der Sachbeschädigung nach § 303 Abs. 1 StGB setzt immer voraus, dass der Täter eine fremde Sache rechtswidrig beschädigt oder zerstört.

133 Wolf, Graffti als kriminologisches und strafrechtsdogmatisches Problem, S. 28–29.
134 RGBl. 1871, S. 127 (185).
135 MK-Wieck-Noodt, StGB, § 303, Rn. 4.
136 LK-Wolff, StGB, § 303, Entstehungsgeschichte.
137 MK-Wieck-Noodt, StGB, § 303, Rn. 4.

b) § 304 StGB

§ 304 Gemeinschädliche Sachbeschädigung

(1) „Wer rechtswidrig Gegenstände der Verehrung einer im Staat bestehenden Religionsgesellschaft oder Sachen, die dem Gottesdienst gewidmet sind, oder Grabmäler, öffentliche Denkmäler, Naturdenkmäler, Gegenstände der Kunst, der Wissenschaft oder des Gewerbes, welche in öffentlichen Sammlungen aufbewahrt werden, oder öffentlich aufgestellt sind, oder Gegenstände, welche zum öffentlichen Nutzen oder zur Verschönerung öffentlicher Wege, Plätze oder Anlage dienen, beschädigt oder zerstört, wird mit Freiheitsstrafe bis zu drei Jahren oder mit Geldstrafe bestraft".
(2) „Der Versuch ist strafbar".

Vom Deutschen Reich bis zum EGStGB 1974 blieb die Strafbarkeit des Versuchs inhaltlich unverändert.[138] Die Gefängnisstrafe wurde durch Art. 4 des 1. Strafrechtsänderungsgesetzes am 25.06.1969 durch eine Freiheitsstrafe ersetzt. Durch das 18. Strafrechtsänderungsgesetz zur Bekämpfung der Umweltkriminalität vom 28.03.1980, wurde im § 304 StGB der Begriff „öffentliche Denkmäler" durch das Wort „Naturdenkmäler" ergänzt.[139] § 304 StGB war auch schon im Reichsstrafgesetzbuch von 1871 enthalten.[140] Der Straftatbestand der gemeinschädlichen Sachbeschädigung nach § 304 Abs. 1 StGB setzt dabei voraus, dass der Täter den jeweiligen Gegenstand rechtswidrig beschädigt oder zerstört.

2. Kriminalpolitische Bedeutung

Der durch Graffitis angerichtete finanzielle Schaden beträgt in Deutschland jährlich ca. 500 Millionen Euro.[141] Betroffen sind vor allem private und öffentliche Häuser und Gebäude, die deutschen Bahn AG und die Straßenbahngesellschaften.

Die durch Sachbeschädigung erfassten Fälle beziffern sich wie folgt: 2004 (Anzahl: 723087) 2003 (Anzahl: 717914), Veränderung 0.7%, Aufklärungsquote (AQ) 2004 (26.6) 2003 (26.7); Sachbeschädigung an Kraftfahrzeugen erfasste Fälle 2004 (Anzahl: 277526) 2003 (Anzahl: 273955), Veränderung 1.3%, AQ 2004 (19.3); Sachbeschädigung an Straßen, Wegen oder Plätzen erfasste Fälle

138 LK-Wolff, StGB, § 304, Entstehungsgeschichte.
139 BT-Drucks. 8/2382.
140 MK-Wieck-Noodt, StGB, § 304, Rn. 5.
141 Maron, Das 39. Strafrechtsänderungsgesetz, S. 10.

2004 (Anzahl: 117969) 2003 (Anzahl: 115549), Veränderung 2.1%, AQ 2004 (26.8); Sachbeschädigung an Zerstörung wichtiger Arbeitsmittel erfasste Fälle 2004 (Anzahl: 568) 2004 (Anzahl: 594), Veränderung –4.4%, AQ 2004 (51.2)[142] Bei Sachbeschädigungen auf Straßen, Wegen oder Plätzen war ein starker Anstieg zu verzeichnen. Anzumerken ist, dass dem Delikt der Sachbeschädigung 2005 vom Bundeskriminalamt Wiesbaden zunehmende Bedeutung zugemessen wurde.

Nach der polizeilich registrierten Kriminalstatistik 2004 erreichten die Sachbeschädigungsdelikte, in der Rangfolge der Einzelstraftaten, mit einem Anteil von 10.9% an den gesamten Strafen den vierten Platz.[143]

3. Geschütztes Rechtsgut

In der Diskussion um das geschützte Rechtsgut geht es immer um die Frage, was durch den jeweiligen Tatbestand verhindert werden soll. Das geschützte Rechtsgut des § 303 Abs. 1 StGB war das Eigentum.[144] Geschützt ist die Herabminderung auf den Substanzwert der körperlichen Unversehrtheit, oder den Funktionswert der bestimmungsgemäßen Brauchbarkeit an der Sache.[145] Die geschützten Rechtsgüter sind das Eigentum und das daraus abgeleitete Nutzungsrecht.[146] Nicht geschützt ist das Vermögen, da es sich um ein Eigentumsdelikt handelt.[147] Die reine Sachentziehung ist straflos.[148] Der Schutzzweck des Paragraphen 303 Abs. 1 StGB betrifft die Beschädigung bzw. Zerstörung der fremden Sache. Ob allerdings das Anbringen von Graffitis unter den Tatbestand der Sachbeschädigung fällt, hängt nicht zuletzt vom Wortlaut des Gesetzes ab. Es geht lediglich um Fälle der Sachbeschädigung durch Veränderungen der äußeren Erscheinung auf der Substanzsache, wobei diese entgegen des Gestaltungswillens des Eigentümers vorgenommen werden.[149] Dieses muss durch die Diskussion der Beschädigungstheorien zu § 303 Abs. 1 StGB festgestellt werden.

---

142 PKS 2004, Bundeskriminalamt Wiesbaden 2005, S. 42.

143 PKS 2004, Bundeskriminalamt Wiesbaden 2005, S. 29.

144 Joecks, Stud-K, StGB, § 303, Rn. 1; Sch/Sch/Stree, StGB, § 303, Rn. 1; Lackner/Kühl, StGB, § 303, Rn. 1; MK-Wieck-Noodt, StGB, § 303, Rn. 1; NK-Zaczyk, StGB, § 303, Rn. 1; Wessels/Hillenkamp, StrR BT2, Rn. 16.

145 Satzger, Jura 2006, 428 (429); Krüger, NJ 2006, 248 (248).

146 NK-Zaczyk, StGB, § 303, Rn. 1.

147 Wolf, Graffiti als kriminologisches und strafrechtsdogmatisches Problem, S. 34–35.

148 Sch/Sch/Stree, StGB, § 303, Rn. 13; Seelmann, JuS 1985, 199 (200).

149 Momsen, JR 2000, 173 (173).

II. Die Auslegung des Tatbestands der Sachbeschädigung in der Rechtsprechung und Strafrechtswissenschaft zum Beschädigungsbegriff bis zur Gesetzesänderung

Die Definition des Beschädigens ist nicht unstrittig.[150] Eine fremde Sache gilt dann als zerstört, wenn sie so beschädigt wurde, dass sie für ihren Zweck völlig unbrauchbar wird.[151] Es geht um die Vernichtung an der Sache oder die völlige Aufhebung der bestimmungsmäßigen Brauchbarkeit durch unmittelbare Sacheinwirkung. Der Begriff der Zerstörung beinhaltet einen stärkeren Grad der Beschädigung. Der Gesetzgeber versteht unter dem Begriff des Zerstörens nämlich eine vollständige Unbrauchbarmachung der Sache und vertritt hinsichtlich der Beschädigung eine Theorie des Vermögensschadens. Im Hinblick auf Graffitis liegt eine Zerstörung dann vor, wenn ein Gegenstand durch die Graffitis so stark besprüht wurde, dass die Reinigung teurer ist, als der Gegenstandwert. Grund hierfür ist, dass man den Begriff „Beschädigen" einerseits in seinem Verständnis am Wortlaut (Eingriff in die Substanz), aber auch wirtschaftlich (Verursachung eines Vermögensschadens) begreifen kann und dass dies bis zum Jahr 2005 (Gesetzesänderung) erhebliche Meinungsverschiedenheiten hervorgerufen hat.

Erforderlich ist demnach eine Klärung dahingehend, ob und unter welchen Voraussetzungen nach § 303 Abs. 1 StGB eine Veränderung einer Sache durch das Beschmieren mit Farbe oder dem Schreiben von Parolen, eine Beschädigung des Tatobjekts vorliegen kann. Im Hinblick darauf stellt sich die Frage, welche Theorie zum Beschädigungsbegriff aus Gründen der Strafrechtsdogmatik vorziehen ist.

1. Strenge Substanztheorie

Die strengsten Anforderungen an den Beschädigungsbegriff werden von der sog. Substanztheorie aufgestellt.

a) Darstellung der Theorie

Nach ihr liegt eine Beschädigung im Sinne des § 303 Abs. 1 StGB nur dann vor, wenn der Täter durch seine Handlung die Substanz des Tatobjekts beeinträch-

150 Wessels/Hillenkamp, StrR BT2, Rn. 23.
151 Fischer, StGB, § 303, Rn. 14.

tigt.[152] Eine Sachbeschädigung ist dann gegeben, wenn die stoffliche Unversehrtheit aufgehoben wird, sei es durch Verringerung oder Verschlechterung der Sache.[153] Einfache Beispiele für Substanzverletzungen sind: stoffliche Veränderung in Gestalt der stofflichen Umformung, Verringerung oder Verschlechterung, wie Abschlagen, Absägen, Verbiegen, Zertrümmern, Ausströmenlassen von Gas aus dem Ballon, Fällen der Bäume, Beschmutzung der Kleidung, das Zerkratzen des Lacks, Verursachung von Beulen im Autolack, das Abbrechen von Scheibenwischern, Antennen oder Seitenspiegeln an Fahrzeugen, Eingravierungen an einer Sache, herausgerissene Buchseiten oder Vermerke in Schriftstücken.[154]

Als Beschädigung gilt sowohl eine Herbeiführung einer Substanzverletzung, als auch eine dadurch hervorgerufene Beendigung der stofflichen Unversehrtheit der Sache.[155] Eine Substanzverletzung wird mit dem Wortlaut des § 303 Abs. 1 StGB, als die Beeinträchtigung von Sachsubstanz, Körperlichkeit oder physische Stofflichkeit angesehen.[156] Eine Spezifizierung ist im Hinblick auf den Begriff der körperlichen Substanz erforderlich. Es ist davon auszugehen, dass eine echte Substanzverletzung dann vorliegt, wenn diese objektiv und ohne Einbeziehung des Eigentümerwillens festgestellt werden kann.[157] Als Vertreter der Substanzverletzungstheorie hat Kargl also besonders strenge Anforderungen an den Tatbestand der Beschädigung festgschrieben, so dass nicht jede mögliche Handlung als Beschädigung angesehen werden kann.[158]

b) Übertragbarkeit der Theorie auf Fälle des Sprayens

Eine Substanzverletzung ist gegeben, wenn durch das Aufbringen der Graffitis die Substanz des besprayten Gegenstands angegriffen wird. Die Substanzverletzung setzt eine ursprüngliche Beschädigung durch das Graffiti und eine sekundäre Schädigung durch die Reinigung voraus. Wenn die Farbe rückstandsfrei

152 MK-Wieck-Noodt, StGB, § 303, Rn. 18; SK-Hoyer, StGB, § 303, Rn. 7; Sch/Sch/Stree, StGB, § 303, Rn. 9; Lackner/Kühl, StGB, § 303, Rn. 4; LK-Wolff, StGB, § 303, Rn. 6. Mogg, Die strafrechtliche Erfassung von Graffiti, S. 12–13.

153 MK-Wieck-Noodt, StGB, § 303, Rn. 18; SK-Hoyer, StGB, § 303, Rn. 7.

154 NK-Zaczyk, StGB, § 303, Rn. 11; MK-Wieck-Noodt, StGB, § 303, Rn. 18; SSW-Saliger, StGB, § 303, Rn. 7; Sch/Sch/Stree, StGB, § 303, Rn. 9; SK-Hoyer, StGB, § 303, Rn. 7; Rengier, StrR BT I, § 24, Rn. 9.

155 Kargl, JZ 1997, 287 (290).

156 Kargl, JZ 1997, 283, 289 (290).

157 Kargl, ZStW 1991, 157 (157).

158 Kargl, JZ 1997, 283, 289 (290).

ablösbar und abwaschbar ist, ist eine Substanzverletzung zu verneinen.[159] Es gibt aber auch ätzende Farben, die in den Untergrund eindringen und nicht so einfach zu beseitigen sind.[160] Die Substanztheorie ist nicht immer übertragbar, wenn die Substanz der Sache durch das Aufbringen der Graffitis bloß optisch verändert wird.[161]

aa) Ursprüngliche Beschädigung

Eine ursprüngliche Beschädigung liegt durch das Aufbringen der Graffitis nicht vor, wenn die Substanz der Sache lediglich optisch verändert wird. Eine ursprüngliche Beschädigung resultiert folglich aus der Veränderung des Materials der Hauswände, oder der chemischen Reaktionen durch einen Farbauftrag.[162] Die aufgebrachte Lackfarbe durch das Sprayen überdeckt den Oberflächenanstrich und beeinträchtigt und beschädigt häufig die Lacksubstanz.[163]Verändert nun das Aufbringen der Graffitis chemisch die Farbe der Lackierung auf der Oberfläche, den Farbanstrich, oder die sonstige Beschaffenheit des Untergrundes,[164] dann schädigen Graffiti bereits die Substanz der Sache.[165] Eine physikalische Einwirkung durch das Aufbringen der Graffitis auf die Substanz ist vorhanden.[166]

Nach der Substanzverletzungstheorie liegt eine Beschädigung vor, wenn durch das Sprayen der stoffliche Untergrund einer Sache verändert und durch das Zusammenwirken der chemischen Mittel die Substanz des besprayten Gegenstands beeinträchtigt wird. Allerdings gibt es auch Reinigungsmittel, die Graffitis beseitigen können, ohne dass die Substanz der Sache verletzt wird. Das ist aber im Einzelfall abhängig von der Beschaffenheit des Untergrundes und von der für das Aufbringen der Graffitis verwendeten Farbe.[167] Bei einem erheblichen Schaden durch das unerlaubte Sprayen von Graffitis ergeben sich dann besondere Probleme, wenn erst durch teure Gutachten der Sachverhalt geklärt werden kann.

---

159 BGHSt 29, 129 (129); OLG Frankfurt, NJW 1990, 2007 (2007); vgl. OLG Düsseldorf, JR 2000, 172 (172).

160 KG Berlin, NStZ 2007, 223 (223); OLG Düsseldorf, JR 2000, 172 (172); LG Bremen, NJW 1983, 56 (56).

161 BGHSt 29, 129 (129); OLG Frankfurt, NJW 1990, 2007 (2007); vgl. OLG Düsseldorf, JR 2000, 172 (172).

162 Vgl. LG Bremen, StV 1981, 182 (182).

163 OLG Oldenburg, JR 1984, 35 (35f.).

164 OLG Düsseldorf, StV 1993, 367 (367); OLG Karlsruhe, StV 1999, 544 (544); KG Berlin, NStZ 2007, 223 (223).

165 OLG Frankfurt, NStZ 1988, 410 (410); BGHSt 29, 129 (132).

166 LG Bremen, NJW 1983, 56 (56); LG Bremen, StV 1981, 182 (182); MK-Wieck-Noodt, StGB, § 303, Rn. 41.

167 Behforouzi, Die deutsche Graffiti-Szene, S. 58–59.

Den zumindest bedingten Vorsatz dürfte die Praxis hingegen relativ unproblematisch unterstellen.[168]

Wenn die Substanz der Sache durch das Aufbringen der Graffitis auf der bloßen optischen Veränderung der Sache verdeckend, abdeckend oder verbergend ist, handelt es sich nicht um eine ursprüngliche Beschädigung.[169] Eine Substanzverletzung ist durch das Aufbringen der Graffitis nicht immer gegeben, wenn die Beschaffenheit der Oberfläche nicht beschädigt wird.[170] Eine bloße optische Veränderung der Sache würde also durch das Aufbringen der Graffitis keine Substanzverletzung bedingen.[171] Die Veränderung der Oberfläche kann aber nicht nur durch einen Farbauftrag, sondern auch durch dessen Entfernung entstehen.

bb) Sekundäre Schädigung durch die Reinigung

Eine sekundäre Schädigung kann dann vorliegen, wenn diese Schädigung erst durch die Reinigung verursacht wird und wenn durch die Reinigungsmaßnahmen eine Substanzverletzung eintritt.[172] Sekundäre Schädigung gilt folglich dann als gegeben, wenn zumindest die Reinigung „zwangsläufig zu einer Substanzverletzung führen muss".[173] Das Aufbringen der Graffitis wäre damit nicht ursächlich für die Beschädigung, sondern die durch die Reinigung verursachte Beschädigung des Untergrundes. „Eine Möglichkeit der Reinigung ohne Verletzung der Untergrundsubstanz" schließt sekundäre Schädigung aus.[174] Allerdings kann auch die Meinung vertreten werden, dass durch das Aufbringen der Graffitis an sich bereits eine sekundäre Schädigung entsteht, unabhängig von der Reinigungsmöglichkeit.[175] Es erscheint nämlich zweifelhaft zu sein, ob bei dem Täter ohne weiteres angenommen werden kann, dass er bereits zum Zeitpunkt des Sprayvorgangs darüber nachgedacht hat, dass durch die Reinigung von Graffitis

---

168 LG Bremen, NJW 1983, 56 (56); OLG Düsseldorf, JR 2000, 172; KG Berlin, NStZ 2007, 223 (223).

169 HansOLG Hamburg, NStZ-RR 1999, 209 (209); LG Bremen, StV 1981, 182 (182); MK-Wieck-Noodt, StGB, § 303, Rn. 43.

170 Hilgers/Anton, Der aktuelle Begriff – Graffiti, in: Wissenschaftlichen Dienste des deutschen Bundestages, Nr. 48/05 am 14.07.2005.

171 Behforouzi, Die deutsche Graffiti-Szene, S. 58–59.

172 BGHSt 29, 129, 131 (132f.); OLG Celle, StV 1981, 129 (129); OLG Düsseldorf, NJW 1982, 1167 (1167); OLG Düsseldorf, StV 1993, 367 (367); OLG Köln, StV 1995, 592 (593); OLG Düsseldorf, NJW 1999, 1199 (1199); HansOLG Hamburg, NStZ-RR 1999, 209 (209); OLG Karlsruhe, StV 1999, 544 (544); KG Berlin, NStZ 2007, 223 (223).

173 OLG Düsseldorf, NJW 1999, 1199 (1199).

174 Wolf, Graffiti als kriminologisches und strafrechtsdogmatisches problem, S. 137.

175 Rengier, Gedanken zur Problematik der objektiven Zurechnung, in: FS für Roxin, S. 815.

eine Substanzverletzung eintreten würde. Es hängt dann von den Fähigkeiten des Reinigers ab, ob es zu einer Sachbeschädigung kommt oder nicht.[176] Die Überlegungen, die erst über den Reinigungsvorgang zu einer Sachbeschädigung im Einzelfall gelangen, erscheinen konstruiert zu sein.[177] Wenn sich der Eigentümer zur Reinigung seiner besprayten Sachen gezwungen sieht und hierbei eine Substanzverletzung an der Sache verursacht, realisiert sich ein Schaden, dessen Ursache in dem unbefugten Sprayen von Graffitis liegt.[178] Eine Substanzbeeinträchtigung stellt dann auf das Sprayen oder das Verhalten bei der Reinigung ab.[179]

Angeführt wird, eine Substanzbeeinträchtigung sei nur möglich, wenn sich der Eigentümer durch die Reinigung einer Realisierung des Schadens nicht bewusst sei.[180] Die Schäden sind durch das unbefugte Sprayen von Graffitis dem Täter zuzurechnen.[181] Denn eine Eigentumsbeeinträchtigung ist bereits durch das Aufbringen der Graffitis auf die Untergrundsubstanz gegeben. Der Eigentümer kann die Störung an der Sache entfernen, obwohl er bewusst oder unbewusst eine Substanzverletzung hervorruft.[182] Alle Schäden sind durch das unbefugte Sprayen von Graffitis dem Täter aber nicht zuzurechnen, wenn der Eigentümer, durch falsche Reinigung, einen entsprechenden Schaden hervorruft.[183] Eine Substanzbeeinträchtigung ist auch gegeben, wenn sich die überdeckende Farbe mit der Sache selbst so verbindet, dass eine Reinigung mit den verhältnismäßigen Aufwandkosten nicht, oder nur unter Eingriff in die Substanz an der Sache möglich ist.[184] Im Hinblick auf Graffiti würde immer eine entsprechende Strafbarkeit entfallen, wenn die Reinigung von Graffiti keine bleibenden Spuren hinterlässt.[185] Eine Strafbarkeit der Vollendung darf allerdings nicht auf die sekundäre Schädigung des Geschädigten durch Reinigung abstellen. Sekundäre Schädigung ist unabhängig vom Verhalten des Geschädigten.[186] Ursprüngliche Substanzverletzung durch Graffiti und sekundäre Schädigung durch Reinigung sind nicht

---

176 Merrson, NZM 1999, 447 (448).

177 Behm, JR 1988, 360 (361).

178 Wolf, Graffiti als kriminologisches und strafrechtsdogmatisches Problem, S. 138–139.

179 Ingelfinger, Graffiti und Sachbeschädigung, S. 22.

180 Momsen, JR 2000, 172 (174).

181 Mogg, Die strafrechtliche Erfassung von Graffiti, S. 39.

182 Wolf, Graffiti als kriminologisches und strafrechtsdogmatisches Problem, S. 140, 143–144.; Schnurr, Graffiti als Sachbeschädigung, S. 79.

183 Schnurr, Graffiti als Sachbeschädigung, S. 81.

184 Fischer, StGB, § 303, Rn. 9.

185 OLG Dresden, NJW 2004, 2843 (2843); OLG Karlsruhe, StV 1999, 544 (544); OLG Köln, StV 1995, 592 (593); BGHSt 29, 129 (131).

186 Wolf, Graffiti als kriminologisches und strafrechtsdogmatisches Problem, S. 137–138.

gleichwertig.[187] Bei der ursprünglichen Substanzverletzung und sekundären Schädigung durch Reinigung, durch Bekleben, Bemalen, Beschmieren, Besprühen steht die Rechtsprechung vor dem Auslegungsproblem des Straftatbestands der Sachbeschädigung. Die aufgebrachte Farbe verändert nicht nur das äußere Erscheinungsbild des Untergrundes. Sie beeinträchtigt auch an den Sprayenstellen deren Oberflächenfarbe und beschädigt deshalb insoweit die Substanz. Eine Substanzverletzung ist nicht allein ausreichend, wenn eine sekundäre Schädigung durch die Reinigung erfolgt ist. Die Substanzverletzung sei auch gegeben, wenn die Entfernung, der von den Sprayer verursachten Veränderung der Substanzsache notwendigerweise durch Reinigungsarbeit zu einer Substanzbeeinträchtigung führt. Die durch die Reinigungsarbeit notwendigerweise verbundene Substanzbeeinträchtigung könne man dem Sprayer zurechnen. Die aufgebrachte Farbe lasse sich durch das Reinigungsmittel rückstandlos entfernen. Bei Glas oder Metall tritt nicht häufig dadurch eine Substanzverletzung ein, weil eine Beschädigung der Oberflächenbeschaffenheit durch die Einwirkung der Täter, oder die Reinigungsarbeit erfolgt. Können Graffiti nur durch ätzende Lösungsmittel, oder Sandstrahl beseitigt werden, wird häufig eine Verletzung der Substanzsache eintreten. Eine sekundäre Schädigung vermag als Substanzverletzung in der Praxis nicht zu überzeugen.[188] Eine bloße optische Veränderung der Sache durch eine sekundäre Schädigung durch Reinigung würde keine Substanzverletzung hervorrufen.

c) Kritische Würdigung der Theorie

Die Vollendung eines beschädigungsgleichwertigen Sachzustands verhindert „einerseits die misslichen Konsequenzen im Hinblick auf den Sachbeschädigungserfolg und entkräftet andererseits den Einwand, ein nachträgliches Ereignis könne schon normtheoretisch nicht in der Lage sein, das Unrecht einer Straftat zu begründen".[189] Die Substanztheorie führt zu Ergebnissen, die letztendlich häufig zufällig sind und damit zu Rechtsunsicherheit führen.[190] Im Hinblick auf

---

187 Ingelfinger, Graffiti und Sachbeschädigung, S. 22–23; Vgl. Wolf, Graffiti als kriminologisches und strafrechtsdogmatisches Problem, S. 146–148; OLG Dresden, NJW 2004, 2843 (2843).

188 Momsen, JR 2000, 172, 173 (174f.); Wessels/Hillenkamp, StrR BT2, Rn. 29; Satzger, Jura 2006, 435 (435f.); Wissenschaftliche Dienste des deutschen Bundestages, Hans Anton Hilgers, Nr. 48/05 Der aktuelle Begriff, Redaktionsschluss am 05.01.2006, S. 286.

189 Ingelfinger, Graffiti und Sachbeschädigung, S. 23.

190 Wolf, Graffiti als kriminologisches und strafrechtsdogmatisches Problem, S. 163–164; Mogg, Die strafrechtliche Erfassung von Graffiti, S. 44–45; Maron, Das 39. Strafrechtsänderungsgesetz, S. 30–31, 56–57.

die vorliegenden Strafbarkeitslücken könnte auch auf die Versuchsstrafbarkeit verwiesen werden. Gelingt dem Eigentümer doch wider Erwarten eine rückstands- und beschädigungsfreie Reinigung, dann tritt zwar der Beschädigungserfolg nicht ein, bei möglicher Bejahung eines entsprechenden bedingten Vorsatzes verbleibt es dann aber bei einer Versuchsstrafbarkeit.[191] Nach der strengen Substanztheorie ist eine „Beschädigung" nichts anderes, als die Verursachung einer Substanzverletzung. Für die Kausalität und die objektive Zurechnung des durch eine Entfernung der Graffitis verursachten Schadens spricht aber vieles, dagegen eher wenig (höchstens das „Dazwischentreten" des Eigentümers, was hier allerdings gekünstelt wirkt).[192]

Eine Substanzverletzung wird dann begründet, wenn der Reinigungsaufwand erheblich ist, obwohl eine spurlose Reinigungsarbeit erzielt wird. Dieses bedeutet, dass die Beeinträchtigung durch Graffitis nur durch einen nicht unbeachtlichen Reinigungsaufwand wieder rückgängig gemacht werden kann und der Reinigungsaufwand unter verschiedenen Umständen entfallen kann. Bei der Substanztheorie kommt es nur auf die Substanzsache an. Grafftis werden für sich allein noch nicht als Sachbeschädigung angesehen, weil eine sekundäre Schädigung durch die Reinigung erst zu dem Zeitpunkt gegeben ist, in dem die Substanz tatsächlich den Untergrund verletzt und ein umfassender Schutz des Eigentums nicht möglich ist.[193]

2. Die Theorie der Brauchbarkeitsminderung

Im Laufe der Zeit hat sich der Beschädigungsbegriff in der Rechtsprechung fortwährend verändert. Eine Substanzverletzung ist danach keine unbedingte Voraussetzung mehr für eine Beschädigung. Teile des wissenschaftlichen Schrifttums vertreten die sogenannte Brauchbarkeitsminderungstheorie.

a) Darstellung der Theorie

Da die Substanztheorie mit Strafbarkeitslücken verbunden ist und es auch Einwirkungen auf die Sache gibt, die mit nachhaltigen Minderungen der Brauchbarkeit verbunden sind, wurde im wissenschaftlichen Schrifttum die so genannte Brauchbarkeitsminderungstheorie entwickelt: Bei einer Beschädigung wird auf

191 Vgl. Mogg, Die strafrechtliche Erfassung von Graffiti, S. 40–42; Wolf, Graffiti als kriminologisches und strafrechtsdogmatisches Problem, S. 139, 145–146.

192 Wolf, Graffiti als kriminologisches und strafrechtsdogmatisches Problem, S. 138–140.

193 Wolf, Graffiti als kriminologisches und strafrechtsdogmatisches Problem, S. 146–150.

die Sache dergestalt eingewirkt, dass ihre bestimmungsmäßige Brauchbarkeit durch die körperliche Einwirkung nachhaltig gemindert wird.[194] Maßstab für die Zweckbestimmungen der Brauchbarkeit ist der Wille des Eigentümers, wenn die Zweckbestimmungen nach den Umständen des täglichen Lebens nach außen erkennbar sind.[195] Beispiele für die Annahme von Brauchbarkeitsminderungen sind das Anbringen eines befestigten Hindernisses auf Bahngleisen, das Zerlegen einer Maschine, das Einfügen von Fremdkörpern in eine Maschine, Beschmieren der Geschwindigkeitsmessanlage, die Benutzung eines Feuerlöschers, oder das Herausnehmen von Seiten aus einer Loseblattsammlung.[196]

Mangels der unmittelbaren körperlichen Einwirkungen ist das Anbringen von Reflektoren, mitdenen die von der Kamera einer Verkehrsüberwachungsanlage angefertigten Aufnahmen unbrauchbar gemacht werden, keine Sachbeschädigung.[197] Eine Sache wird beschädigt, wenn ihre Substanz nicht unerheblich verletzt, oder wenn auf sie derart körperlich eingewirkt wird, dass dadurch die bestimmungsmäßige Brauchbarkeit an der Sache mehr als nur geringfügig beeinträchtigt wird.

b) Erweiterung der Substanztheorie durch das Reichsgericht

Die Substanztheorie wurde zunächst vom Reichsgericht vertreten. Das Reichsgericht legte am Anfang den Begriff der Beschädigung streng und dahingehend aus, dass dieser im Falle einer nicht ganz unerheblichen körperlichen Einwirkung auf die Sache vorliege, durch welche die stoffliche Zusammensetzung selbst verändert, oder ihre Unversehrtheit nicht mehr gegeben ist, so dass die Brauchbarkeit für ihre Zwecke gemindert ist.[198] Das Reichsgericht war aber mit Konstellationen konfrontiert, in denen die Substanztheorie zu dem Ergebnis kam, dass keine Beschädigung vorlag, obwohl die Richter diese konkrete Verhaltensweise für strafwürdig befanden: Die Beschädigung einer Sache könnte aber auch bei zusammengesetzten Sachen vorliegen, wenn Einzelteile unversehrt bleiben und die beschädigten Teile ohne Mühe und Kosten ausgetauscht werden können, weil mit der Substanzverletzung alleine nicht alle strafwürdige Formen des Tatbe-

194 Lackner/Kühl, StGB, § 303, Rn. 3; Sch/Sch/Stree, StGB, § 303, Rn. 11; Fischer, StGB, § 303, Rn. 6; MK-Wieck-Noodt, StGB, § 303, Rn. 20.

195 NK-Zaczyk, StGB, § 303, Rn. 6.

196 BGHSt 44, 34 (38); OLG Köln, NJW 1999, 1042 (1044); MK-Wieck-Noodt, StGB, § 303, Rn. 18; LK-Wolff, StGB, § 303, Rn. 13, 14, 15; Sch/Sch/Stree, StGB, § 303, Rn. 11; Rengier, StrR BT I, § 24, Rn. 10.

197 Walter/Uhl, JA 2009, 31 (35); Gaede, JA 2008, 97 (97f.); Mann, NStZ 2007, 271 (272); Kudlich, JA 2007, 72 (74).

198 RGSt 13, 27 (28); 32, 165 (165); 33, 177 (178), 39, 328 (329).

stands der Sachbeschädigung zu erfassen waren.[199] Die Wiederherstellung an der Sache dürfe nicht ohne weiteres möglich sein. Das folgende Beispiel zeigt die Problematik: Ein Mann hatte bei einer Lampenfabrik gearbeitet und war dort entlassen worden. Aus Rache für seine Entlassung klemmte er an seinem letzten Arbeitstag bei einer in der Fabrik aufgestellten Dampfmaschine einen kleinen Holzkeil sowie eine Eisenfeile zwischen die Führung des Hebels der Ventilbelastung. Dadurch wurde das Ventil gehemmt, die Maschine arbeitete nicht mehr und es entstand die Gefahr einer Kesselexplosion. Eine erhebliche Substanzverletzung war durch das Hinzufügen einer Sache nicht gegeben, weil die eingeklemmten Fremdkörper in keiner dauerhaften Verbindung zur Maschine standen und jeder Zeit wieder hätten beseitigt werden können. Das RG sah in der Unbrauchbarmachung der Maschine aber eine genügende Beeinträchtigung, weil die Funktion des Eigentums zeitweilig aufgehoben wurde.[200] Die alsbaldige Wiederherstellung scheiterte daran, dass die an sich leicht zu beseitigende Blockierung erst zeitaufwendig gesucht werden musste.[201] Das RG sah eine Beschädigung durch die Minderung der Gebrauchsfähigkeit der Substanz zu dem bestimmungsmäßigen Zweck ohne Verletzung der Substanz.[202] Das Reichsgericht hatte damit die strengen Anforderungen an eine Beschädigung aufgegeben. Eine Beschädigung wurde begründet, unter den Voraussetzungen der Minderung der Gebrauchsfähigkeit zu einem bestimmungsgemäßen Zweck.[203] Eine ohne nennenswerten Aufwand an Mühe, Zeit oder Kosten behebbare Beeinträchtigung der Brauchbarkeit blieb außer Betracht. Das Reichsgericht war bei einer Beschädigung von Beeinträchtigungen der Gebrauchsfähigkeit an der Sachsubstanz ausgegangen.[204] Eine Beschädigung kommt weniger auf die Beeinträchtigung des Eigentümerinteresses, als auf die Unversehrtheit der Sache selbst an. Darunter fiel beispielsweise auch die Besudelung eines Denkmals mit Farbe.[205] Eine Sachbeschädigung liegt dann vor, wenn die Sache ihrem bestimmungsgemäßen Gebrauch entzogen und dadurch mit einer Gebrauchsminderung verbunden ist.[206]

Ohne dass eine stoffliche Änderung einer Sache eintritt, reicht selbst eine „belangreiche“ Veränderung der äußeren Erscheinung und Form durch das Verunstalten. Bei einer belangreichen Veränderung der äußeren Erscheinung und Form ging es um ein „Kunstwerk“, bei dem die Ästhetik zum Zweck der Sache zählt.

199 RGSt 20, 182 (183).
200 RGSt 20, 182 (183).
201 RGSt 20, 182 (185).
202 RGSt 20, 182 (183).
203 RGSt 74, 14 (15).
204 RGSt 39, 223 (224).
205 RGSt 64, 250 (251).
206 RGSt 55, 167 (169).

Eine Sachbeschädigung solle dann vorliegen, wenn eine nicht ganz unerhebliche Einwirkung auf eine Sache erfolgt sei, durch die die stoffliche Zusammensetzung der Sache verändert, oder sonst ihre Unversehrtheit derart aufgehoben wird, dass die Brauchbarkeit für ihre Zwecke herabgesetzt ist.[207]

c) Das Verzichten der Voraussetzung einer Substanzverletzung durch den BGH

Zu fragen ist, ob sich die Rechtsprechung des BGH im Hinblick auf das Ablassen von Luft aus einem Autoreifen und das Kleben von Plakaten auf Verteilerkästen der Post, tatsächlich geändert hat, oder ob die Rechtsprechung noch weitgehend auf der Linie des späten Reichsgerichts liegt.

aa) Fälle „Luftablassen aus Reifen"

Es gibt auch im Rahmen der Darstellung der Rechtsprechung Auflösungstendenzen, weg von der Substanzverletzung hin zur Brauchbarkeitsminderung, z.B. bei der Frage des Ablassens von Luft aus einem Autoreifen. Tatbestand: Der Täter öffnet nachts die Ventile aller vier Reifen eines parkenden Kraftfahrzeugs, um die Luft herauszulassen.[208] Der BGH hat zum Luftablassen aus einem Autoreifen erklärt, dass eine Brauchbarkeitsminderung ohne Substanzverletzung, die Grenze zur Sachbeschädigung jedenfalls dann überschreitet, wenn sich das Opfer mit seinem Fahrzeug an einem entlegenen Ort befindet, oder keinen entsprechenden Ersatzreifen bei sich führt und so ein erheblich größerer Aufwand betrieben werden muss, um die Gebrauchsfähigkeit wieder herzustellen. Die Rechtsprechung wollte deshalb nur dann eine erhebliche Gebrauchsbeeinträchtigung gelten lassen und eine Strafbarmachung wegen Sachbeschädigung feststellen, wenn Luft aus mehr als einem Reifen herausgelassen wird.[209]

Das Luftablassen aus dem Fahrradreifen blieb als „eine vorübergehende Gebrauchsbehinderung" straflos, weil der Fortbewegungsgewinn nicht so hoch ist und das Aufpumpen eines Fahrradreifens einen wesentlichen geringfügigeren Aufwand erfordert, als der Radwechsel bei einem Pkw.[210] Eine Sachbeschädigung wurde hingegen dann festgestellt, wenn aus zwei Reifen Luft abgelassen wurde, weil das Wiederaufpumpen beider Fahrradreifen mit einem nicht gering-

---

207 RGSt 43, 204 (205).

208 BGHSt 13, 207 (208).

209 BGHSt 13, 207 (207); BGH, Beschluss vom 14.07.1957 – 1 StR 296/59.

210 OLG Düsseldorf, NJW 1957, 1246 Nr. 20.

fügigen Zeitaufwand und einem körperlichen Bemühungsaufwand verbunden ist.[211]

Eine Brauchbarkeitsminderung soll folglich dann nicht begründet sein, wenn sie ohne größeren Aufwand an Mühe, Zeit und Kosten beseitigt werden kann.[212] Bestimmte Grenzen der Erheblichkeit zum Begriff der Beschädigung wurden kritisiert.[213] Wenn jemand aus den Reifen eines Pkw die Luft entweichen lässt, soll eine Beschädigung vorliegen.[214] Geschieht dies aber bei einem Fahrrad mit gebrauchsfähiger Luftpumpe, liegt keine erhebliche Brauchbarkeitsminderung vor. [215] Die Art der Einwirkung an der Sache sei gleichgültig und die Art der Auswirkung der Beschädigung sei äußerlich oder innerlich.[216] Thoss stellte dazu die kritische Frage, ob das Bespritzen mit Bier einer Sachbeschädigung gleichkommt.[217] Thoss betonte, dass die Substanztheorie hier nicht relevant ist und dass selbst das Bespritzen eines Hemdes mit Bier als strafbar im Sinne des § 303 Abs. 1 StGB angesehen wurde und somit der Straftatbestand der Sachbeschädigung zu einer Art „Reservestraftatbestand“ wurde, der herangezogen wurde, um ein bloß belästigendes Verhalten zu bestrafen.[218] Die Rechtsprechung neigt zu einem einzelfallorientierten Umgang mit dem Merkmal „Beschädigen“ in § 303 StGB. Die Rechtsprechung ist damit in Bezug auf den Straftatbestand der Sachbeschädigung nach § 303 Abs. 1 StGB zu keinem einheitlichen Ergebnis gelangt. Fälle wie die des Luftablassens führten zu einer großen Bandbreite an unterschiedlichen Urteilen und Ergebnissen, da die Rechtsprechung die Minderung der Brauchbarkeit je nach Einzelfall bejahte oder verneinte. Dies ist vor dem Hintergrund der Bedeutung des rechtsstaatlichen Gleichheitsgrundsatzes für das Strafrecht hoch problematisch.[219]

211 BayObLG,, NJW 1987, 3271 (3271).

212 NK-Zaczyk, StGB, § 303, Rn. 7; LK-Wolff, StGB, § 303, Rn. 17; MK-Wieck-Noodt, StGB, § 303, Rn. 21; Sch/Sch/Stree, StGB, § 303, Rn. 12; BGHSt 44, 34 (38); OLG Düsseldorf, NJW 1993, 869 (869); BayObLG, NJW 1987, 3271 (3271).

213 Geerds, JR 1988, 218 (218); vgl. Hillenkamp, was bewirkt das „Noffiti-Gesetz“?, in: FS für Schwind, S. 938; Fischer, StGB, § 303, Rn. 13.

214 BGHSt 13, 207 (208).

215 BayObLG, NJW 1987, 3271 (3272); Wessels/Hillenkamp, StrR BT2, Rn. 35; LK-Wolff, StGB, § 303, Rn. 17.

216 NK-Zaczyk, StGB, § 303, Rn. 10; vgl. Behm, NStZ 1988, 275 (276).

217 Thoss, KritV 1994, 392 (392).

218 Thoss, KritV 1994, 395 (397).

219 BGHSt 13, 207 (208).

bb) Fälle „wilden Plakatierens“

Es gibt auch im Rahmen der Darstellung der Rechtsprechung Auflösungstendenzen, weg von der Substanzverletzung hin zur Brauchbarkeitsminderung, z.B. bei der Frage des wilden Plakatierens. „Eine bloße Veränderung der äußeren Erscheinung und Form einer Sache“ sei keine Sachbeschädigung, wenn auf einen Verteilerkasten der Deutschen Bundespost ohne Substanzverletzung, oder Brauchbarkeitsminderung des Kastens, ein Plakat beklebt. Der BGH konstatierte, dass für das Merkmal des Beschädigens eine „dem Gestaltungswillen des Eigentümers zuwiderlaufende Veränderung der äußeren Erscheinung und Form einer Sache“ für die Beschädigung auch dann grundsätzlich nicht ausreiche, wenn sie auffällig sei.[220] Andernfalls würde der Gesichtspunkt der Brauchbarkeitsminderung an Bedeutung verlieren und der eigentliche Sinn des Merkmals „Beschädigen“ nicht genügend beachtet.[221]

Der Bundesgerichtshof folgte der Rechtsprechung des Reichsgerichts. Das Reichsgericht ließ auch eine Brauchbarkeitsminderung als ausreichend gelten: Das Reichsgericht legte das Beschädigungsmerkmal als Verletzung der Substanz aus und als erhebliche Minderung der bestimmungsmäßigen Brauchbarkeit.[222] Die Funktionsstörung ist auch als Brauchbarkeitsminderung eine Substanzverletzung.[223] Das Reichsgericht definierte das Beschädigungsmerkmal als jede nicht ganz unerhebliche körperliche Einwirkung, durch die die stoffliche Zusammensetzung einer Sache verändert, oder die Unversehrtheit derart aufgehoben wird, dass die Brauchbarkeit für die Zweckbestimmung einer Sache herabgemindert ist.[224] Damit liegt eine körperliche Einwirkung vor, die zwar keine stoffliche Verringerung oder Verschlechterung der Sache beinhaltet, aber eine wesentliche Veränderung der äußeren Erscheinung und Form mit sich bringt.[225] Das Reichsgericht habe auch „eine leicht abwaschbare Beschmutzung für tatbestandsmäßig gehalten, während es sonst hervorgehoben hat, dass eine ohne nennenswerten Aufwand an Mühe, Zeit oder Kosten behebbare Beeinträchtigung der Brauchbarkeit außer Betracht bleibe“.[226] Zusätzlich setzt eine Beschädigung auch eine Brauchbarkeitsminderung voraus.[227]

220 BGHSt 29, 129 (132).
221 BGHSt 29, 129 (133).
222 RGSt 13, 27 (28); 20, 182 (183); 31, 329 (331); 33, 177 (178).
223 RGSt 64, 250 (251); 66, 203 (205).
224 RGSt 43, 204 (205); 74, 13 (14).
225 RGSt 43, 204 (205).
226 BGHSt 29, 132 (133).
227 RGSt 64, 250 (251); 66, 203 (205); 74, 13 (14).

Das „Verunstalten“ wird nicht zu einem Beschädigungsbegriff zusammengefasst. Das Einbeziehen des Verunstaltens in den Begriff der Beschädigung blieb eine Ausnahme.[228]

Das Strafgesetzbuch steht einer Gleichwertigkeit von Beschädigung und Verunstalten entgegen, weshalb die Bejahung des Tatbestands der Sachbeschädigung nach § 303 Abs. 1 wegen einer bloßen Veränderung des Erscheinungsbildes der Sache abgelehnt werden muss. Eine Ausnahme solle jedenfalls nur dann gelten, wenn die Gebrauchsbestimmung eines Gegenstandes, etwa einer Statue, eines Gemäldes oder eines Baudenkmals, offensichtlich mit seinem ästhetischen Zweck zusammenhänge. Hierfür genüge eine belangreiche Veränderung der äußeren Form und Erscheinung.[229] Eine Beschädigung ist durch das Bekleben eines Verteilerkastens mit dem Plakatieren gegeben, wenn es eine Substanzverletzung oder eine erhebliche Brauchbarkeitsminderung gab.[230] Der BGH zeigt auf, dass diese Erweiterung der strengen Substanztheorie durch das Merkmal der Brauchbarkeit mit der Gefahr behaftet ist, die rechtsstaatlichen Grenzen des Beschädigungsbegriffes aufzulösen.

d) Übertragbarkeit der Theorie auf die Graffiti-Problematik

Die Frage ist, ob die Brauchbarkeitsminderungstheorie bei Häuserwänden etc. auf die Graffiti-Problematik anwendbar ist Das Merkmal der Brauchbarkeitsminderung wurde als Ergänzung zur Substanzverletzung entwickelt, um Lücken im strafrechtlichen Eigentumsschutz zu schließen.[231] Eine Beschädigung ist dann gegeben, wenn die bestimmungsmäßige Brauchbarkeitsminderung nachhaltig ist.[232] Liegt keine Substanzverletzung vor, so komme eine Sachbeschädigung durch die Beeinträchtigung der eigentlichen Brauchbarkeit in Betracht. Hierunter fällt das Besprühen durch Graffitis, wenn dadurch die Brauchbarkeit stark gemindert wird. Das Beschmieren von Parolen auf Hauswänden oder das Übersprühen eines Verkehrszeichens auf Folie ist beispielsweise eine Brauchbarkeitsminderung ohne Substanzveletzung. Obwohl bei dem Tatvorgang eine leicht abwaschbare Farbe benutzt wurde, handelt es sich um den Straftatbestand der

---

228 Wessels/Hillenkamp, StrR BT 2, Rn. 24.

229 BGHSt 29, 133 (134).

230 BGHSt 29, 129 (129).

231 Mogg, Die strafrechtliche Erfassung, S. 9; vgl. Ingelfinger, Graffiti und Sachbeschädigung, S. 17–19.

232 OLG München, NJW 2006, 2132(2133); BGHSt 44, 34 (38); MK-Wieck-Noodt, StGB, § 303, Rn. 23; Sch/Sch/Stree, StGB, § 303, Rn. 11; Fischer, StGB, § 303, Rn. 6; Lackner/Kühl, StGB, § 303, Rn. 4.

Sachbeschädigung. Anders ist der Fall einzuschätzen, wenn der Eigentümer diesen Vorgang nicht als Sachbeschädigung bewertet.[233] Die Brauchbarkeitsminderung resultiert nicht aus einer „objektiven" Zweckbestimmung der Sache, sondern der Eigentümer definiert den Zweck einer Sache selbst, soweit die Intentionen des Eigentümers hinsichtlich der Zweckbestimmung der Sache nach außen erkennbar sind.[234] Auch in der Rechtsprechung wurde z.B. bei „Denkmälern oder Statuen", die optische Veränderung von Gegenständen mit primär ästhetischer Zweckbestimmung, als Sachbeschädigung angesehen. Damit liegt der Grund für eine Differenzierung zwischen den Tatobjekten, in der technischen und der ästhetischen Zweckbestimmung.[235] Das ordentliche und schöne äußere Erscheinungsbild einer Substanz ist auch unabhängig vom Zweck der Sache[236] und beim Aufbringen der Graffitis in der Regel nicht durch die Brauchbarkeitsminderung geschützt.[237]

e) Kritische Würdigung

Argumentiert wird, der Eingriff des Täters müsse nicht zwingend zu einer Substanzverletzung führen. So könne die Brauchbarkeit einer zusammengesetzten Sache selbst dann aufgehoben oder gemindert werden, wenn ihre Einzelteile unversehrt blieben, wie etwa beim Zerlegen einer Uhr, oder beim Blockieren einer Maschine durch Einlegen eines Holzkeils. Wer diese Fälle mit einer zu eng verstandenen Substanztheorie dem § 303 StGB wieder entziehe, drehe das Rad der Entwicklung zu weit zurück und mache durch die Vernachlässigung des sich in der Brauchbarkeit niederschlagenden Sachwertes einen wesentlichen Teil des Eigentumsschutzes zunichte. Die Minderung der Brauchbarkeit ist hinsichtlich des Eigentums mit dem Verlust wichtiger Gebrauchsmöglichkeiten verbunden.[238] Brauchbarkeit sei „kein Merkmal der Sache, sondern der Person, die mit der Sache bestimmte Interessen verfolgt".[239] Körperliche Einwirkungen reichen für die Brauchbarkeitsminderung aus.[240] Die Bestimmung der Brauchbarkeitsminderung ist an das Interesse des Eigentümers gebunden. Die Reparatur der Sache

233 HansOLG Hamburg, NJW 1975, 1982 (1982); 79, 1615 (1615); OLG Hamm, NJW 1976, 2173 (2173); OLG Köln, NJW 1999, 1042 (1044).
234 OLG Frankfurt, CR 2004, 434 (435).
235 BGHSt 29, 129 (134).
236 Ingelfinger, Graffiti und Sachbeschädigung, S. 18–19.
237 Wolf, Graffiti als kriminologisches und strafrechtsdogmatisches Problem, S. 135.
238 Wessels/Hillenkamp, StrR BT 2, Rn. 33; LK-Wolff, StGB, § 303, Rn. 13; MK-Wieck-Noodt, StGB, § 303, Rn. 18.
239 Kargl, ZStW 1991, 156 (156).
240 Dietmeier, JR 1998, 471 (471).

kann daher den Straftatbestand der Sachbeschädigung erfassen, wenn dessen Wiederherstellung die Gebrauchsbestimmung des Eigentümers im erheblichen Maße unmöglich werden lässt. Argumentiert wird aber, das Wiederherstellungskriterium sei nur ein Indiz für die Erheblichkeit der Sachbeschädigung.[241] Die Beseitigung setze bei der nachhaltigen Brauchbarkeitsminderung nicht nur geringfügigen Aufwand voraus.[242] Unerheblich sind solche Beeinträchtigungen, die ohne große Mühe oder erheblichem finanziellem Aufwand beseitigt werden können.[243] Die Richtigstellung des verstellten Autospiegels oder die Reinigung einer Bemalung durch Abspritzen mit Wasser blieben also unerheblich.[244] Zumindest wird überwiegend davon ausgegangen, dass es sich beim Merkmal der Erheblichkeit keineswegs um Bagatellbeeinträchtigungen handeln darf.[245] So kommt es bei den Fällen des Luftablassens auf den jeweiligen Einzelfall an, ob eine Sachbeschädigung vorliegt oder nicht.[246] Das Aufwandskriterium ist nur ein Indiz für die Erheblichkeit der Sachbeschädigung, so dass der Tatbestand der Sachbeschädigung entweder die finanziellen Kosten durch Reinigung, oder die Zeitkosten als nicht unerheblich begründen muss.[247] Eine Brauchbarkeitsminderung ist dann gegeben, wenn es sich um die künstlerische, oder ästhetische Zweckbestimmung handelt.[248] Bloße Verunstaltungen stellen ohne Minderung der Brauchbarkeit keine Beschädigung dar, mögen sie auch dem Willen des Eigentümers zuwiderlaufen.[249] Ob eine Beschädigung durch Graffiti gegeben ist, setzt danach voraus, dass neben der Veränderung der äußeren Erscheinung, entweder eine nicht nur unerhebliche Substanzverletzung oder eine nachhaltige Minderung der Brauchbarkeit an der Sache festgestellt worden ist.[250] Das äußere Erscheinungsbild an Gegenständen wie Gebäuden, Bahnen, Busse oder Autos durch Grafftis wird unter dem Aspekt der Minderung der Brauchbarkeit häufig nicht geschützt.[251] Die bestimmungsgemäße Brauchbarkeit wird nicht herabgesetzt und ein nicht ganz geringfügiger Eingriff ist in die Substanzsache gegeben.

---

241 Wolf, Graffiti als kriminologisches und strafrechtsdogmatisches Problem, S. 152–155.

242 BGHSt 29, 133 (133).

243 Sch/Sch/Stree, StGB, § 303, Rn. 12.

244 BayObLG, JR 1988, 217 (217).

245 Haas, JuS 1978, 14 (17);Gössel, JR 1980, 184, 187(188); Hillenkamp, was bewirkt das „Noffiti-Gesetz"?, in: FS für Schwind, S. 938; LK-Wolff, StGB, § 303, Rn. 17; Lackner/Kühl, StGB, § 303, Rn. 5; Fischer, StGB, § 303, Rn. 13.

246 Krey/Hellmann, StrR BT 2, Rn. 244; Otto, Grundkurs Strafrecht, StR BT, § 47, Rn. 9; Gössel, JR 1980, 187 (189).

247 Wolf, Graffiti als kriminologisches und strafrechtsdogmatisches Problem, S. 155–156.

248 BGHSt 29, 129 (134).

249 BGHSt 29, 129 (132).

250 OLG Dresden, NJW 2004, 2843 (2843).

251 Maron, Das 39. Strafrechtsänderungsgesetz, S. 57–58.

Die Reinigungsarbeit ist häufig nur mangelhaft, denn Lösungsmittel können Graffitis oft nicht vollständig beseitigen. Zudem wird in einigen Fällen beispielsweise sogar das Material durch Graffitis angegriffen. Eine spezifische Besonderheit gilt nur mit einem ästhetischen Zweckzusammenhang, vor allem bei einem Denkmal, einem Standkunstwerk, Brunnen und Toren.

3. Funktionsvereitelungstheorie

Teile des wissenschaftlichen Schrifttums vertreten die sogenannte Funktionsvereitelungstheorie.

a) Darstellung der Theorie

Da die Substanztheorie mit Strafbarkeitslücken verbunden ist und es auch Einwirkungen auf die Sache gibt, die mit erheblichen wirtschaftlichen Schäden verbunden sind, wurde die so genannte Funktionsvereitelungstheorie entwickelt.[252] Nach der Funktionsvereitelungstheorie genügt für die Feststellung des Straftatbestandes eine Einwirkung auf die Sachsubstanz, durch die die funktionelle Nutzung durch den Berechtigten vereitelt wird. Die Funktionsvereitelungstheorie versuchte, die Substanztheorie durch die Werttheorie zu ergänzen. Nach der Funktionsvereitelungstheorie definierte man die Merkmale einer Sache nur unter dem Aspekt der Funktionalität.[253] Diese Theorie setzt eine nicht unerhebliche Funktionsvereitelung voraus.[254] Eine bloße Beeinträchtigung des äußeren Erscheinungsbildes genügt hingegen nicht.[255] Die Theorie besagt, dass eine Beschädigung auch dann vorliegt, wenn eine Beeinträchtigung der Funktion durch eine körperliche Einwirkung auf die Sachsubstanz vorliegt.[256] Eine Beschädigung im Sinne der Funktionsvereitelungstheorie liegt ebenfalls vor, wenn ein möglicher Gebrauchszweck eines Gegenstands nach der Tathandlung vereitelt worden ist.[257] Die Unterscheidung und Abgrenzung der Funktionsvereitelungstheorie von der erweiterten Substanztheorie beruhe auf dem persönlichen Bezug zum

252 Maurach/Schroeder/Maiwald, StrR BT 1, § 36, Rn. 10; Wessels/Hillenkamp, StrR BT 2, Rn. 31; Kohlrausch/Lange, StGB, § 303, Anmerkung III; Sch/Sch/Stree, StGB, § 303, Rn. 12; MK-Wieck-Noodt, StGB, § 303, Rn. 25.

253 Maurach/Schroeder/Maiwald, StrR BT 1, § 36, Rn. 9, 10.

254 LK-Wolff, StGB, § 303, Rn.7.

255 Sch/Sch/Stree, StGB, § 303, Rn. 12.

256 Wessels/Hillenkamp, StrR BT 2, Rn. 31.

257 Maiwald, Der Zueinigungsbegriff, S. 125.

Eigentümer.[258] Eine Reduzierung der Befugnisse des Eigentümers liege vor, weil eine Unterscheidung nach Haupt- und Nebenzweck für das Aussehen ohnehin nicht möglich sei.[259] Die Funktionstheorie beruht auf einer allgemeinen Funktionalisierung der Ästhetik.[260] Ästhetik erfasst dabei nicht den Tatbestand der Sachbeschädigung, weil der § 303 StGB im Gegensatz zum § 1004 BGB das Eigentum nicht umfassend schützt.[261] Problematisch ist dies, weil Eigentumsbeeinträchtigungen, die zivilrechtlich untersagt sind, strafrechtlich nicht geschützt werden. Die Frage stellt sich, ob und unter welchen Voraussetzungen diese Theorie, im Falle des Sprühens von Graffitis, den Tatbestand der Strafbarkeit hervorruft.

b) Übertragbarkeit der Theorie auf die Graffiti-Problematik

Das Besprühen oder Überplakatieren eines Verkehrsschildes führt zu einer vorübergehenden Brauchbarkeitsminderung. Folgt man der Funktionstheorie, so kann „das Beschmieren" nur bei Gegenständen mit ästhetischer Funktion, also Kunstwerken, nicht aber bei „sonstigen Gegenständen" anwendbar sein. Die Besprayung oder Überplakatierung hat daher die Ausweitung des Tatbestands der Sachbeschädigung bei kurzfristiger Beeinträchtigung des Endzwecks an der Sache zur Folge.[262]

Eine allgemeine Funktionsaufhebung der Gebrauchsmöglichkeit, wie Ästhetik oder das Gefühl des Eigentümers, wurden teilweise angesprochen.[263] Durch das Plakatieren der Wandflächen liegt eine Sachbeschädigung vor, wenn eine Wandfläche „gefällig aussehen" soll.[264] Selbst wenn die Reinigung die Wandfarbe beeinträchtigt, bleibt die Wand stehen und erfüllt ihre Funktion als Außenwand. Gehört aber das Aussehen der Wand schon zu ihrer Funktion, dann beschädigt nicht erst die Reinigung, sondern das Graffiti selbst die Wand.[265]

---

258 Maiwald, JZ 1980, 256 (256f.).

259 Krey/Hellmann, StrR BT 2, Rn. 246.

260 Maurach/Schroeder/Maiwald, StrR BT 1, § 36, Rn. 10; Wolf, Graffiti als kriminologisches und strafrechtsdogmatisches Problem, S. 131.

261 Braum, KJ 2000, 35 (40).

262 Maurach/Schroeder/Maiwald, StrR BT 1, § 36, Rn. 10.

263 Krey/Hellmann, StrR BT 2, Rn. 246.

264 Scheffler, NStZ 2001, 290 (291).

265 Vgl. Krey/Hellmann, StrR BT 2, Rn. 246–247; Wolf, Graffiti als kriminologisches und strafrechtsdogmatisches Problem, S. 130–131; Eisenschmid, NJW 2005, 3033 (3034); Kreß/Baenisch, JA 2006, 707 (709); Fischer, StGB, § 303, Rn. 19.

c) Kritische Würdigung der Theorie

Das Fliegenlassen eines Vogels kann bereits als Sachbeschädigung gewertet werden.[266] Die Funktionstheorie besagt, dass eine Einwirkung auf die Substanz der Sache „entbehrlich“ sein kann und bereits eine durch schlichte Sachentziehung herbeigeführte Aufhebung der Verwendungsmöglichkeit genügt, um den Tatbestand der Sachbeschädigung zu erfüllen. Wenn man z.B. alleine durch das Betätigen des Stromschalters dessen Funktionsfähigkeit wieder herstellen kann, dürfte eine Strafbarkeit nicht in Betracht kommen.[267] Der begrenzte Schutzzweck des § 303 Abs. 1 StGB werde missachtet und führe zu einer unüberschaubaren Ausweitung des Tatbestands. Daher wird eine körperliche Einwirkung auf die Substanz der Sache verlangt, weil die Grenze der Auslegung im Strafrecht nach § 1 StGB und Art. 103 Abs. 2 GG der Wortlautsbedeutung nach rechtssicher bleiben soll.[268] Eine Sachbeschädigung liegt auch nicht vor, wenn die Funktion der Kamera einer Verkehrsüberwachungsanlage durch das Blenden von Reflektoren, oder durch das Beschmieren, ohne Substanzverletzung beeinträchtigt wird.[269]

Jeder Eigentümer kann durch die Funktionsbestimmung der Substanz die Rechtslage beeinflussen.[270] Die Entwicklung des Beschädigungsbegriffs verlaufe „von der Substandsverletzungs- über die Funktionsvereitelungs- zur Zustandsveränderungstheorie“.[271] Diese Theorie weicht im Hinblick auf die Beeinträchtigung der ästhetischen Funktion, die Kriterien für eine Beschädigung zu weit auf. Eine bloße Beeinträchtigung der ästhetischen Funktion der Sache ist nicht ausreichend.[272] Ein rechtsstaatliches Strafrecht setzt jedoch voraus, dass sich die Dogmatik am Wortlaut der Strafgesetze orientiert und die Gesetze nicht über den Wortlaut hinausgehend ausgelegt werden. Die Funktionsvereitelungstheorie steht von daher dem Gesetzlichkeitsprinzip des § 1 StGB und des Art. 103 Abs. 2 GG diametral entgegen.

---

266 Maurach/Schroeder/Maiwald, StrR BT 1, § 36, Rn. 19.

267 Wessels/Hillenkamp, StrR BT 2, Rn. 31.

268 Maron, Das 39. Strafrechtsänderungsgesetz, S. 44.

269 Wessels/Hillenkamp, StrR BT 2, Rn. 31.

270 Mogg, Die strafrechtliche Erfassung von Graffiti, S. 13.

271 Maurach/Schroeder/Maiwald, StrR BT 1, § 36, Rn. 11.

272 Maron, Das 39. Strafrechtsänderungsgesetz, S. 42–43.

4. Zustandsveränderungstheorie

Nach dieser Theorie liegt eine Beschädigung im Sinne des § 303 Abs. 1 nur dann vor, wenn durch eine Handlung ohne Substanzverletzung eine nicht unerhebliche, den Interessen des Eigentümers widersprechende Zustandsveränderung erfolgt ist.[273]

a) Darstellung der Theorie

In der Literatur besteht im Hinblick auf die Definition des Merkmals der Beschädigung keine Einigkeit. Nach der Zustandsveränderungstheorie ist eine Beschädigung i.S.d. § 303 Abs. 1 StGB jede dem Eigentümerinteresse zuwiderlaufende Veränderung des Zustandes einer Sache, an dessen Aufrechterhaltung der Sachherr ein Interesse hat.[274] Maßgeblich sei nach der Zustandsveränderungstheorie vor allem, dass die Eigentumsverletzung eine gegen den Willen des Eigentümers gerichtete Handlung sei.[275] Einfache Beispiele für Zustandsveränderungen sind nicht substanzverletzendes Verunstalten, Bemalen, Besprühen oder Bekleben.[276] Bei Statuen, Gemälden oder Denkmälern soll sie den Straftatbestand der Sachbeschädigung erfassen, wenn eine belangreiche äußere Erscheinungsveränderung oder Formveränderung gegeben ist.[277] Die Zustandsveränderungstheorie wurde ohnehin vor einem rechtspolitischen Hintergrund vertreten, weshalb sich Teile der Strafrechtswissenschaft für die Zustandsveränderungstheorie und für eine Abkehr von der Substanztheorie entschieden haben.[278] Die Zustandsveränderungstheorie ist keine Ergänzung der anderen Kriterien des Beschädigungsbegriffs, sondern eine eigenständige Deutung i.d.S., dass die Eigentümer ein berechtigtes Interesse daran haben, allein über den Zustand ihres Eigentums zu disponieren. Deshalb wurde eine Beschädigung im Rechtssinne angenommen, wenn eine Person die alleinige Berechtigung des Eigentümers, über den Zustand der Sache allein zu bestimmen, missachtet.[279]

---

273 Sch/Sch/Stree, StGB, 27. Aufl., § 303, Rn. 8c.

274 Maurach/Schroeder/Maiwald, StrR BT 1, § 36, Rn. 11; Otto, StrR BT, § 47, Rn. 9; Mann, NStZ 2007, 271 (271); Mommsen, JR 2000, 174 (174); NK-Zaczyk, StGB, § 303, Rn. 8; Lackner/kühl, StGB, § 303, Rn. 6; Schroeder, JR 1976, 338 (339); Gössel, JR 1980, 184 (187); Maiwald, JZ 1980, 256 (256); Schneider, MDR 1979, 74 (76).

275 Maiwald, Der Zueignungsbegriff, S. 91.

276 MK-Wieck-Noodt, StGB, § 303, Rn. 43.

277 Satzger, Jura 2006, 432 (432).

278 Wessels/Hillenkamp, StrR BT 2, Rn. 29.

279 Vgl. Ingelfinger, Graffiti und Sachbeschädigung, S. 29–31.

Ein Teil des Schrifttums beschreibt die Beschädigung als Veränderung der äußeren Erscheinungsform einer Sache.[280] Jede Zustandsveränderung bedeutet die Beeinträchtigung des Lebensgefühls des Eigentümers.[281]

Der Begriff Zustandsveränderung stammt aus dem Denkmalschutzrecht und Strafrecht.[282] Eine Zustandsveränderung sei eine Sachbeschädigung durch das Aufbringen der Farbe.[283] Jede erhebliche, den Interessen des Eigentümers an der Erhaltung des bisherigen Zustands zuwiderlaufende und nachteilige Veränderung des Zustands an der Sache sei eine Beschädigung.[284] Erhebliche Eigentumsbeeinträchtigungen entstehen aus Zustandsveränderungen des Erscheinungsbildes.[285] Die Zustandsveränderung sei wegen der erheblichen Kosten für die Wiederherstellung des früheren Zustands eine Beschädigung.[286] Bei allgemeinen Gegenständen ist eine Sachbeschädigung nicht alleine durch die bloße Veränderung des äußeren Erscheinungsbildes begründet.[287] Der zentrale Aspekt bei der Zustandsänderungstheorie ist eher das Interesse des Eigentümers, ausschließlich über den Zustand der Sache zu bestimmen.[288]

b) Übertragbarkeit der Theorie auf Fälle des Plakatierens und Sprayens von Graffitis

Welche Auswirkungen mit der Zustandsveränderungstheorie verbunden sind, soll im Folgenden anhand des unbefugten Plakatierens und Graffiti-Sprayens gezeigt werden.

Eine nicht unerhebliche Beschädigung ist durch ein Interesse des Eigentümers an der Sache entstanden.[289] Beim Plakatieren liegt eine Sachbeschädigung ohne Brauchbarkeitsminderung und Substanzverletzung vor, wenn die Beeinträchtigung dauerhaft bestehen bleibt.[290] Das hängt natürlich davon ab, wie der Täter Plakate mit Kleister oder Tesafilm anbringt. Nach der Zustandsveränderungsthe-

280 Otto, JZ 1985, 21 (28); Krey/Hellmann, StrR BT 2, Rn. 246; Schönke/Schröder/Stree, StGB, § 303, 27. Aufl., Rn. 8c.
281 Schroeder, JZ 1978, 70 (73).
282 Weber, Bemerkungen, in: GS für Meuer, S. 283.
283 Schönke/Schröder/Stree, StGB, § 303, 27. Aufl., Rn. 8c.
284 Wolf, Graffiti als kriminologisches und strafrechtsdogmatisches Problem, S. 124.
285 Wassermann, DWW 1998. 330 (331).
286 Lackner/Kühl, StGB, § 303, Rn. 6.
287 Behforouzi, Die deutsche Graffiti-Szene, S. 54.
288 Wessels/Hillenkamp, StrR BT 2, Rn. 24, 25; BGHSt 29, 129 (133).
289 Fischer, StGB, § 303, Rn. 8.
290 Gössel, JR 1980, 184 (187).

orie stelle eine Sachbeschädigung auf den Gestaltungswille, oder das Interesse des Eigentümers an der körperlichen Unversehrtheit der Substanz ab.[291]

Die dem Eigentümerwillen wiedersprechende Zustandsveränderung erfülle bei der Anbringung eines Bildes an die Wand nicht den Tatbestand des § 303 Abs. 1 StGB, weil man unmittelbares und stoffliches Verändern an einer Sache selbst nicht als Sachbeschädigung annehmen würde.[292] Das Verändern des Erscheinungsbildes der Substanz beeinträchtige häufig die soziale Geltung und das Lebensgefühl des Sachherrn negativ.[293] Die Zustandsveränderungstheorie stellt die geringsten Anforderungen an eine Beschädigung im Sinne von § 303 Abs. 1 StGB. Eine Veränderung der Gestalt der Substanz bedeutet eine Verletzung des Eigentums des Eigentümers. Dadurch wird ein nicht unerheblicher Zeit- und Kostensaufwand verursacht.[294] Das Interesse des Eigentümers, wegen einer sekundären Schädigung durch Reinigung, ist vor dem Hintergrund des strafrechtlichen Bestimmtheitsgebots hoch problematisch.[295] Diese Theorie ist nicht übertragbar auf das Plakatieren und Anbringen von Graffitis.[296]

c) Kritische Würdigung der Theorie

Es stellt sich die Frage, ob die Zustandsveränderungstheorie für die Annahme einer Sachbeschädigung im Sinne der gesamten Straftat eine überzeugende Rolle spielen kann.[297] „Das Zuschlagen eines aufgeklappten Buches“ sei keine Sachbeschädigung im eigentlichen Sinne. Wenn eine nur vorübergehende Zustandsveränderung vorliegt, werden auch die Vertreter der Zustandsveränderungstheorie wohl kaum annehmen, dass der Tatbestand des § 303 Abs. 1 StGB verwirklicht ist.[298] Geht man lediglich nach dem Wortlaut, würde man die Grenze zwischen § 134 StGB und § 303 StGB verwischen.[299] Die Wortlautgrenze sei in unzulässiger Weise hinsichtlich des Wortsinns „Beschädigen“ verletzt, wenn jede Zustandsveränderung als eine Sachbeschädigung verstanden würde. § 303 StGB

291 Fischer, StGB, § 303, Rn. 8.

292 Gössel, JR 1980, 184 (186).

293 Schroeder, JR 1976, 336 (339).

294 OLG Oldenburg, JZ 1978, 70 (71); OLG Celle, MDR 1978, 507 (507); OLG Karlsruhe, NJW 1978, 1636 (1636); OLG Düsseldorf, MDR 1979, 74 (74).

295 Vgl. Maurach/Schroeder/Maiwald, StrR BT 1, § 36, Rn. 15; Momsen, JR 2000, 174 (174f.).

296 BGHSt 29, 129 (129); OLG Frankfurt, NJW 1990, 2007 (2007); vgl. OLG Düsseldorf, JR 2000, 172 (172).

297 Maurach/Schroeder/Maiwald, StrR BT 1, § 36, Rn. 11; Sch/Sch/Stree, StGB, § 303, 27. Aufl., Rn. 8c; NK-Zaczyk, StGB, § 303, Rn. 12; Momsen, JR 2000, 174 (174f.).

298 SSW-Saliger, StGB, § 303, Rn. 11.

299 BGHSt 29, 129 (129).

schütze anders als die §§ 823, 903, 1004 BGB die Belange des Eigentümers nicht vollständig.[300] Auch schütze der Tatbestand der Sachbeschädigung die Eigentümerinteressen an der körperlichen Unversehrtheit seiner Substanzsache nicht umfassend und bleibe damit hinter dem Zivil- und Ordnungsrecht zurück.[301]

Eine Sachbeschädigung durch eine Reparatur wäre begründet, wenn kein ausdrücklicher oder mutmaßlicher Wille des Eigentümers zur Durchführung der Reperatur vorhanden ist.[302] Kein Beschädigen sei die Reparatur einer beschädigten Substanz durch das fachgerechte Ausbessern der fehlerhaften und mangelhaften der Substanz. Eine Sachbeschädigung liegt hingegen vor, wenn der Berechtigte nur zu Beweiszwecken an der Zustandserhaltung interessiert sei.[303] Bei dem Unfallfahrzeug begründe man nicht den Straftatbestand der Sachbeschädigung durch die ordnungsgemäße Reparatur. Unstreitig beseitigt die Reparatur eines verunfallten Fahrzeugs die Strafbarkeit der eingetretenen Sachbeschädigung nicht. Häufig können verschiedene Begründungen hinsichtlich der Beweisführungsprobleme den Verlauf der Strafverhandlung beeinflussen.[304]

Kargl ist der Auffassung, dass nur die Substanztheorie das Merkmal des Beschädigens ordnungsgemäß auslegt, so dass dies mit dem Bestimmtheitsgebot zu vereinbaren ist.[305] Der Beschädigungsbegriff enthalte zweierlei Komponenten. Es gibt eine unmittelbare Einwirkung auf die betroffene Sache selbst und eine dadurch verursachte Einschränkung der Brauchbarkeit, die nur in engen Grenzen, auch durch eine nachteilige Veränderung ihrer äußeren Erscheinungsform, herbeigeführt werden könne.[306] Die Beschädigung ist i.S.d. § 303 Abs. 1 StGB wesentlich enger aufzufassen.[307] Eine Beschädigung setzt nach dem Wortsinn dieses Begriffs voraus, dass die Substanz der Sache verletzt und damit die stoffliche Unversehrtheit beeinträchtigt wird.[308] Eine bloße Zustandsveränderung erfasst nicht mehr den Beschädigungsbegriff. Die Zustandsveränderungstheorie ist keine Theorie zur Begrenzung, sondern zur Ausweitung des Merkmals des Beschädigens. Die Zustandsveränderungstheorie ist vor dem Hintergrund des strafrechtlichen Bestimmtheitsgebots hoch problematisch.

300 Behforouzi, Die deutsche Graffiti-Szene, S. 55.

301 Fischer, StGB, § 303, Rn. 8; Satzger, Jura 2006, 433 (433).

302 Rengier, StrR BT I, § 24, Rn. 14.

303 LK-Wolff, StGB, § 303, Rn. 18.

304 MK-Wieck-Noodt, StGB, § 303, Rn. 35; LK-Wolff, StGB, § 303, Rn. 18; vgl. Wessels/Hillenkamp, StrR BT 2, Rn. 34; NK-Zaczyk, StGB, § 303, Rn. 13; Sch/Sch/Stree, StGB, § 303, Rn. 13.

305 Kargl, JZ 1997, 283 (283).

306 Wessels/Hillenkamp, StrR BT 2, Rn. 30.

307 Küper, StrR BT, S. 258–259.

308 Kargl, JZ 1997, 283 (289ff).

5. Die Theorie der Wertminderung

Nach ihr liegt eine Beschädigung im Sinne des § 303 Abs. 1 nur dann vor, wenn der Täter durch seine Handlung den Wert des Tatobjekts mindert.[309]

a) Darstellung der Theorie

Das Merkmal der Wertminderung wurde als Ergänzung zur Substanzverletzung mit der Zustandsveränderungstheorie entwickelt, um Lücken im strafrechtlichen Eigentumsschutz zu schließen. Nach einer Literaturmeinung wird die Wertminderung einer Sache durch den Gestaltungswillen des Eigentümers oder das vernünftige Interesse am Zustand der Substanz als Beschädigung im Sinne von § 303 Abs. 1 StGB angesehen. Anzumerken ist, dass die Wertminderung nach einer Beschädigung nachhaltig sein müsse.[310] Sofern eine nachhaltige Beeinträchtigung durch das Verändern der äußeren Form eines Objektes als Beschädigung aufgefasst wird, soll der Tatbestand der Sachbeschädigung auch dann gegeben sein, wenn eine Wertminderung ohne Substanzverletzung vorliegt.

Eine Beschädigung sei eine materielle oder immaterielle Wertminderung, wenn man den Eigentumswert an der Sache beeinträchtigt.[311] Die Wertminderung kommt nicht aus einer objektiven Wertbestimmung der Sache, sondern der Eigentümer definiert den Wert einer Sache selbst, soweit die Intentionen des Eigentümers hinsichtlich der Wertbestimmung der Sache erkennbar und nachhaltig sind.

Eine Beschädigung sei eine negative Beeinträchtigung des Wertes an der Substanz.[312] Eine Beschädigung liegt vor, wenn durch den erforderlichen Renovierungskostenaufwand eine Wertminderung erfolgt.[313] Dies spielt bei einer körperlichen Einwirkung auf eine Sache als wesentliche Elemente i.S.d. § 303 Abs. 1 StGB eine Rolle. Eine Beschädigung sei eine Wertminderung durch die Beeinträchtigung der körperlichen Unversehrtheit einer Sache. Eine Wertminderung ist gegeben, wenn ein Schaden an der Substanz vorliegt.[314] Die Wertminderungstheorie ist keine eigenständige Deutung, sondern eine Ergänzung der anderen Kriterien des Beschädigungsbegriffs. Anzumerken ist, dass die Wertminderungs-

309 SK-Hoyer, StGB, § 303, Rn. 11; Schmid, NJW 1979, 1580 (1580ff.); Dölling, NJW 1981, 207 (207f.).

310 Schmid, NJW 1979, 1580 (1581); Dölling, NJW 1981, 207 (208).

311 Schmid, NJW 1979, 1580 (1581).

312 SK-Hoyer, StGB, § 303, Rn. 11.

313 Schmid, NJW 1979, 1580 (1582).

314 Dölling, NJW 1981, 207 (207).

theorie i.S.d. § 303 Abs. 1 StGB einen Vermögensschaden zu erfassen vermag. Wichtig ist, ob Graffiti nach der Wertminderungstheorie als Sachbeschädigung anzusehen ist.

b) Übertragbarkeit der Theorie auf die Graffti-Problematik

§ 303 Abs. 1 StGB schützt natürlich auch vor ungewollten Vermögensdispositionen. Ein bestimmter Wert haftet auch dem Eigentum im Hinblick auf dessen Gebrauchstauglichkeit, Funktionsfähigkeit und Schönheit an, wie der Marktwert oder Verkaufspreis einer Sache und es kommt zu einer Eigentumsverletzung, wenn dieser Wert der konkreten Sache beeinträchtigt wird.[315] Ein Vermögen ist nach den Graffitischmierereien beeinträchtigt, so dass man nach dieser Theorie einen Vermögensschaden und damit eine Beschädigung annehmen könne. Das äußere Erscheinungsbild einer Substanz zählt nicht zu den Werten der Sache. Das äußere Erscheinungsbild der Substanz ist bei dem Aufbringen der Graffitis auch häufig nicht im Hinblick auf die Wertminderung geschützt. Selbst wenn die Reinigung die Wandfarbe beeinträchtigt, wird das Aussehen der Wand nicht erst durch die Reinigung beeinträchtigt, sondern ursprüglich durch die Graffitis.[316]

c) Kritische Würdigung der Theorie

Die Wertminderungstheorie stellt bei der Veränderung des äußeren Erscheinungsbildes an der Sache, ohne Substanzverletzung und Funktionsstörung, auf die Wertminderung an der Sache ab.[317] Die Wertminderungstheorie wird als eine materielle, oder immaterielle Wertminderung im Hinblick auf den Gestaltungswillen des Eigentümers bezeichnet. Wertlose Sachen sind die Ausnahmen, um den Straftatbestand der Sachbeschädigung zu begründen.[318] Die Sachbeschädigung begründet häufig einen Vermögensschaden. Sie konnte aber nicht als Vermögensdelikt angesehen werden. Ein Vermögemsdelikt entstehe aus einem Eintritt der wirtschaftlichen Schäden.[319] Zum Straftatbestand der Sachbeschädigung ist die Wertminderung nicht notwendig, da die Sache Wert besitzt. Sachbeschädigung sei gegeben, wenn eine fremde Sache aus verschiedenen Teilen zusam-

---

315 Säftel, Die einfache Sachbeschädigung, S. 98.

316 OLG Karlsruhe, StV 1999,544 (544); OLG Düsseldorf, NJW 1999, 1199 (1199); vgl. OLG Jena, NJW 2008, 776 (776).

317 Dölling, NJW 1981, 207 (208).

318 Dölling, NJW 1981, 207 (208); Schmid, NJW 1979, 1580 (1581); Säftel, Die einfache Sachbeschädigung, S. 98.

319 Lackner/Kühl, StGB, § 303, Rn. 1.

mengesetzt ist, so dass sie eine funktionale Einheit bildet. Wenn aus einer Maschine mehrere Teile ohne Substanzverletzung beseitigt werden, ist der Straftatbestand der Sachbeschädigung gegeben. Es gibt keine Unterschiede zwischen Zustandsveränderungstheorie und Funktionsvereitelungstheorie. Hierbei handelt es sich um eine der möglichen Einwirkungen auf den Wert einer Substanz.[320]

Es wird argumentiert, dass die Veränderung der äußeren Erscheinung an der Sache deren materiellen Wert im Einzelfall stark beeinträchtigen könne. Vom Tatbestand der Sachbeschädigung müsse hinsichtlich zivilrechtlicher Schadensersatzansprüche bei einem Schaden ohne bloße Zustandsveränderung gesprochen werden.[321] Eine Sachbeschädigung ist nicht nur dann gegeben, wenn die Wiederherstellung der Substanzsache mit Zeit, Bemühung oder Kosten unmöglich ist, sondern auch dann, wenn die Brauchbarkeit der Sache wieder hergestellt werden kann. Das Verändern der äußeren Erscheinung der Substanzsache führte auch hinsichtlich der ästhetischen Veränderungen häufig zu dem Vermögensschaden.[322] Eine Beschädigung wird danach angenommen, wenn eine Gesamtsaldierung des Vermögens des Eigentümers vor und nach der Tathandlung zu dem Ergebnis gelangt, dass sich das Vermögen nach der Tathandlung vermindert hat, weil die Sache, auf die der Täter eingewirkt hat, in ihrem Wert geschmälert ist.[323] Durch das Kriterium der Wertminderung wird der Beschädigungsbegriff des § 303 Abs. 1 StGB in einer mit dem strafrechtlichen Gesetzlichkeitsprinzip nicht mehr zu vereinbarenden Weise aufgeweicht.[324] Die Wertminderungstheorie ist daher kein geeigneter Ansatz, um den Beschädigungsbegriff hinreichend zu begründen.

6. Zusammenfassendes Ergebnis

Der Begriff der Beschädigung ist auslegungsbedürftig und umstritten. Das Reichsgericht hat sich ursprünglich stark am Wortlaut orientiert, war dann aber mit Konstellationen konfrontiert, in denen die Substanztheorie zu dem Ergebnis kam, dass keine Beschädigung vorlag, obwohl die Richter diese konkrete Verhaltensweise für strafwürdig befanden. Die Rechtsprechung und Teile der wissenschaftlichen Forschung vertreten die Substanzverletzungstheorie. Für die Substanzverletzungstheorie spricht, dass sie sich streng am Wortlaut des § 303

320 Mogg, Die strafrechtliche Erfassung, S. 14; Wolf, Graffiti als kriminologisches und strafrechtsdogmatisches Problem, S. 128–129.

321 Dölling, JR 1984, 37 (37); Gössel, JR 1980, 184 (184).

322 Schmid, NJW 1979, 1580 (1582); Gössel, JR 1980, 184 (184).

323 Katzer, NJW 1981, 2036 (2037).

324 Schnurr, Graffiti als Sachbeschädigung, S. 54.

Abs. 1 StGB orientiert. Eine Beschädigung ist nach der Substanzverletzungstheorie eine körperliche Einwirkung auf die Sache, indem die Substanz einer Sache selbst beeinträchtigt wird, oder die Brauchbarkeitsminderung einer Sache gegeben ist.

Die Funktionsvereitelungs-, Wertminderungs- und Zustandsveränderungstheorien könnten zwar Graffitis sanktionieren, sind aber mit dem Wortlaut des Gesetzes und damit mit dem Gesetzlichkeitsprinzip aus Art. 103 Abs. 2 GG und § 1 StGB nicht zu vereinbaren, weshalb die Rechtsprechung diese Theorien zu Recht nicht übernommen hat.[325]

Bei der strafrechtlichen Bewältigung des kriminologischen Phänomens „Graffiti“ ergaben sich jedoch erhebliche Probleme bei der Auslegung des Tatbestands der Sachbeschädigung. Der Beschädigungsbegriff ist durch die Theorie zu eng gefasst. Dies ist auf die Begrifflichkeit „beschädigen“ zurückzuführen. Es gab jedenfalls bis zur gesetzlichen Änderung im Jahr 2005 kaum eine Möglichkeit, das unbefugte Sprayen von Graffiti als Straftat zu sanktionieren.

Problematisch ist, dass der Eigentümer bei dem einfach entfernbaren Graffiti durch die unsichere Rechtslage nur unzureichend geschützt wird. Deutlich wird, dass die Rechtsprechung in vergleichbaren Fällen in der Literatur immer wieder zu unterschiedlichen Ergebnissen kommt. Dies ist vor dem Hintergrund der Bedeutung des rechtsstaatlichen Gleichheitsgrundsatzes für das Strafrecht sehr problematisch. Damit ist in Bezug auf den Tatbestand der Sachbeschädigung kein einheitliches Urteil ergangen. Die Rechtspraxis konnte das Problem des unerlaubten Sprayens von Graffiti nur unzureichend mit dem § 303 Abs. 1 StGB lösen. Diese Problematik lässt sich dadurch einschränken, dass man hinsichtlich des § 303 Abs. 1 StGB die strenge von Kargl vertretende Substanztheorie vertritt. Mithin ist festzustellen, dass die Substanzverletzungstheorie in der Sache wohl als richtig anzusehen ist und dass man dieser Theorie nicht vorwerfen kann, dass das Gesetz nicht sämtliche Fälle erfasst.[326]

III. Gesetzgebungsgeschichte zur Reform des Straftatbestands der Sachbeschädigung

Damit hat sich gezeigt, dass die Beschädigungstheorien zum § 303 Abs. 1 StGB nicht geeignet waren, eine zufriedenstellende Antwort auf das Graffitiproblem zu liefern. In vielen Fällen wurden die Täter freigesprochen, oder hätten bei Anwendung rechtstaatlicher Grundsätze freigesprochen werden müssen.

325 Schnurr, Graffti als Sachbeschädigung, S. 63.

326 Vgl. Mogg, Die strafrechtliche Erfassung, S. 24–25.

Vor dem Hintergrund der offensichtlichen Problemen im Umgang mit der strafrechtlichen Verfolgung des Sprayens unbefugter Graffiti sah der Gesetzgeber Handlungsbedarf und brachte verschiedene Gesetzentwürfe zu einer Reform des Straftatbestands der Sachbeschädigung ein. Zum genauen Verständnis der heutigen Regelungen und ihrer Bewertung erscheint es sinnvoll zu sein, die verschiedenen Reformentwürfe vorzustellen und diese einer kritischen Würdigung zu unterziehen. Vor der Änderung des § 303 StGB durch das 39. Strafrechtsänderungsgesetz war der Straftatbestand der Sachbeschädigung zahlreichen Auseinandersetzungen mit konkurrierenden Entwürfe ausgesetzt.[327] Trotz der erheblichen Kosten zur Beseitigung von Graffiti, die in nicht wenigen Fällen massiv über die Kosten einer „herkömmlichen" Sachbeschädigung nach § 303 Abs. 1 StGB hinausgehen, war das unbefugte Sprayen von Graffiti in den meisten Fällen nicht strafbar. Die Frage des Reinigungsaufwandes war nach der Rechtsprechung jedenfalls kein Kriterium, um bei Graffiti eine Strafbarkeit nach § 303 StGB begründen zu können.

Dies scheint auch die Auffassung des Gesetzgebers gewesen zu sein, der den Begriff der Beschädigung beibehalten hat, bzw. den Tatbestand bis zu seiner gesetzlichen Änderung so formuliert hatte, dass die typischen Graffitifälle hier nicht erfasst wurden. Der Gesetzgeber fühlte sich jedoch vor dem Hintergrund der gesellschaftlichen Erwartung, etwas gegen die illegalen Graffitisunternehmen zu tun, aufgefordert, den Straftatbestand der Sachbeschädigung neu zu fassen.

Der Gesetzgeber hatte jedoch offensichtlich erhebliche Probleme bei der Neufassung, was sich an der Dauer der Reformüberlegungen und an der Zahl der im Folgenden dargestellten Entwürfe zeigt.

1. Gesetzgebungsverfahren vor Gesetzesantrag des Landes Berlin

Die nachfolgende Darstellung der Entstehungsgeschichte ist wichtig, um die Hintergründe des Vorhabens zu erläutern, nämlich die hinreichende strafgesetzliche Erfassung illegaler Graffitis.

327 BR-Drucks. 914/02 (Gesetzes Antrag aus Baden-Württemberg, Brandenburg, Hamburg, Hessen, Sachsen-Anhalt, Thüringen); 805/98 (Berlin); 765/01 (Baden-Wüttemburg); 441/01 (Berlin); BT-Drucks. 14/546 (CDU/CSU-Fraktion); 14/569 (FDP-Fraktion); 14/872 (Bundesrat); 14/8013 (Bundesrat); 15/63 (FDP-Fraktion); 15/302 (CDU/CSU-Fraktion); 15/404 (Bundesrat); 15/5313 (Fraktionen von SPD und Bündnis 90/Die Grünen); 15/5317 (CDU/CSU-Fraktion); 15/5320 und 15/5702 (Angaben des Rechtsausschusses des Bundestages).

a) Reformentwurf 1962

aa) Wortlaut

Nach diesem Reformentwurf 1962 §§ 259, 250 StGB wurden, neben dem „Beschädigen“ und „Zerstören“, als Formulierung ausdrücklich auch „Unbrauchbarmachen“ und „Verunstalten“, vorgeschlagen, um bestehende Strafbarkeitslücken beim Tatbestand der Sachbeschädigung schließen zu können.[328]

bb) Begründung

Wegen der Modalitäten zum Tatbestand der Sachbeschädigung gab es damals Auslegungsproblem wegen der Vorgänge beim Ablassen der Luft aus den Reifen eines Kraftfahrzeuges, dem Löschen eines Tonbandes, dem Beschmieren von Objekten mit Farbe und bei einer erheblichen Beschmutzung fremder Sachen.[329] Das „Verunstalten“ sei „eine Veränderung der äußeren Erscheinung einer Sache, die deren Bild verdirbt“. Das „Verunstalten“ sei „also etwa das Beschmieren eines Denkmals mit Farbe, nicht aber schon ein leichtes Beschmutzen“.[330]

cc) Ablehnungsgründe

Der Entwurf wurde 1962 durch die 6. Strafrechtsreformgesetze generell nicht umgesetzt. Auffällig ist, dass das Problem des Verunstaltens Anlass für sämtliche Reformüberlegungen des Tatbestands der Sachbeschädigung gewesen war. Dies dürfte jedoch – jedenfalls hinsichtlich des Reformentwurfs aus dem Jahr 1962 – nicht der Fall gewesen sein, da es im Jahre 1962, nach dem heutigen Verständnis, noch keine Graffiti gab.[331] Das Kriterium „Verunstalten“ ist wegen seiner subjektiven Färbung kein geeignetes Tatbestandskriterium für den Straftatbestand der Sachbeschädigung.[332]

---

328 Weber, Bemerkungen, in: GS für Meuer, S. 283; §§ 259, 250 Entwurf 1962, BT-Drucks. 4/650, S. 420, „Wer eine fremde Sache zerstört, beschädigt, unbrauchbar macht oder verunstaltet“.

329 Hartung, Schiedsamtszeitung 1964, 74a (74a).

330 BT-Drucks. 4/650, S. 420.

331 Vgl. Maron, Das 39. Strafrechtsänderungsgesetz, S. 156.

332 Wessels/Hillenkamp, StrR BT 2, Rn. 22.

b) Reformentwurf 1982

aa) Wortlaut

Am 17.09.1982 wurde ein Reformentwurf eines „Gesetzes zur Änderung des Gesetzes über Ordnungswidrigkeiten, des Straßenverkehrsgesetzes und anderer Gesetz“ nach § 118a OWiG „Verunstalten von baulichen Anlagen oder gemeinnützigen Sachen“ vorgelegt.[333]

(1) Ordnungswidrig handelt danach, wer an einer fremden baulichen Anlage, an einem Ort, der allgemein zugänglich ist oder eingesehen werden kann, oder an einer Sache, die dem öffentlichen Nutzen oder der Verschönerung öffentlicher Wege, Plätze oder Anlagen dient, ohne Einwilligung des Verfügungsberechtigten ein Plakat anbringt, oder die Anlage oder Sache beschriftet, bemalt, beklebt oder sie sonst verunstaltet.

(2) Die Ordnungswidrigkeit kann mit einer Geldbuße bis zu zehntausend Deutsche Mark geahndet werden.

bb) Begründung

Im Reformentwurf von 1982 wurde nach § 118a OWiG das Merkmal „Verunstalten“ wegen des Problems des unbefugten Plakatierens wieder debattiert.[334] Es ist hervorzuheben, dass man hier offenbar nicht das Strafgesetzbuch ändern wollte, sondern, dass es hier um die Einführung eines Ordnungswidrigkeitentatbestands ging.

cc) Ablehnungsgründe

Ob die Änderung des Ordnungswidrigkeitengesetzes deshalb nicht durchgeführt wurde, weil man der Auffassung war, dass das Merkmal des „sonstigen Verunstaltens“ von der Kunst- und Meinungsfreiheit gedeckt sei, ist zweifelhaft. Es handelt sich um einen Eingriff in die Substanz der betroffenen Gegenstände. Der Begriff des „sonstigen Verunstaltens“ war nicht eindeutig auszulegen. Vor allem aber dürften die Schadensersatzansprüche und Ordnungswidrigkeitsrechte ausreichend sein, um nicht mehr unter dem Straftatbestand der Sachbeschädigung zu fallen. Sind die Sprayer erfasst, kommt es darauf an, von ihnen eine Beseitigung des Schadens zu erlangen. Der im Jahre 1982 eingebrachte Reformentwurf nach

---

333 BT-Drucks. 371/82.

334 BT-Drucks. 371/82, S. 36f.

§ 118a OWiG, war auch deshalb gescheitert, weil die Formulierung „sonst Verunstalten“ mit umfassenden ästhetischen Bewertungen im Wortlaut des Gesetzes und damit mit dem Gesetzlichkeitsprinzip nicht zu vereinbaren war.[335] Jede Verhaltensweise sollten erfasst werden, wenn sie das äußere Erscheinungsbild an der Sache negativ verändert.[336]

2. Gesetzgebungsgeschichte eines Graffiti-Bekämpfungsgesetzes durch das Land Berlin, die CDU/CSU- und FDP-Fraktion in den Jahren 1998 bis 2000

a) Reformentwurf durch das Land Berlin

aa) Wortlaut

Es gab gesetzgeberische Bemühungen, den Straftatbestand der Sachbeschädigung auf Graffiti auszuweiten. Im Reformentwurf vom 23.09.1998 nach § 303 Abs. 1 StGB, wurde ein „Graffiti-Bekämpfungsgesetz“ durch das Land Berlin im Bundesrat vorgeschlagen.[337]

bb) Begründung

Der Gesetzgeber wollte den Tatbestand der Sachbeschädigung auf das „Graffiti-Unwesen erweitern. Um dieses Vorhaben realisieren zu können, mussten Substanzverletzungen durch das unbefugte Sprayen von Graffiti, oder zwangsläufige Beschädigungen durch Reinigung festgestellt werden.[338] Die Auffassung, die eine Sachbeschädigung bei Graffiti nur dann annimmt, wenn die Substanz der Sache, wegen der Reinigungsarbeiten angegriffen wird, wurde als zu eng angesehen, da sie den finanziellen Schaden, der durch Graffiti verursacht wird, nur unzureichend berücksichtigte.[339]

---

335 Vgl. Maron, Das 39. Strafrechtsänderungsgesetz, S. 157.

336 Wolf, Graffiti als kriminologisches und strafrechtsdogmatisches Problem, S. 213.

337 BR-Drucks. 805/98, § 303 Abs. 1 StGB, „Wer rechtswidrig eine fremde Sache bemalt, beschmutzt oder sonst verunstaltet und dadurch der Gestaltungswille des Eigentümers beeinträchtigt und ein nicht nur geringer Instandsetzungsaufwand verursacht wird, oder die Sache beschädigt oder zerstört, wird mit Freiheitsstrafe bis zu zwei Jahren oder mit Geldstrafe bestraft“.

338 Merrson, NZM 1999, 447 (448).

339 Kühl, „Die strafrechtliche Erfassung von Graffiti“, in: FS für Weber, S. 413ff.; Schnurr, StrFo 2007, 320f.

cc) Ablehnungsgründe

Die Formulierung „Bemalen", „Beschmutzen" und „sonst Verunstalten" erfasst nicht den Tatbestand der Sachbeschädigung.[340] Die gewählten Formulierungen stießen auf erhebliche Bedenken im Hinblick auf das Bestimmtheitsgebot.[341] Teile der Politik sahen das Gesetz für nicht weitgehend genug an.

b) Reformentwürfe der CDU/CSU-,und FDP-Fraktion

aa) Wortlaut

Die Gesetzesentwürfe der Fraktionen von CDU/CSU[342] und F.D.P. im Bundestag[343] und im Bundesrat[344] bemühten sich dabei erfolglos, hinsichtlich der Strafverfolgung illegaler Graffiti, die §§ 303, 304 StGB um das Tatbestandsmerkmal des „Verunstaltens" zu erweitern.[345]

bb) Begründung

In den Städten hatte die Zahl der Graffiti, Tags und Schmiereien zugenommen. „Die Übergänge zwischen diesen Erscheinungen und purem Vadalismus sind fließend".[346]

340 Wolf, Graffiti als kriminologisches und strafrechtsdogmatisches Problem, S. 212; Behm, StV 1999, 567 (568).

341 Maron, Das 39. Strafrechtsänderungsgesetz, S. 158.

342 BT-Drucks. 14/546 vom 16.03.1999, Gesetzesentwurf der CDU/CSU, § 303 Abs. 1 StGB, „Wer rechtswidrig eine fremde Sache zerstört, beschädigt oder verunstaltet, wird mit Freiheitstrafe bis zu zwei Jahren oder mit Geldstrafe bestraft".

343 BT-Drucks. 14/569 vom 18.03.1999, Gesetzesentwurf der FDP, § 303 Abs. 1 StGB, Wer rechtswidrig eine fremde Sache beschädigt, zerstört oder daran eine Verunstaltung vornimmt, die nur mit größerem Aufwand beseitigt werden, wird mit Freiheitstrafe bis zu zwei Jahren oder mit Geldstrafe bestraft".

344 BR-Drucks. 805/98.

345 Behm, StV 1999, 567 (567); BR-Drucks. 805/98; BT-Drucks. 14/872 vom 29.04.1999, Gesetzentwurf des Bundesrates, § 303 Abs. 1 StGB, „Wer rechtswidrig eine fremde Sache zerstört, beschädigt oder verunstaltet, wird mit Freiheitsstrafe bis zu zwei Jahren oder mit Geldstrafe bestraft".

346 Hamm, Stellungnahme von Rechtsausschussproto. 14/138, S. 57ff.

cc) Ablehnungsgründe

Problematisch ist, dass Graffiti den Tatbestand der Sachbeschädigung nach § 303 Abs. 1 StGB erfasst.[347] Graffiti ist wegen der Rechtssicherheit nicht strafbar nach § 303 Abs. 1 StGB. Problematisch ist, dass es eine nur niedrige Aufklärungsquote und eine geringe Verfolgungsintensität gab.[348] Die Reformbemühungen scheiterten bezüglich des Merkmals des Verunstaltens unter anderem daran, dass nicht allen Sachen eine ästhetische Funktion zukommt und dass man über ästhetische Fragestellungen trefflich streiten kann. Der Bundesrat hat den Entwurf eines Graffiti-Bekämpfungsgesetzes im April 1999 beschlossen, das aber im Bundestag mit inhaltlich gleichwertigen Gesetzentwurfen der CDU/CSU- und FDP-Fraktion am 23.3.2000 abgelehnt wurde.[349]

3. Gesetzgebungsgeschichte eines Graffiti-Bekämpfungsgesetzes durch das Land Baden-Württemberg, das Land Berlin, die FDP-, CDU/CSU-, die Bundesländer, SPD- und Bündnis 90/Die Grünen Fraktion in den Jahren 2001 bis 2005

a) Darstellung des Wortlauts in der 14. Legislaturperiode

Der Wortlaut des § 303 Abs. 1 StGB sollte am 30.11.2001 in einem Entwurf des Landes Baden-Württemberg im Bundesrat, wie folgt lauten.[350] „Wer rechtswidrig eine fremde Sache zerstört, beschädigt oder das Erscheinungsbild einer Sache gegen den Willen des Eigentümers oder sonst Berechtigten nicht nur unerheblich verändert, wird mit Freiheitsstrafe bis zu zwei Jahren, oder mit Geldstrafe bestraft". Der Begriff „Verunstalten" geht bei Graffiti auf eine lange politische Auseinandersetzung zurück: Eine Ausdehnung hinsichtlich des Verunstaltens war Gegenstand des Entwurfes der CDU/CSU-Fraktion.[351] Das Land Berlin hatte

347 Wolf, Graffiti als kriminologisches und strafrechtsdogmatisches Problem, S. 134.

348 Hamm, Stellungnahme von Rechtsausschussproto. 14/138, S. 57, 62.

349 BT-Drucks. 14/872, S. 6; BR-Drucks. 765/01, Empfehlungen von Ausschüsse, S. 3; BT-Plenarproto. 14/95, S. 8847 C ff.; Hillenkamp, Was bewirkt das „Noffiti-Gesetz"?, in: FS für Schwind, S. 931.

350 BR-Drucks. 765/01.

351 BT-Drucks. 15/302.

am 12.06.2001 den Gesetzesentwurf beim Bundesrat eingebracht.[352] Dieser Entwurf wurde am 17.01.2002 vom Bundesrat beim Bundestag ergänzt. „Wer rechtswidrig eine fremde Sache zerstört, beschädigt oder das Erscheinungsbild einer Sache gegen den Willen des Eigentümers oder sonst Berechtigten nicht nur unerheblich verändert, wird mit Freiheitsstrafe bis zu zwei Jahren oder mit Geldstrafe bestraft".[353] Am Ende der 14. Legislaturperiode gab es keine gemeinsame Entscheidung für diesen Reformentwurf.

b) Darstellung des Wortlauts durch die 15. Legislaturperiode

Der Wortlaut des § 303 Abs. 1 StGB sollte nach der Formulierung der FDP-Bundestagsfraktion wie folgt lauten: „Wer rechtswidrig eine fremde Sache beschädigt, zerstört oder daran eine Verunstaltung vornimmt, die nur mit größerem Aufwand beseitigt werden kann, wird mit Freiheitsstrafe bis zu zwei Jahren oder mit Geldstrafe bestraft".[354] Der Wortlaut des § 303 Abs. 1 StGB der CDU/CSU-Bundestagsfraktion sollte wie folgt lauten: „Wer rechtswidrig eine fremde Sache zerstört, beschädigt oder verunstaltet, wird mit Freiheitsstrafe bis zu zwei Jahren oder mit Geldstrafe bestraft".[355] Der § 303 Abs. 1 StGB sollte von Bundesrat[356] wie folgt verabschiedet werden: „Wer rechtswidrig eine fremde Sache zerstört, beschädigt oder das Erscheinungsbild einer Sache gegen den Willen des Eigentümers oder sonst Berechtigten nicht nur unerheblich verändert, wird mit Freiheitsstrafe bis zu zwei Jahren oder mit Geldstrafe bestraft".[357] Der Wortlaut des § 303 Abs. 1 StGB der Bundestagsfraktion SPD und BÜNDNIS 90/DIE GRÜNEN, sollte wie folgt lauten: „Ebenso wird bestraft, wer unbefugt das Erscheinungsbild einer fremden Sache nicht nur unerheblich und nicht nur vorübergehend verändert".[358] Der § 303 Abs. 1 StGB der CDU/CSU-Bundestagsfraktion wurde in der nachfolgenden Fassung vorgeschlagen: „Wer rechtswidrig eine fremde Sache zerstört, beschädigt oder das Erscheinungsbild einer Sache gegen

---

352 BR-Drucks. 441/01 vom 12.06.2001, Gesetzesentwurf des Landes Berlin, § 303 Abs. 1 StGB, „Wer rechtswidrig eine fremde Sache zerstört, beschädigt oder das Erscheinungsbild einer Sache gegen den Willen des Eigentümers oder sonst Berechtigten verändert, wird mit Freiheitsstrafe bis zu zwei Jahren oder mit Geldstrafe bestraft".

353 BT-Drucks. 14/8013.

354 BT-Drucks. 15/63.

355 BT-Drucks. 15/302.

356 Mitantragsteller bei dem Graffiti-Bekämpfungsgesetz, BR-Drucks. 914/02 vom 13.12.2002, Der Reformentwurf durch Länder Baden-Württemberg, Brandenburg, Hamburg, Hessen, Sachsen-Anhalt, Thüringen.

357 BT-Drucks. 15/404 vom 05.02.2003.

358 BT-Drucks. 15/5313 vom 19.04.2005.

den Willen des Eigentümers oder sonst Berechtigten nicht nur unerheblich verändert, wird mit Freiheitsstrafe bis zu zwei Jahren oder mit Geldstrafe bestraft".[359]

c) Darstellung des Wortlauts des Koalitionsentwurfs vom 2005

Diese drei Entwürfe[360] sind auf Vorschlag der Rechtsausschüsse[361] zugunsten eines Regierungsentwurfs[362] abgelehnt und schließlich für erledigt erklärt worden.[363] Der schließlich zum Gesetz gewordene Regierungsentwurf[364] wurde hingegen auch in den Rechtsausschüssen befürwortet.[365] Zur Graffiti-Bekämpfung hatten die SPD- und BÜNDNIS 90/DIE GRÜNEN-Bundestagsfraktion einen eigenen endgültigen Gesetzentwurf zur Änderung der §§ 303, 304 StGB eingebracht.[366] Die §§ 303, 304 StGB wurden durch das 39. Strafrechtsänderungsgesetz vom 01.09.2005 ergänzt und am 07.09.2005 verkündet und traten vom 08.09.2005 in Kraft.[367]

---

359 BT-Drucks. 15/5317 vom 19.04.2005.

360 BT-Drucks. 15/63 vom 13.11.2002, Entwurf der FDP-Fraktionen; 15/302 vom 14.01.2003, Entwurf der CDU/CSU-Fraktionen; 15/404, Entwurf des Bundesrates.

361 BT-Drucks. 15/5702 vom 15.06.2005, Beschlussempfehlung und Bericht des Rechtsausschlusses.

362 BT-Drucks. 15/5313 vom 19.04.2005, Entwurf der Fraktionen SPD und Bündnis 90/Die Grünen.

363 BR-Drucks. 506/05 vom 17.06.2005, Angaben durch den Deutschen Bundestag.

364 BT-Drucks. 15/5313.

365 BT-Drucks. 15/5702, S. 3.

366 BT-Drucks. 15/5313, Gesetzesentwurf der SPD und BÜNDNIS 90/DIE GRÜNEN, § 303 Abs. 1 StGB, „Wer rechtswidrig eine fremde Sache beschädigt oder zerstört, wird mit Freiheitsstrafe bis zu zwei Jahren oder mit Geldstrafe bestraft". , § 303 Abs. 2 StGB, „Ebenso wird bestraft, wer unbefugt das Erscheinungsbild einer fremden Sache nicht nur unerheblich und nicht nur vorübergehend verändert". § 303 Abs. 3 StGB „Der Versuch ist strafbar".

367 BGBl. Jahrgang 2005, Teil I Nr. 56 vom 07.09.2005, S. 2674; BT-Drucks. 15/5313; Wessels, Hillenkamp, StrR BT 2, Rn. 11; Fischer, StGB, § 303, Rn. 1, 17; kritisch Thoss, StV 2006, 160 (160); Wüstenhagen/Pfab, StraFo 2006, 195 (195).

4. Nachweise durch die Gesetzgebungsgeschichte des Graffitibekämpfungsgesetzes

a) Problematik

„Wenn wilde Graffitis – Schmierereien Gebäude und öffentliche Verkehrsmittel verunstalten – dann kann die Politik darüber nicht zur Tagesordnung übergehen“.[368] In Bezug auf § 303 Abs. 1 StGB sind sowohl scratchen als auch ätzen völlig unproblematisch; in beiden Fällen wird erheblich in die Sachsubstanz eingegriffen. Das Anbringen von Plakaten, Sticker und Poster an öffentlichen Plätzen wird meistens nur als eine Ordnungswidrigkeit geahndet.[369] Dabei solle es keine Rolle spielen, ob die Sache vorher ansehnlich war.[370] Das Merkmal des Verunstaltens scheint umstritten zu sein.[371]

b) Begründung

Die CDU/CSU- und die FDP-Fraktion orientierten sich bei ihren Entwürfen am Reformentwurf von 1962 am § 249 StGB und am § 125 des österreichischen Strafgesetzbuchs[372], das zur Erfassung von Graffitis das Tatbestandsmerkmal des Verunstaltens fremder Sachen enthält.[373] Diese Verunstaltungen seien bloße Veränderungen des Erscheinungsbildes und keine Sachbeschädigung und von diesen abzugrenzen.[374]

---

368 Angela Merkel, Parteitag am 17.06.2002 in Frankfurt am Main.

369 Vgl. Wolf, Graffiti als kriminologisches und strafrechtsdogmatisches Problem, S. 186–188.

370 Sch/Sch/Stree, StGB, § 303, Rn. 8c; Fischer, StGB, § 303, Rn. 7, 8.

371 Fischer, StGB, § 303, Rn. 19.

372 Moos, JR 2001, 93 (93); vgl. In der Schweiz in Strafgesetzbuch aus Art. 228 gibt es eine entsprechende Formulierung „Wer vorsätzlich elektrische Anlagen, Wasserbauten, namentlich Dämme, Wehre, Deiche, Schleusen Schutzvorrichtungen gegen Naturereignisse, so gegen Bergsturz oder Lawinen, beschädigt oder zerstört und dadurch wissentlich Leib und Leben von Menschen oder fremdes Eigentum in Gefahr bringt, wird mit Freiheitstrafe nicht unter einem Jahr bestraft“.

373 BT-Drucks. 15/302 vom 14.01.2003, Gesetzesentwurf der CDU/CSU, § 303 Abs. 1 StGB, „Wer rechtswidrig eine fremde Sache zerstört, beschädigt oder verunstaltet, wird mit Freiheitsstrafe bis zu zwei Jahren oder mit Geldstrafe bestraft“; 15/63 vom 13.12.2002, Gesetzesentwurf der FDP, § 303 Abs. 1 StGB, „Wer rechtswidrig eine fremde Sache beschädigt, zerstört oder daran eine Verunstaltung vornimmt, die nur mit größerem Aufwand beseitigt werden kann, wird mit Freiheitsstrafe bis zu zwei Jahren oder mit Geldstrafe bestraft“.

374 Wolf, Graffiti als kriminologisches und strafrechtsdogmatisches Problem, S. 209ff.; Schnurr, Graffiti als Sachbeschädigung, S. 221ff.

Eine verunstaltende Einwirkung des Täters auf eine fremde Sache ist strafbar, wenn hierdurch entweder die Sachsubstanz verletzt oder ein technischer Gebrauchszweck der Sache beeinträchtigt wird.[375] Der Tatbestand der Sachbeschädigung geht etwas zu weit, weil es auch hier nur um den Teilaspekt des äußeren Erscheinungsbildes, nicht aber zB. um die Nutzung der Sache etc. geht.[376] Es gab Vorschläge, im Rahmen des Gesetzgebungsverfahrens, den Tatbestand der Sachbeschädigung durch eine Tathandlung des Verunstaltens zu ergänzen.[377] Der Gesetzgeber hat sich jedoch zu Recht gegen die Einführung des Merkmals des Verunstaltens entschieden, denn das „Verunstalten" einer Sache hängt vom jeweiligen Betrachter und dessen ästhetischem Empfinden ab. Das Kriterium „Verunstalten" ist wegen seiner subjektiven Färbung kein geeignetes Tatbestandsmerkmal. Das Merkmal des Verunstaltens konnte sich im Rahmen des Gesetzgebungsverfahrens von daher auch nicht durchsetzen.

c) Ablehnungsgründe

Die Strafbarkeit sei nur zu begründen, wenn die Verunstaltung nur mit größerem Aufwand entfernt werden kann.[378] Gegen das Merkmal „Verunstalten" wurde eingewandt, dass das Unrecht von Sachbeschädigungen durch Graffiti nicht allein in einer Beeinträchtigung des ästhetischen Wertes des Tatobjekts liegt, sondern bereits darin zu sehen ist, dass sich der Täter über den Willen des Eigentümers hinwegsetzt, allein über das Aussehen seines Eigentums zu bestimmen.[379] Nach dem Entwurf eines Graffiti-Bekämpfungsgesetzes vom 29.04.1999 liegt eine Strafbarkeit gemäß § 303 StGB vor, wenn der Täter rechtswidrig eine fremde Sache „zerstört, beschädigt oder das Erscheinungsbild einer Sache gegen den

375 BT-Drucks. 15/302, S. 3; 15/63, S. 3; 14/872, S. 5; 14/569, S. 3; 14/546, S. 3.

376 BR-Drucks. 914/02, Anlage, S. 6–7.

377 Vgl. BR-Drucks. 805/98 vom 23.09.1998, Ein Antrag des Landes Berlin, „bemalt, beschmutzt oder sonst verunstaltet und dadurch der Gestaltungswille des Eigentümers beeinträchtigt und ein nicht nur geringer Instandsetzungsaufwand verursacht wird"; BT-Drucks. 14/546 vom 16.03.1999; 14/872 vom 29.04.1999, Graffitibekämpfungsgesetz, „zerstört, beschädigt oder verunstaltet"; 14/569 vom 18.03.99, Entwurf der FDP, „beschädigt, zerstört oder daran eine Verunstaltung vornimmt, die nur mit größerem Aufwand beseitigt werden kann"; 14/8013 vom 17.01.2002, Entwurf des Bundesrates, „zerstört, beschädigt oder das Erscheinungsbild einer Sache gegen den Willen des Eigentümers oder sonst Berechtigten nicht nur unerheblich verändert".

378 BT-Drucks. 14/569, S. 2–3.

379 BT-Drucks. 14/546, S. 3–4; 14/569, S. 3.

Willen des Eigentümers oder sonst Berechtigten nicht nur unerheblich verändert“.[380]

Diese Gesetzesentwürfe sahen sich zurecht erheblicher Kritik ausgesetzt.[381] Die Kritiker bemängelten an ihnen insbesondere, dass das Merkmal des Verunstaltens in der gerichtlichen Praxis erhebliche Probleme aufwerfen könne, weil mit ihm eine künsterische und ästhetische Bewertung verbunden sei.[382] Der Tatbestand der Sachbeschädigung sollte geändert werden.[383] Eine uneingeschränkte Ausweitung des Straftatbestands der Sachbeschädigung ist jedoch problematisch,[384] da es aufgrund der subjektiven Einstellung zu Geschmack und Ästhetik keine Sachverständigen geben kann.[385] Wenn jemand, der einen „schlechten“ Geschmack hat, meint, er würde eine Sache nicht verunstalten, sondern verschönern, würde ihm nach dieser Fassung wohl der Vorsatz fehlen. Dies führe zu einer weiteren unnötigen Belastung der Justiz.[386]

Darüber hinaus waren die Koalitionsfraktionen der Auffassung, dass es problematisch sei, wie im konkreten Fall, den Nachweis einer Substanzverletzung durch die Farbauftragung und damit das Vorliegen einer Sachbeschädigung zu führen. Solche Probleme der Beweisführung können durch eine Änderung in dem vorgeschlagenen Sinne nicht behoben werden. Im Übrigen sei das Strafrecht generell nicht das richtige Mittel, um diesem Misstand zu begegnen.[387] Im Hinblick auf die jugendliche Tätergruppe sei es viel sinnvoller, präventiv durch Aufklärungsveranstaltungen in Schulen tätig zu werden. Die Länder können auch mit Hilfe der Polizei, z.B. durch einen kontrollierten Verkauf von Farbspraydosen, unterhalb der Schwelle des Strafrechts ansetzen.[388]

Demgegenüber vertraten die Fraktionen von CDU/CSU und F.D.P. die Meinung, mit der vorgeschlagenen Erweiterung des Tatbestands der Sachbeschädi-

---

380 BT-Drucks. 15/404 vom 05.02.2003, Gesetzesentwurf des Bundesrates, § 303 Abs. 1 StGB, „Wer rechtswidrig eine fremde Sache zerstört, beschädigt oder das Erscheinungsbild einer Sache gegen den Willen des Eigentümers oder sonst Berechtigten nicht nur unerheblich verändert, wird mit Freiheitsstrafe bis zu zwei Jahren odermit Geldstrafe bestraft“; 14/8013 vom 17.01.2002, Gesetzesentwurf des Bundesrates, § 303 Abs. 1 StGB, „Wer rechtswidrig eine fremde Sache zerstört, beschädigt oder das Erscheinungsbild einer Sache gegen den Willen des Eigentümers oder sonst Berechtigten nicht nur unerheblich verändert, wird mit Freiheitsstrafe bis zu zwei Jahren oder mit Geldstrafe bestraft“.

381 BT-Drucks. 14/2941 vom 16.03.2000; BT-Plenarproto. 14/95 vom 23.03.2000.

382 BT-Drucks. 14/2941, S. 5; 14/546, S. 3–4.

383 Vgl. Krüger, NJ 2006, 247 (247ff.); Wüstenhagen/Pfab, StraFo 2006, 190 (190ff.).

384 Fischer, StGB, § 303, Rn. 18a.

385 Schnurr, Graffiti als Sachbeschädigung, S. 94–95; Wessels/Hillenkamp, StrR BT 2, Rn. 21; vgl. BT-Drucks. 15/63 vom 13.11.2002; 15/302 vom 14.01.2003; 15/404 vom 05.02.2003.

386 Vgl. BT-Drucks. 15/302; 15/63.

387 BT-Drucks. 14/872 vom 29.04.1999.

388 BT-Drucks. 14/8013 vom 17.01.2002.

gung müsse auch in der Öffentlichkeit deutlich gemacht werden, dass der Gesetzgeber das Problem nicht verharmlose und potenzielle Täter mehr als bisher mit Bestrafung rechnen müssten.[389] Darüber hinaus sei der strafrechtliche Begriff des „Verunstalten" nicht fremd.[390] § 134 StGB stelle das „Verunstalten" amtlicher Bekanntmachung seit langem unter Strafe, ohne dass dies zu rechtlichen Schwierigkeiten geführt habe.[391] Diese Auffassung fand jedoch weder im Rechtsausschuss noch im Deutschen Bundestag eine Mehrheit. Zum Gesetzentwurf des Bundesrates hatte die Bundesregierung es nicht für sinnvoll gehalten, weiterhin einzelne Straftatbestände zum Gegenstand jeweils selbstständiger Gesetzgebungsverfahren zu machen.[392] Vielmehr kündigte sie an, den besonderen Teil des Strafrechts insgesamt auf weiteren Reformbedarf zu überprüfen und hierzu einen umfassenden Gesetzentwurf vorzulegen.

Die Reformentwürfe des Graffitibekämpfungsgesetzes wurden im Bundestag sehr stark diskutiert.[393] Der Bundesrat hatte im Jahre 2002 einen Gesetzesentwurf vorgelegt, „ohne die bisherigen Tatbestandsmerkmale der Beschädigung oder Zerstörung, einschließlich der dazu vorliegenden Auslegungen und erörteten Fallgestaltungen antasten zu wollen".[394] Das unbefugte Sprayen von Graffiti wurde als Symbol für den Verfall der Ordnung und Gefährdung des Sicherheitsgefühls und Lebensgefühls angesehen.[395] Bei dem unbefugten Sprayen von Graffiti wurden die Verwahrlosung, das Unsicherheitsgefühl und die Kriminalitätsfurcht betont. Die Entwürfe ziehen das unbefugte Sprayen von Graffiti als strafrechtliche Problemlage nach sich. Die Entwürfe zur Reform des Straftatbestands der Sachbeschädigung spielten eine große Rolle im Bestreben, das Problem des unbefugten Sprayens von Graffiti grundlegend zu behandeln. Im Gesetzesentwurf des Bundesrates wurde nicht auf die „Veränderung des Erscheinungsbildes" eingegangen.[396] Der entgegenstehende Gestaltungswille des Eigentümers wurde von dem Tatbestand der Sachbeschädigung erfasst.[397] Die Einschränkungen auf erhebliche und nicht nur vorübergehende Veränderungen des Erscheinungsbildes dienen dazu, den Straftatbestand einzugrenzen. Nur unerhebliche und vorübergehende Veränderungen des Erscheinungsbildes seien straflos. Der Gesetzgeber

389 BT-Plenarpro. 15/28 vom 20.02.2003.

390 BR-Drucks. 914/02 vom 13.12.2002.

391 BT-Drucks. 15/404.

392 BR-Drucks. 382/04 vom 07.05.2004, Gesetzes Antrag aus Baden-Württemberg, Hessen, Sachsen-Anhalt, Thüringen.

393 BT-Drucks. 15/5313 vom 19.04.2005; 15/5317 vom 19.04.2005; 15/404 vom 05.02.2003; 15/302 vom 14.01.2003; 15/63 vom 13.11.2002.

394 BR-Drucks. 914/02 vom 13.12.2002, Anlage, S. 6.

395 BT-Drucks. 15/5317, S. 3–4; 15/404, S. 6–7; 14/8013, S. 6–7; 14/872, S. 4–5.

396 BR-Drucks. 914/02, Anlage, S. 6.

397 BT-Drucks. 15/5313, S. 3; 15/5317, S. 4; 15/404, S. 7; 15/63, S. 3.

wollte den Tatbestand der Sachbeschädigung bei Graffitis auf „nicht nur unerheblich" und „nicht nur vorübergehend" begrenzen.[398] Der Gesetzgeber wollte gegen das unbefugte Sprayen von Graffitis wirksame Mittel zur Verfügung stellen.[399] Das unbefugte Sprayen von Graffitis ist eine oberflächliche Veränderung der Wände.[400] Eine Erweiterung des Anwendungsbereichs durch das 39. Strafrechtsänderungsgesetz vom 01.09.2005 liegt vor. Die Erweiterung gegenüber dem § 303 Abs. 1 StGB war jedoch nicht erheblich. Das unbefugte Sprayen von „Graffiti" gilt auch als strafbare Handlung im Sinne des § 303 StGB, soweit die Graffiti nicht ganz einfach wieder entfernt wird.[401] Viele Bürger waren wegen der Graffitis sehr aufgebracht und der Gesetzgeber sah sich deshalb auch wegen des Drucks durch die Bevölkerung verpflichtet, den Straftatbestand des § 303 StGB auszuweiten. Die „Veränderung des Erscheinungsbildes" steht dem Gestaltungswillen des Eigentümers entgegen.[402] Der strafrechtliche Eigentumsschutz zeigt durch die Entwürfe zur Reform des Straftatbestands der Sachbeschädigung Lücken auf, die bei dem unbefugten Sprayen von Graffiti in der Zeit vor Einführung des Abs. 2 in § 303 StGB nicht vom Gesetzgeber geschlossen wurden. Das illegale Sprayen von Graffitis muss strafrechtlich verfolgbar sein, um den erheblichen volkswirtschaftlichen Schaden durch Graffitischmierereinen entgegentreten zu können.[403] Bei Graffitis liegt der Schaden in der notwendigen Reinigung der besprayten Sache; ein Beschädigen sei dann gegeben, wenn sich der ursprüngliche Zustand nur mit einem erheblichen Kostenaufwand wiederherstellen lässt.[404] Die Gesetzesentwürfe der CDU/CSU-Bundestagsfraktion und des Bundesrates argumentierten für eine nicht nur unerhebliche Beeinträchtigung.[405] Die damalige Bundesregierung (Rot und Grün) forderte darüber hinaus, dass die Erscheinungsbildveränderung „nicht nur unerheblich" und „nicht nur vorübergehend" sein müsse.[406]

Einig war man sich im Bundestag darüber, dass das Problem des Beschmierens mit Graffiti von Fahrzeugen des Straßenverkehrs, des öffentlichen Nah- und Fernverkehrs, oder der öffentlichen Betriebe, nicht nur ein besonderes Ärgernis darstellt, sondern auch mit den Mitteln des Strafrechts verfolgt werden sollte.

---

398 BT-Drucks. 15/5313, S. 3.

399 Kühl, Die strafrechtliche Erfassung von „Graffiti", in: FS für Weber, S. 413, 425.

400 Thoss, StV 2006, 162 (162).

401 Fischer, StGB, § 303, Rn. 19; Hillenkamp, was bewirkt das „Noffiti-Gesetz"?, in: FS für Schwind, S. 927.

402 BT-Drucks, 15/5317, S. 4; 15/404, S. 7; 15/63, S. 3.

403 BT-Drucks. 15/302, S. 3.

404 BT-Drucks. 15/404, S. 6.

405 BT-Drucks. 15/5317, S. 2; 15/404, S. 5; 14/8013, S. 5.

406 BT-Drucks. 15/5313, S. 3.

Das Kriterium „Verunstalten“ sei „immer die nachteilige Veränderung der äußeren Erscheinung in einer nicht unerheblichen Weise, wobei die nähere Definition des Begriffs „Verunstalten“ entweder bei Dritten oder beim Eigentümer liegen kann“.[407] Nach der gesetzlichen Neuregelung kommt es auf die Frage des ästhetischen Empfindens nicht mehr an. Diese Arbeit soll deshalb im Rahmen der strafrechtlichen Würdigung den Straftatbestand der Sachbeschädigung weiter untersuchen.

IV. Zusammenfassendes Ergebnis

Das Sprayen von Graffiti ist mit dem Beschädigungsbegriff nicht in Einklang zu bringen. Es besteht nur insoweit Einigkeit, als bei einer Substanzverletzung immer eine Beschädigung vorliegen soll. § 303 Abs. 1 StGB schützt das Eigentum nicht in einem umfassenden Sinne und nur die Substanztheorie ist mit dem § 303 Abs. 1 StGB zu vereinbaren. Das Sprayen von Graffiti dürfte von daher in der Regel nicht unter den § 303 Abs. 1 StGB fallen. Das unbefugte Sprayen von Graffiti war vor dem 39. Strafrechtsänderungsgesetz hoch problematisch.[408] Der Gesetzgeber hatte diese Probleme dazu bewogen, den Straftatbestand der Sachbeschädigung durch das Graffiti-Bekämpfungsgesetz um einen zweiten Absatz zu ergänzen. Es ist durch die Gesetzesänderung eindeutig geworden, dass das Sprayen von Graffiti nicht unter § 303 Abs. 1 StGB zu subsumieren ist.

407 Maron, Das 39. Strafrechtsänderungsgesetz, S. 262.

408 Wolf, Graffiti als kriminologisches und strafrechtsdogmatisches Problem, S. 166–167.

3. Kapitel: Der Straftatbestand der Sachbeschädigung in der Fassung des 39. Strafrechtsänderungsgesetzes vom 08.09.2005

Vor der Einführung des § 303 Abs. 2 StGB war die Rechtslage so, dass das unbefugte Sprayen von Graffiti nur bestraft werden konnte, wenn die Substanzverletzung der Sache durch die Einwirkung von Graffitis erfolgte. Das unbefugte Sprayen von Graffitis war nur in Ausnahmefällen als Sachbeschädigung zu werten, weil ein Zerstören oder Beschädigen der Sache nicht gegeben war. Es wurde nur vereinzelt, z.B. beim Besprühen eines Denkmals, bestraft. Das moderne Strafrecht wirft bei vielen Tatbeständen schwierige Auslegungsprobleme auf. Hier geht es in erster Linie darum, wie der Straftatbestand der Sachbeschädigung in der heutigen Gesetzesfassung ausgelegt wird.

§ 303 Abs. 2 StGB diene dem Eigentumsschutz durch das unbefugte nicht nur unerhebliche und nicht nur vorübergehende Verändern fremder Sachen, insbesondere durch das Sprühen sog. Graffitis.[409] Im Folgenden wird zu erläutern sein, ob die Anwendungsprobleme bei der Strafverfolgung von Graffitis durch die Neufassung, beziehungsweise Ergänzung des § 303 StGB beseitigt werden konnten, oder ob sie weiterhin bestehen.

I. Allgemeines zum Straftatbestand der Sachbeschädigung durch das 39. Strafrechtsänderungsgesetz

1. Normtexte

a) § 303 StGB Sachbeschädigung

Die §§ 303 und 304 StGB traten nach Verabschiedung des 39. Strafrechtsänderungsgesetzes am 08.09.2005 in Kraft.[410] Der Tatbestand der Sachbeschädigung lautet nach § 303 StGB wie folgt:

---

409 BT-Drucks. 15/5313, S. 3.

410 2. Kapitel, III, 3c; BGBl. I 2674.

(1) „Wer rechtswidrig eine fremde Sache beschädigt oder zerstört, wird mit Freiheitstrafe bis zu zwei Jahren oder mit Geldstrafe bestraft".
(2) „Ebenso wird bestraft, wer unbefugt das Erscheinungsbild einer fremden Sache nicht nur unerheblich und nicht nur vorübergehend verändert".
(3) „Der Versuch ist strafbar".

§ 303 Abs. 2 StGB wurde zum Schutz fremder im Eigentum anderer stehender Sachen vor unbefugten nicht nur unerheblichen und nicht nur vorübergehenden Veränderungen des Erscheinungsbildes eingefügt.

b) § 304 StGB Gemeinschädliche Sachbeschädigung

Durch das 39. Strafrechtsänderungsgesetz vom 01.09.2005[411] trat am 08.09.2005 die folgende Ergänzung in Kraft:

(1) „Wer rechtswidrig Gegenstände der Verehrung einer im Staat bestehenden Religionsgesellschaft oder Sachen, die dem Gottesdienst gewidmet sind, oder Grabmäler, öffentliche Denkmäler, Naturdenkmäler, Gegenstände der Kunst, der Wissenschaft oder des Gewerbes, welche in öffentlichen Sammlungen aufbewahrt werden oder öffentlich ausgestellt sind, oder Gegenstände, welche zum öffentlichen Nutzen oder zur Verschönerung öffentlicher Wege, Plätze oder Anlage dienen, beschädigt oder zerstört, wird mit Freiheitsstrafe bis zu drei Jahren oder mit Geldstrafe bestraft".
(2) „Ebenso wird bestraft, wer unbefugt das Erscheinungsbild einer in Absatz 1 bezeichneten Sache, oder eines dort bezeichneten Gegenstandes nicht nur unerheblich und nicht nur vorübergehend verändert".
(3) „Der Versuch ist strafbar".

2. Normcharakter

a) § 303 StGB

§ 303 StGB behandelt ein Eigentumsdelikt.[412] § 303 StGB ist ein Erfolgsdelikt in Form eines Verletzungsdelikts. Der Versuch ist bereits strafbar. § 303 StGB stellt die vorsätzliche Beschädigung an der fremden Sache unter Strafe.[413] § 303

411 BGBl. I, Nr. 56, S. 2674.
412 Sch/Sch/Sch, StGB, § 303, Rn. 1; Lackner/Kühl, StGB, § 303, Rn. 1; LK-Wolff, StGB, § 303, Rn. 1; MK-Wieck-Noodt, StGB, § 303, Rn. 1.
413 Wessels/Hillenkamp, StrR BT 2, Rn. 12.

StGB ist zudem ein relatives Antragsdelikt.[414] Auch ohne Strafantrag wird das Delikt verfolgt, wenn die Strafverfolgungsbehörde, wegen des besonderen öffentlichen Interesses an der Strafverfolgung, ein Einschreiten von Amts wegen für geboten hält.[415]

b) § 304 StGB

§ 304 StGB schützt das Interesse der Allgemeinheit an der Nutzung der in § 304 Abs. 1 StGB aufgeführten Gegenstände.[416] § 304 StGB schützt mittelbar auch Aspekte des öffentlichen Friedens[417] und schützt Kulturgüter.[418] § 304 StGB stellt als ein eigenhändiges Delikt die vorsätzliche Beschädigung an der fremden Sache unter Strafe. Es stellt keine Qualifikation des § 303 StGB dar. § 304 schützt das öffentliche Interesse an den Gegenständen.[419]

3. Geschütztes Rechtsgut

a) § 303 StGB

Ausgangspunkt bei der Feststellung des geschützten Rechtsguts in § 303 StGB ist dessen Wortlaut. Der Gesetzgeber betont den Eigentumsschutz nicht ausdrücklich.[420] Das Strafrecht reagiert nur auf sozialschädliches Verhalten.[421] Sozialschädliches Verhalten lag vor, wenn Rechtsgüter verletzt sind. Ohne die Verletzung eines Rechtsguts verliert die Ausweitung des Tatbestands seine Wirksamkeit. Das Strafrecht ist grundsätzlich ein legitimes Mittel, um sozialschädliches Verhalten zu unterbinden.[422] § 303 Abs. 2 StGB schützt nicht nur besonders schützenswertes Eigentum an Sachen.[423] Maßgeblich für die Auslegung kann nur die Fassung von § 303 Abs. 2 StGB sein, welche auch Gesetz

---

414 SSW-Saliger, StGB, § 303c, Rn. 1.

415 Sch/Sch/Sch, StGB, § 303c, Rn. 6; SK-Hoyer, StGB, § 303c, Rn. 1, 6.

416 Sch/Sch/Sch, StGB, § 304, Rn. 1; Lackner/Kühl, StGB, § 304, Rn. 1; MK-Wieck-Noodt, StGB, § 304, Rn. 1; NK-Zaczyk, StGB, § 304, Rn. 1; LK-Wolff, StGB, § 304, Rn. 1.

417 Fischer, StGB, § 304, Rn. 2.

418 NK-Zaczyk, StGB, § 304, Rn. 1.

419 SSW-Saliger, StGB, § 304, Rn. 1.

420 BT-Drucks. 15/5313, S. 3.

421 Günter, JuS 1978, 8 (9).

422 Roxin, StrR AT, S. 16, 51.

423 SSW-Saliger, StGB, § 303, Rn. 1; SK-Hoyer, StGB, § 303, Rn. 4; Satzger, Jura 2006, 429 (429); BT-Drucks. 15/5313, S. 3.

geworden ist. Nutzungsberechtigte[424] wie zum Beispiel Mieter einer Sache sind nicht über § 303 StGB direkt in den Schutzzweck einbezogen, da es sich bei § 303 Abs. 2 StGB um ein Eigentumsdelikt handelt, dass gerade nicht vor Sachentziehungen oder sonstigen Belästigungen der Sache durch Dritte schützen soll.[425] Die Frage stellt sich, welche Art der Beeinträchtigung geschützt wird, und ob die Sache selbst als Eigentum, oder die Verfügungsmacht des Eigentümers geschützt wird.

aa) Darstellung des Rechtsgutskonzepts

Bei der Diskussion über das geschützte Rechtsgut geht es um die Frage, welches Rechtsgut das Gesetz schützen soll. Daher ist der Bezug zu einer im Gesetz nicht ausdrücklich genannten Tathandlung – wie Graffiti – bedenklich. Die zentrale Veränderung liegt in der Diskussion über das Rechtsgutkonzept.

Nach der klassischen Rechtsgutstheorie Karl Bindings war es allein die Aufgabe des Gesetzgebers, das durch ein Strafgesetz geschützte Rechtsgut festzulegen.[426] Dieser Auffassung scheint jedoch inzwischen überholt zu sein, da sie jegliches kritisches Potential zur Einschränkung des gesetzgeberischen Einschätzungsspielraums vermissen lässt.[427] Dies hängt mit dem Gedanken der Subsidiarität des Strafrechts und der Legitimität von Strafe zusammen.

Nach der Auffassung von Franz von Liszts sind Rechtsgüter die menschlichen Lebensinteressen.[428] Diese Auffassung steht im engen Zusammenhang zu seinem materiellen Verbrechensbegriff und hat erhebliche Bedeutung für die von Liszt befürwortete Herangehensweise bei der Auslegung von Strafgesetzen.

Der Gesetzgeber darf die Schutzwürdigkeit des Eigentums über das freiheitverbundene Allgemeininteresse stellen.[429] Das Eigentum ist jedoch nach allen Rechtsgutskonzeptionen ein legitimes Rechtsgut. Nach der Auffassung des Bundesverfassungsgerichts gehören elementare Gemeinschaftsgüter zum Bereich der legitimen Rechtsgüter des Strafrechts[430]

Welzel argumentierte, dass der Rechtsgüterschutz durch die Gewährleistung der grundlagenden sozialethischen Handlungswerte Aufgabe des Strafrechts

424 „gegen den Willen des Eigentümers oder Berechtigten" für ein gemindertes Nutzungsinteresse, BT-Drucks. 14/8013, S. 7; 15/404, S. 7.

425 Wessels/Hillenkamp, StrR BT 2, Rn. 13a, 13c, 32.

426 Binding, Die Normen und ihre Übertretung, S. 193.

427 Vgl. Hassemer, Theorie und Soziologie des Verbrechens, S. 47f.

428 Liszt, ZStW 1883, 19 (19).

429 SK-Rudolphi, StGB, vor § 1, Rn. 1ff.

430 BVerfGE 90, 145 (201).

ist.[431] Rechtsgüterschutz allein kann den Normtext nicht positiv legitimieren.[432] Ein sich fragmentarisch verstehendes Strafrecht schützt zwar in einer klassischen Konzeption selbtverständlich das Eigentum, aber nicht gegen jede Art von Beeinträchtigung, sondern eben nur gegen spezielle, als besonders gravierend angesehene Eingriffsformen. Das Problem ist also weniger, ob hier überhaupt Eigentumsrechte verletzt wurden, sondern ob die reine Veränderung der äußeren Erscheinung eben auch zu diesen wenigen besonders schlimmen Beeinträchtigungen gehört.

Die gesellschaftliche Problematik kann durch ein kollektives Schutzinteresse bewältigt werden.[433] Die Rechtsgutlehre wird als eine wenig verbindliche Leitlinie für den Gesetzgeber gekennzeichnet.[434] Zugleich ist die personale Rechtsgutslehre dann gegeben, wenn sie sich an einer liberalen Interessenverbindung orientiert.[435] Die personale Rechtsgutlehre verlangt, dass das betreffende Strafgesetz die auf die subjektiven Rechte der Bürger zurückgehenden Rechtsgüter zu schützen hat.[436] Bei kollektiven Rechtsgütern ist es daher erforderlich, dass diese auf die legitimen Einzelinteressen des Bürgers zurückführbar sind. Ein effektiver Individualrechtsschutz gewährleistet, dass das Institut des Eigentums in Deutschland geachtet wird.

Es geht hier auch um die Frage, was der demokratisch legitimierte Gesetzgeber unter Strafe stellen darf. Nur die Tatbestände des BT lassen sich auf die Gewährleistung eines Rechtsguts zurückführen.[437] Das Rechtsgut ist Grundlage aller Tatbestandsbildungen. Der Normtext geht vom Rechtsgut aus. Der Rechtsgutsbegriff lässt sich verstehen als ein allgemeiner sozialer interesseverbundener Ordnungswert. Der Rechtsgutsbegriff wird nicht vom Gesetzgeber festgelegt. Das fragmentarische strafrechtliche Normensystem stellt grundsätzlich also die ultima ratio im Verhältnis zu anderen Rechtsgebieten dar.[438] Die Reichweite des legitimen Rechtsgüterschutzes hängt von der Rechtsgutskonzeption ab.

Das Rechtsgut kann entweder ein Individual- oder ein Gemeinschaftsrechtsgut sein. Das Rechtsgut des Gesetzes ist abhängig von der jeweiligen gesellschaftlichen Wertbegründung.[439] Hierbei bezieht sich der Rechtsgutgegenstand auf

431 Welzel, Das deutsch Strafrecht, S. 5.

432 Vgl. Hassemer, Theorie und Soziologie des Verbrechens, S. 215.

433 Hefendehl, Kollektive Rechtsgüter, S. 76–83ff.

434 NK-Hassemer/Neumann, StGB, vor § 1, Rn. 118.

435 Hinsichtlich der Schutzbedürftigkeit des Opfers und der Strafrechtsdogmatik; NK-Hassemer/Neumann, StGB, vor § 1, Rn. 131 (133).

436 Vgl. Günther, Die Person der personalen Rechtsgutslehre, in: Neumann/Prittwitz, Personale Rechtsgutslehre und Opferorientierung im Strafrecht, S. 15–16.

437 Sch/Sch/Lenckner, StGB, vor §§ 13ff., Rn. 9; Lackner/Kühl, StGB, vor § 13, Rn. 4.

438 Jescheck/Weigend, StR AT, S. 256–257, 52f.

439 Vgl. Hassemer, Theorie und Soziologie des Verbrechens, S. 244.

Werte. Nach dem Rechtsgutbegriff sind alle objektiven und subjektiven Tatbestandsmerkmale zu konkretisieren. Der Rechtsgutbegriff ist eng mit der teleologischen Auslegung verbunden.[440] Bei der Einwilligung in die vorgebrachten Rechtfertigungsgründe sind die Verfügungsrechte über das Rechtsgut notwendige Voraussetzung, die nur bei Individualrechtsgütern gegeben sind.[441] Rechtsgüterschutz bedeutet die Gewährleistung des fragmentarischen Charakters im Strafrecht.[442] Das Eigentum soll nach § 303 StGB gewährleistet werden.[443] Der Schutz des Eigentums begründet aus Art. 14 GG eine Gestaltungsmacht des Eigentümers bezüglich des äußeren Zustandes an der Sache.[444] Der Gesetzgeber hat neue Tatbestände unter Berufung auf schützenswürdige Rechtsgüter entwickelt. Das Rechtsgutskonzept ist zugleich Handlungsauftrag für den Gesetzgeber.

bb) Schützwürdige Rechtsgüter auf Graffitis

Im Rahmen der wissenschaftlichen Diskussion über das Schutzgut des Paragraphen 303 Abs. 2 StGB vertraten Teile der Wissenschaft[445] die These, dass dieser, neben dem Rechtsgut des Eigentums, ein gegenüber § 303 Abs. 1 StGB eigenständiges Rechtsgut sei, nämlich das so genannte Sicherheitsgefühl oder Lebensgefühl der Bevölkerung, schütze.[446] Der Gesetzgeber ist der Auffassung, dass es sich beim unbefugten Sprayen von Graffitis um ein strafwürdiges Unrecht handelt und dass das Sicherheitsgefühl der Bevölkerung sowie die Ästhetik und das Lebensgefühl schutzwürdig sein und bei deren Verletzung der Tatbestand der Sachbeschädigung gegeben sei.[447] Der Gesetzgeber kann die Gesetze ändern, wenn er zu dem Ergebnis kommt, dass diese bei der Verfolgung devianten Verhaltens ineffektiv sind. Es geht um die „Integrität" des Eigentums. Integrität meint aber nicht nur die Substanz und Brauchbarkeit, sondern auch die ästheti-

440 Larenz/Canaris, Methodenlehre, S. 210–216.

441 Jescheck/Weigend, StR AT, S. 380.

442 Roxin, StrR AT, S. 45.

443 Fischer, StGB, § 303, Rn. 20a; Sch/Sch/Stree, StGB, § 303, Rn. 1; Wessels/Hillenkamp, StrR BT 2, Rn. 13a.

444 Wessels/Hillenkamp, StrR BT 2, Rn. 16; Kühl, Die strafrechtliche Erfassung von „Graffiti", in: FS für Weber, S. 413, 421–422.

445 Mogg, Die strafrechtliche Erfassung von Graffiti, S. 66; Hillenkamp, was bewirkt das „Noffiti-Gesetz"?, in: FS für Schwind, S. 927, 941; Satzger, Jura 2006, 428 (429); Kühl, Die strafrechtliche Erfassung von „Graffiti", in: FS für Weber, S. 412–413, 422.

446 BT-Drucks. 15/5317, S. 3–4; 15/404, S. 6–7; 14/8013, S. 6–7.

447 BT-Drucks. 15/5317, S. 3–4; BR-Drucks. 765/01 (Beschluss), S. 2, 4.

sche Integrität.[448] Aus den Angaben von Wessels/Hillenkamp ist zu entnehmen, dass der Gesetzgeber dieser Auffassung folgt. Das Problem des unbefugten Sprayens entstand aus einem umfassenden Schutz des Eigentums und Unrecht der Straftat. Der Gesetzgeber überlegte dass „eine andere Art der Veränderung des Erscheinungsbildes aber nicht ausgeschlossen sei". Graffitis waren nach der Meinung der Rechtsprechung häufig straflos. Das Problem des unbefugten Sprayens entstand auch häufig aus „kostenträchtigen Gutachten".[449] Das Problem des unbefugten Sprayens entstand auch aus der Beeinträchtigung des Erscheinungsbildes von Städten.[450] Das Besprühen und Bemalen privater und öffentlicher Flächen sowie insbesondere der öffentlichen Verkehrsmittel wird als Vorläufer für neue Zerstörungen und Vandalismus angesehen. Zu den Erscheinungsformen des Vandalismus zählen die Beschädigung von Kraftfahrzeugen und öffentlicher Verkehrsmitteln sowie Graffitis. Dies führt neben den Schäden zu einer teilweisen Gefährdung des Sicherheitsgefühls vieler Bürger in den Städten und Gemeinden, weil die in ihnen zu Tage tretende Normüberschreitung für alle deutlich sichtbar ist. Im Interesse des Schutzes von Eigentum und des Sicherheitsgefühls der Bürger, in einem sicheren Staat zu leben, ist es deshalb notwendig, Graffitis entschieden zu bekämpfen. Das Aufbringen von Graffitis durch Sprayer ist eine Sachbeschädigung und damit eine Störung der öffentlichen Sicherheit.[451] Der Schutz vor dem Verfall der öffentlichen Ordnung sei auch erforderlich.[452] Das unbefugte Sprayen verletzt nicht die öffentliche Ordnung. Das durch Ästhetik der äußeren Umgebung beeinflusste Lebensgefühl sei auch schützwürdig.[453] Das unbefugte Sprayen von Graffitis wird deshalb vor allem in Großstädte als problematisch angesehen.

Sie dürfen nicht als Ausdruck der Jugendsubkultur hingenommen werden. Sprayer dürfen ihre Kunstfreiheit nicht ungestraft auf fremdem Eigentum entfalten. Der Gesetzgeber würde daher auf schützwürdige Rechtsgüter bei Graffitis nach §§ 303, 304 StGB reagieren, um der mangelnden Akzeptanz der Straftatbestände der Sachbeschädigungen durch Jugendliche entgegen treten und durch Graffitis die Probleme der Bürger angehen zu können.

---

448 Insoweit: Wessels/Hillenkamp, StrR, BT 2, Rn. 16, der ebenfalls in Übereinstimmung mit Ingelfinger und Kühl, FS für Weber als Rechtsgut die aus dem Eigentum fließende „sachbezogene personale Gestaltungsmacht des Eigentümers bezüglich des äußeren Zustands der Sache" versteht.

449 Die Nachweise bei Wessels/Hillenkamp, StrR BT 2, Rn. 29.

450 BT-Drucks. 15/5317, S. 3–4; 15/404, S. 6–7; 14/8013, S. 6–7; 14/872, S. 4–5; BR-Drucks. 805/98 (Beschluß), S. 2, 4; 765/01 (Beschluss), S. 2.

451 BT-Drucks. 15/5317, S. 3; 15/404, S. 6; 14/8013, S. 6; 14/872, S. 4; 14/546, S. 1; BR-Drucks. 914/02, Begründung, S. 2; 805/98, S. 2; 765/01, Anlage 2, S. 2.

452 BT-Drucks. 15/5317, S. 3; 15/404, S. 6; 15/302, S. 1; 14/8013, S. 6; 14/872, S. 4.

453 BT-Drucks. 15/5317, S. 4; 15/404, S. 7; 14/8013, S. 7; 14/872, S. 4.

Der Rechtsgutgegenstand bezieht sich auf die Schönheit des Erscheinungsbildes in den Städten.[454] Das durch Ästhetik geschaffene Lebensgefühl sei wegen des individuellen Gefühls der Bürger nicht schützwürdig.[455] Die Verwendung zu abstrakter Begriffe beschränke seine Aussagekraft und könne daher die Rechtsunsicherheit erhöhen.[456] § 303 Abs. 2 StGB ist eine nur das Individuum schützende Norm und schützt damit ausschließlich den Eigentümer selbst, nicht aber die Allgemeinheit.[457] Würde man der Konzeption von Binding folgen, dürfte es sich bei dem Sicherheitsgefühl unstreitig um ein Rechtsgut im Sinne des § 303 Abs. 2 StGB handeln, da der Gesetzgeber dies offenbar zusätzlich berücksichtigen wollte.

b) § 304 StGB

§ 304 StGB schützt das öffentliche Interesse an den Gegenständen des § 304 Abs. 1 StGB.[458] Deshalb kommt es dort auf die Fremdheit an der Sache nicht an, so dass – sofern die Voraussetzungen des § 304 StGB gegeben sind – der Eigentümer oder die Eigentümerin wegen des Beschädigens eigener Sachen bestraft werden kann. § 304 Abs. 1 Satz 2 verlangt als Voraussetzung für die Strafbarkeit jedoch, dass das Erscheinungsbild an einer fremden Sache relevant verändert wird. Zudem schützt § 304 StGB das allgemeine Nutzungsinteresse an den unmittelbaren öffentlichen Gegenständen des § 304 Abs. 1 StGB.[459] Grabmäler, Denkmäler und Gegenstände der Kunst oder des Gewerbes und öffentliche Gegenstände werden häufig verunstaltet, beschmiert oder durch Graffitis verändert. Zu den öffentlichen Gegenständen zählen z.B. Straßen, Straßenbeleutungen, Gebäude, Passagen, Bahnhöfe, Unterführungen, Brücken, öffentliche Verkehrsmittel, Verkehrszeichen, Verkehrssignalanlagen, Haltestellen des öffentlichen Personennahverkehrs, Zerstörung von Parkanlagen u.a. Durch § 304 Abs. 2 StGB können nunmehr insbesondere im öffentlichen Verkehrsraum Sprayer strafrechtlich verfolgt werden, ohne dass man ihnen Substanzverletzung nachweisen muss. Straftatbestandsmerkmale müssen nach § 304 Abs. 2 StGB gege-

---

454 Merrson, NZM 1999, S. 447 (448).

455 Mogg, Die strafrechtliche Erfassung von Graffiti, S. 66; Kühl, Die strafrechtliche Erfassung von „Graffiti“, in: FS für Weber, S. 413, 422; Satzger, Jura 2006, 428 (429).

456 Braum, KJ 2000, 35 (42f.).

457 Mogg, Die strafrechtliche Erfassung von Graffiti, S. 66; Satzger, Jura 2006, 428 (429); Kühl, Die strafrechtliche Erfassung von „Graffiti“, in: FS für Weber, S. 413, 422.

458 LK-Wolff, StGB, § 304, Rn. 1.

459 Sch/Sch/Sch, StGB, § 304, Rn. 1; Lackner/Kühl, StGB, § 304, Rn. 1; Fischer, StGB, § 304, Rn. 2; SK-Hoyer, StGB, § 304, Rn. 2; MK-Wieck-Noodt, StGB, § 304, Rn. 1; NK-Zaczyk, StGB, § 304, Rn. 1.

ben sein, so dass auch eine erhebliche Veränderung nicht ausreichend, wenn sie vorübergehende Natur ist.

Gräber werden beschädigt und Grabsteine beschmiert. Darüber hinaus werden Metallgegenstände wie Grabkreuze, heilige Figuren und ähnliche Gegenstände aus der Grabverankerung herausgebrochen und verkauft. Wer diese Gegenstände beschädigt, zerstört oder entwendet, missachtet nicht nur den Achtungsanspruch des Verstorbenen, sondern auch das Pietätsgefühl der Allgemeinheit. Der strafrechtliche Schutz dieser Gegenstände wird in Teilen der Bürger als unzureichend empfunden.

Die Strafbarkeit wegen Störung der Totenruhe scheidet an der Beschädigung oder Zerstörung von Teilen eines Grabes aus, wenn die Beschädigung sich allein auf die Beisetzungsstätte und nicht auch auf den Leichnam des Verstorbenen betrifft. Es handelt sich um ein eigenständiges Delikt gegen die Interessen der Allgemeinheit und solche Ahndung nicht von einem Strafantrag abhängig ist.[460] Die bloße Beschädigung eines Grabmals wird zumindest von Seiten der Angehörigen als Störung der Totenruhe empfunden. Es handelt sich auch um ein eigenständiges Delikt, das gegen die Interessen der Allgemeinheit gerichtet ist und das die Interessen der öffentlichen Rechtssicherheit und das subjektive Gefühl der Bürger von Freiheit schützt. Die Beschädigung oder Zerstörung von Gräbern kann nach § 304 StGB zwar mit der Freiheitsstrafe bis zu drei Jahren oder Geldstrafe intensiver bestraft werden als eine Sachbeschädigung nach § 303 StGB mit Freiheitsstrafe bis zu zwei Jahren oder Geldstrafe. § 304 StGB schütze nicht das Eigentum, sondern das allgemeine Erhaltungs- und Nutzungsinteresse an den im Tatbestand des § 304 Abs. 1 StGB aufgeführten Gegenständen.[461] Eine Sache, die nur die Tätigkeit von Personen bei der Durchführung ihrer öffentlichen Aufgaben erleichtert, oder ermöglicht, kommt den Bürgern nicht unmittelbar zugute. Feuermelder sind beispielsweise eine allgemein nutzbare Sache. Ein Interesse der Allgemeinheit besteht darin, dass die Beschädigungen an der in § 304 StGB bezeichneten Sache in Zukunft unterbleiben. Ob eine Sache, dem Nutzen der Allgemeinheit, richtet sich danach, worauf das Schwergewicht zu legen ist.

4. Strafrahmen

Die angedrohte Strafe müsse in einem gerechten Verhältnis zur Straftat und zu dem Verschulden der Täter stehen. Das Schuldprinzip begründet die Strafe.[462]

460 Wessels/Hillenkamp, StrR BT 2, Rn. 49.

461 Rengier, StrR BT I, § 25, Rn. 3; Fischer, StGB, § 304, Rn. 2; Sch/Sch/Stree/Hecker, StGB, § 304, Rn.1.

462 Kaufmann, FS für Lange, S. 32.

Das Schuldprinzip hat eine zentrale Bedeutung für die Strafe.[463] Die §§ 303, 304 StGB wurden mit der kriminalpolitischen Notwendigkeit begründet. § 303 Abs. 1 StGB geht von einer Freiheitsstrafe bis zu zwei Jahren oder von einer Geldstrafe aus. § 304 Abs. 1 StGB lässt eine Freiheitsstrafe bis zu drei Jahren oder eine Geldstrafe zu.[464] Der Strafrahmen ist auch nach der Gesetzesänderung im Jahre 2005 gleich geblieben.

II. Zu den einzelnen Tatbestandmerkmalen des § 303 Abs. 2 StGB

Der Straftatbestand der Sachbeschädigung wurde stark erweitert.[465] Eine Sachbeschädigung im Sinne des § 303 Abs. 2 StGB setzt eine unbefugte, nicht nur unerhebliche und nicht nur vorübergehende Veränderung des Erscheinungsbildes einer fremden Sache voraus. Nachfolgend soll untersucht werden, welche Verhaltensweisen vom Straftatbestand der Sachbeschädigung erfasst werden und welche nicht nur unerheblichen und nicht nur vorübergehenden Veränderungen im Erscheinungsbildes einer fremden Sache nicht mehr den Straftatbestand der Sachbeschädigung erfüllen und damit straflos bleiben.

1. Tatobjekt „fremde Sache“

Der Begriff „Sache“ hat die gleiche Bedeutung wie bei § 242 StGB.[466] Das Gleiche gilt für das Merkmal der Fremdheit.

2. Tathandlung „Veränderung des Erscheinungsbildes“

Der Gesetzgeber wollte den Tatbestand der Sachbeschädigung auf strafwürdiges Unrecht beschränken.[467] Damit wird der Tatbestand der Sachbeschädigung nicht erfasst, wenn das Verändern des Erscheinungsbildes nur unerheblich und vorübergehend ist.[468] Der Gesetzgeber hat in den neuen § 303 Abs. 2 StGB das

463 Roxin, StrR AT, S. 93.
464 BT-Drucks. 15/5313, S. 2.
465 Thoss, StV 2006, 160 (160); Fischer, StGB, § 303, Rn. 18a; Krüger, NJ 2006, 247 (247).
466 Sch/Sch/Sch, StGB, StGB, § 303, Rn. 3.
467 OLG Jena, NJW 2008, 776 (776).
468 BT-Drucks. 15/5313, S. 3.

Merkmal der unbefugten, nicht nur unerheblichen und nicht nur vorübergehenden Veränderung des Erscheinungsbildes eingefügt, womit zum Ausdruck kommt, dass diese Eingrenzung der Tathandlung selbst eben nicht sinnvoll erscheint, sondern aus Billigkeitsgründen bzw. der Subsidiarität des Strafrechts oder des fragmentarischen Charakters des Strafrechts herangezogen wird.

a) Veränderung des Erscheinungsbildes

aa) Hintergrund

Vor der Änderung des § 303 StGB war die Feststellung einer Sachbeschädigung problematisch, wenn Graffitis regelmäßig nicht mit einer Substanzverletzung durch die Reinigungsarbeiten oder einer Brauchbarkeitsminderung der Sache verbunden sind. Der Gesetzgeber wollte durch das Graffiti-Bekämpfungsgesetz Graffitis unter dem Straftatbestand der Sachbeschädigung erfassen.[469]

Die Strafbarkeit des unbefugten Sprayens von Graffitis wurde allerdings abgelehnt. Begründet wurden die Entscheidungen damit, dass es durch das Sprayen zu keiner, für den Tatbestand der Sachbeschädigung notwendige Substanzverletzung komme.[470] § 303 Abs. 1 StGB erfasst aber nicht bloße äußere Veränderungen.[471] Die Strafbarkeit wurde bei Veränderung des äußeren Erscheinungsbildes, so z.B. bei einem Denkmal oder einem anderen Kunstwerk, ausnahmsweise gesetzlich verankert.[472]

Graffitis erfüllen den Straftatbestand der Sachbeschädigung[473] und Sachbeschädigungen führen durch die äußere Veränderung des Aussehens der Sache zu einer Beeinträchtigung des Gestaltungswillens des Eigentümers.[474] Graffitis waren nur unzureichend als Straftat von der alten Gesetzesfassung erfasst. Eine Beschädigung sei nicht klar erkennbar, wenn das Objekt sowohl bemahlt, als auch beschmutzt worden sei.[475] Der Gesetzgeber hat die bisherigen Maßnahmen bei dem unbefugten Sprayen von Graffitis als unbefriedigend angesehen, wenn

---

469 Kudlich, JA 2005, 912 (912); Krüger, NJ 2006, 247 (247); Sch/Sch/Sch, StGB, § 303, Rn. 13.

470 OLG Dresden, NJW 2004, 2843 (2843).

471 OLG Karlsruhe, StV 1999, 544 (544); HansOLG Hamburg, StV 1999, 544 (544); OLG Düsseldorf, NJW 1993, 869 (869); OLG Frankfurt, NJW 1990, 2007 (2007).

472 RGSt 43, 204 (205); BGHSt 29, 129 (129).

473 OLG Dresden, NJW 2004, 2843 (2843); OLG Karlsruhe, StV 1999, 544 (544); HansOLG Hamburg, StV 1999, 544 (544).

474 Gössel, JR 1980, 184 (184); Dölling, NJW 1981, 207 (208); Momsen, JR 2000, 172 (174); Sch/Sch/Sch, StGB 2006, § 303, Rn. 8c.

475 Wolf, Graffiti als kriminologisches und strafrechtsdogmatisches Problem, S. 206–208, 212.

das äußere Erscheinungsbild an der Sache, entgegen dem Eigentümerswillen verändert wird.

Der Gesetzgeber hat ästhetische Begriffe – wie den Begriff des Verunstaltens – bewusst vermieden, weil er der Meinung ist, dass auch unbefugte „Verschönerungen" nach § 303 Abs. 2 StGB strafbar sein sollen.[476] Die Substanzverletzung durch den Reinigungsvorgang führt zu den bereits beschriebenen Schwierigkeiten bei der Erfolgsermittlung. Es gab Schwierigkeiten bei den Feststellungen substanzieller Veränderungen durch das unbefugte Sprayen von Graffitis und wegen der Notwendigkeit kostenträchtiger Gutachten.[477] Diese Problematik wollte der Gesetzgeber durch den § 303 Abs. 2 StGB beseitigen. Das Hauptaugenmerk des Gesetzgebers bei seiner Entscheidung, den Straftatbestand der Sachbeschädigung durch die Einfügung eines neuen Absatzes zu ergänzen war der Wunsch, die Eigentümerinteressen zu stärken, zu denen der Gesetzgeber auch den Willen der Eigentümer zählte, über das Aussehen ihrer Sachen allein bestimmen zu können.[478] Vor diesem Hintergrund lässt sich eine Begrenzung des Straftatbestands der Sachbeschädigung hier sicherlich vertreten, weil man unter dem Paragraphen 303 Abs. 1 StGB nur noch Fälle der durch die ursprüngliche Tathandlung verursachten Substanzverletzungen und Brauchbarkeitsminderungen erfasst.[479]

bb) Darstellung des Wortlauts

Das Verändern des Erscheinungsbildes findet man in den Denkmalschutzgesetzen der Länder Berlin § 11 Abs. 1, Brandenburg § 9 Abs. 1, Bayern § 6 Abs. 1, Nordrhein-Westfalen § 9 Abs. 1, Schleswig-Holstein § 9 Abs. 1, Saarland § 12, Sachsen § 12 Abs. 1, Sachsen-Anhalt § 14 Abs. 1, Thüringen § 13 Abs. 1, Niedersachsen § 10 Abs. 1, Baden-Württemberg § 8 Abs. 1. Eine unmittelbare Einwirkung auf die Sache ist nach den Denkmalschutzgesetzen nicht unbedingt erforderlich.[480] Das Verändern des Erscheinungsbildes findet man auch in der Graffiti-Verordnung nach dem 39. Strafrechtsänderungsgesetz.[481] Das Landes-

476 BT-Drucks. 15/5313, S. 3.

477 BT-Drucks. 15/5313, S. 1; 15/5702 von 15.06.2005, Beschlussangaben von Rechtsausschusses, S. 2.

478 BT-Drucks. 15/5313, S. 1.

479 OLG Dresden, NJW 2004, 2843 (2843); OLG Karlsruhe, StV 1999, 544 (544); HansOLG Hamburg, StV 1999, 544 (544).

480 Wolf, Graffiti als kriminologisches und strafrechtsdogmatisches Problem, S. 218–219.

481 Vgl. 4. Kapitel, III, 4.

verwaltungsamt des Landes Schleswig-Holstein hat die folgende Verordnung erlassen.[482]

§ 1 Verbot der Veränderung des Erscheinungsbildes einer Sache
„Es ist verboten, unbefugt das Erscheinungsbild einer fremden Sache gegen den Willen des Berechtigten durch die Aufbringung von Farbe, oder anderen Substanz, oder die Anbringung von Gegenständen zu verändern".

§ 2 Ordnungswidrigkeiten
(1) „Ordnungswidrig im Sinne des § 175 Absatz 3 des Landesverwaltungsgesetzes handelt, wer vorsätzlich engegen § 1 unbefugt das Erscheinungsbild einer fremden Sache gegen den Willen des Berechtigten verändert, soweit die Tat nicht nach § 303 Absatz 1 oder § 304 Absatz 1 des Strafgesetzbuches mit Strafe bedroht ist".
(2) „Die Ordnungswidrigkeit kann mit einer Geldbuße bis zu fünftausend Euro geahndet werden".

Eine rechtliche Grundlage für das Verändern des Erscheinungsbildes bei dem unbefugten Sprayen von Graffitis wurde trotz des Strafrechtsänderungsgesetzes nach §§ 303, 304 StGB eingeführt. Verstöße werden mit Bußgeld geahndet.

Das „Erscheinungsbild" einer Sache wird als ihr Aussehen gekennzeichnet.[483] Das „Erscheinungsbild" wird durch Farbe, Oberflächenbeschaffenheit und Form geprägt.[484] Das Verändern wird als Ablauf oder Verlauf eines Wechselprozesses im Rahmen der benötigten Zeiteinheit definiert.[485] Das Verändern des Erscheinungsbildes an der Sache wird in § 303 Abs. 2 StGB als jede Form des Umgestaltens vom bisherigen äußeren Zustand gekennzeichnet.[486] Das Verändern des Erscheinungsbildes soll „nicht nur nachteilige, sondern auch sachverbessernde Maßnahmen" erfassen.[487] Das Verändern des Erscheinungsbildes beinhaltet ein optisches, oder wahrnehmbares Versetzen in einen anderen Zustand.[488] Die Beschreibung des Erscheinungsbildes sollte nicht nur auf Änderungen der Oberflächenbeschaffenheit und Form der Sache beschränkt werden.[489]

482 Schleswig-Holsteinischer Landtag, 15 Wahlperiode, Drucks. 15/2446 am 03.02.2006.
483 http://de.wikipedia.org/wiki/Erscheinungsbild.
484 LK-Wolff, StGB, § 303, Rn. 28.
485 http://de.wikipedia.org/wiki/Veränderung.
486 OLG Jena, NJW 2008, 776 (776); SK-Hoyer, StGB, § 303, Rn. 20.
487 Mogg, Die strafrechtliche Erfassung, S. 88.
488 Maron, Das 39. Strafrechtsänderungsgesetz, S. 173.
489 BT-Drucks. 15/5313, S. 3.

cc) Übertragbarkeit des Wortlauts

Fall: Ein Künstler geht eines Tages in die Kunsthalle Bielefeld und bemalt ein Bild des berühmten Malers Pablo Picasso mit Wasserfarbe. Die Wasserfarbe bildet rückstandlos an dessen Öloberfläche Tropfen. Durch die Feuchtigkeit der Farbe verändert sich das Erscheinungsbild.

Die „Veränderung des Erscheinungsbildes" sei eine nicht unmittelbare Einwirkung an der Sache.[490] Die „Veränderung des Erscheinungsbildes" sei eine optische Abweichung vom ursprünglichen Zustand durch die visuell wahrnehmbaren Spuren.[491] Von einer „Veränderung des Erscheinungsbildes" werde ausgegangen, wenn eine Abweichung vom ursprünglichen Erscheinungsbild gegeben sei.[492] Das Verändern des Erscheinungsbildes nach § 303 Abs. 2 StGB bedeutet nicht nur eine unmittelbare körperliche Einwirkung auf die Substanz der Sache.[493] Das Verändern des Erscheinungsbildes bedeutet ein Abändern des bestehenden optischen Zustands der Sache.[494] Es geht um die Intensität des Eingriffs und die zeitliche Dauer des Eingriffs an der Sache.[495] Dieses stellt auf den optischen Eindruck, der durch die Oberfläche an der Sache beim Betrachter erzeugt wird, ab. Insoweit immer eine unmittelbare Einwirkung an der Sache selbst gefordert wird, wird der Begriff „Verändern" des Erscheinungsbildes dabei „den Erfolg einer Abweichung des Erscheinungsbildes vom ursprünglichen" Zustand verstanden.[496] „Liegt keine Einwirkung auf die Sache oder den Gegenstand vor, wird in der Regel von einer nur unerheblichen, nicht dauerhaften und damit vom Tatbestand nicht erfassten Veränderung auszugehen sein". „Eine unerhebliche Veränderung ist aber dennoch eine „Veränderung", sodass zunächst festgehalten werden kann, dass die Einschränkung des Tatbestands nicht auf der Ebene der Tathandlung geschehen soll. Eine nur mittelbare Einwirkung auf die Sache ist somit eine Veränderung im Sinne des § 303 Abs. 2 StGB. Ferner finden sich auch keine Anhaltspunkte dafür, dass das Erscheinungsbild der Sache nicht auch fernere Umstände als die Substanz bzw. Oberfläche erfasst".[497] Es kann auch eine Behinderung der Erscheinung oder schon das Verhindern der optischen Wahrnehmung erfasst sein. Darunter fällt das Aufhängen von Wäsche auf dem

490 Satzger, Jura 2006, 428 (435).

491 Wüstenhagen/Pfab, StraFo 2006, 192 (192).

492 Fischer, StGB, § 303, Rn. 18.

493 Thoss, StV 2006, 160 (160); Krüger, NJ 2006, 247 (248); Wüstenhagen/Pfab, StraFo 2006, 190 (192); Schuhr, JA 2009, 169 (170).

494 Wessels/Hillenkamp, StrR BT2, Rn. 37.

495 Satzger, Jura 2006, 428 (435).

496 Fischer, StGB, § 303, Rn. 18.

497 LK-Wolff, StGB, § 303, Rn. 28.

Balkon eines Wohnhauses, das Anbringen von Spruchbändern an Fassaden, Bemalungen, Plakatieren, Verschmutzungen oder Tapezieren.[498] Solche Handlungen sind zwar nicht mehr vom Straftatbestand der Sachbeschädigung erfasst, weil sie unerheblich bzw. nur vorübergehend sind, nicht aber weil sie nicht das Erscheinungsbild an der Sache betreffen. Die direkte Umgebung der Sache wird vom Begriff des Erscheinungsbildes erfasst.[499] Es lassen sich auch hier keine Einschränkungen im Hinblick auf den Wortlaut finden, da es aber nach dem Wortlaut der Norm um das „Erscheinungsbild" geht, würde z.B. das Verstimmen eines Instruments nicht hierunter fallen. Eine Substanzverletzung, die unter § 303 Abs. 1 StGB fällt, ist nicht notwendigerweise gegeben.[500] Das Verändern des Erscheinungsbildes bedeute nicht nur eine Veränderung der Oberfläche und Form durch eine unmittelbare Einwirkung, sondern auch eine Beeinträchtigung an der Sache durch das Hinzufügen von Gegenständen.[501] Die vorliegende Veränderung des Erscheinungsbildes wird aus seiner Beziehung zur Umwelt bestimmt.[502] Dieses wird durch eine unmittelbare Einwirkung auf die Sache verlangt.[503] Es kommt nicht darauf an, ob sich durch die Veränderung das Erscheinungsbild verschlechtert oder verbessert.[504] Damit beinhaltet das Verändern des Erscheinungsbildes auch das Sprayen eines Starkstromkastens mit Farbe.[505]

Durch die Einführung der Handlungsform der Veränderung des Erscheinungsbildes der Sache wird strafrechtlicher Eigentumsschutz auf die Entscheidungsmacht über das Aussehen der jeweiligen Sachen des Eigentümers ausgeweitet.[506] Damit wird eine Erweiterung der Strafbarkeit vorgenommen, die es ermöglicht, auch in Fällen eine Strafbarkeit zu begründen, in denen es nicht zu einer Substanzverletzung bei der Sache kommt.[507] Dies ist beispielsweise auch in Fällen einer vertragswidrigen Renovierung einer Wohnung durch Tapezieren oder Streichen denkbar, in denen es nicht zu einer Substanzverletzung kommt.[508] Durch solche Handlungen wird nichts an ihrer Oberfläche oder in ihrer Form verändert. Eine unmittelbare Einwirkung auf die Wohnung ist selbst nicht gegeben. Es verändert das Erscheinungsbild der Sache, die die Sache nur mittelbar

---

498 Fischer, StGB, § 303, Rn. 18a, 19; MK-Wieck-Noodt, StGB, § 303, Rn. 54f.

499 LK-Wolff, StGB, § 303, Rn. 28.

500 BT-Drucks. 15/5313, S. 3.

501 OLG Jena, NJW 2008, 776 (776).

502 Fischer, StGB, § 303, Rn. 18a.

503 Satzger, Jura 2006, 435 (435); Wessels/Hillenkamp, StrR BT2, Rn. 38; OLG Jena, NJW 2008, 776 (776).

504 MK-Wieck-Noodt, StGB, § 303, Rn. 54; Wessels/Hillenkamp, StrR BT2, Rn. 37.

505 OLG Jena, NJW 2008, 776 (776).

506 Krüger, NJ 2006, 247 (248).

507 Satzger, Jura 2006, 428 (435).

508 Fischer, StGB, § 303, Rn. 19.

betreffen und insoweit z.B. nur ihre Umgebung umgestalten.[509] Unter der Veränderung des Erscheinungsbildes nach § 303 Abs. 2 StGB versteht man jede Handlung, die das Erscheinungsbild der Sache umgestaltet.[510] Das Bild wird, wie es nach außen in Erscheinung tritt, zwar durch die Feuchtigkeit der Farbe verändert, aber dies betrifft vielmehr die Frage nach der Erheblichkeit oder Dauer der Veränderung des Erscheinungsbildes.

b) Nicht nur unerheblich

aa) Darstellung des Wortlauts

Die Strafbarkeit ist dann nur gegeben, wenn Veränderungen des Erscheinungsbildes nicht nur unerheblich sind. Eine Einschränkung auf erhebliche Veränderungen soll dazu dienen, den Straftatbestand auf „strafwürdiges Unrecht" einzugrenzen.[511] Der Wortlaut „unerheblich" bedeutet nach dem Wortlaut „nicht erheblich", „bedeutungslos, belanglos, gering(fügig), kaum sichtbar/spürbar, klein, minimal, nicht der Rede Wert, nicht ins Gewicht fallend, nicht nennenswert, unbedeutend, unbeträchtlich, unwichtig, verschwindend, von geringem Ausmaß, wenig".[512]

Der Ausschluss unerheblicher Veränderungen des Erscheinungsbildes setzt die erforderliche Intensität der Veränderungen des Erscheinungsbildes voraus.[513] Der Wortlaut „nicht nur unerheblich" sei überflüssig, weil § 303 Abs. 1 StGB die ungeschriebene Einschränkung besitzt.[514] „Erheblich" bedeutet „signifikant, bedeutend, bemerkenswert, beträchtlich, deutlich, erkennbar, gehörig, gewichtig, sichtbar, wesentlich, wichtig".[515] Erheblich bedeutet stark ins ins Gewicht fallend, oder bedeutend, oder schwerwiegend durch eine starke Intensität des Eingriffs. Die Erheblichkeit nach § 303 Abs. 1 StGB und Unerheblichkeit nach § 303 Abs. 2 StGB sind bedeutungslos.[516] „Erheblich" und „Unerheblich" sollen strafunwürdige Tathandlungen aus dem Tatbestand herausnehmen.[517]

Ist ein ein Meter langes Graffiti auf einem Öltanker mit 300 Meter Länge erheblich oder unerheblich? Wie ist es, wenn das Schiff nur 100 Meter lang ist?

---

509 BT-Drucks. 15/5313, S. 3.

510 Maron, Das 39. Strafrechtsänderungsgesetz, S. 168–169.

511 BT-Drucks. 15/5313, S. 3.

512 www.duden.de//rechtschreibung/unerheblich.

513 SK-Hoyer, StGB, § 303, Rn. 20; Satzger, Jura 2006, 435 (435).

514 Lackner/Kühl, StGB, § 303, Rn. 7c.

515 www.duden.de//rechtschreibung/erheblich.

516 Krüger, NJ 2006, 247 (249).

517 Mogg, Die strafrechtliche Erfassung von Graffiti, S. 141–142.

Der weite Begriff der Veränderung des Erscheinungsbildes muss deshalb noch auf das Bestimmtheitsgebot und auf strafwürdiges Unrecht beschränkt und somit enger ausgelegt werden. So handelt es sich bei dem im Rahmen des Gesetzgebungsverfahrens diskutierten unerlaubten Aufhängen von Wäsche auf dem Balkon nicht um strafwürdiges Unrecht.[518] Hierdurch wird nicht die Sache selbst, sondern lediglich ihre Beziehung zur Umwelt verändert. Erheblich sind alle Einwirkungen auf die Sache.[519] Erheblich sind Eingriffe durch stärkere Intensität.[520] „Nicht nur unerheblich" bedeutet eine nicht nur geringe Änderung durch eine gewisse Intensität des Eingriffs. Das Aufhängen von Wäsche auf einem Balkon, oder das Anbringen eines Spruchbands seien keine erhebliche Veränderungen des Erscheinungsbildes.[521]

bb) Übertragbarkeit des Wortlauts

aaa) Bezug auf die unmittelbare Einwirkung auf Substanz an der Sache

Fall: Der Sprayer bemalt einen Wagen eines Eisenbahnzugs mit Parolen. Dieser Wagen war von der Deutschen Bahn AG mit aufgeklebten Folien geschützt worden, so dass sich die Farbe nicht mit der Folie verbindet. Die Farbe des Sprayers kann deshalb durch ein geeignetes Reinigungsmittel abgewaschen werden.

Als „Nicht nur unerheblich" gilt ein Verändern des Erscheinungsbildes mit unmittelbarer Substanzeinwirkung.[522] Beim Nichtvorhandensein einer Einwirkung an der Sache, erfüllen unerhebliche Veränderungen des Erscheinungsbildes nicht den Straftatbestand der Sachbeschädigung.[523] Es gibt Fälle, in denen eine Hauswand für eine Lichtprojektion benutzt wird. Hier ist nur von einer unerheblichen Veränderung des Erscheinungsbildes auszugehen.[524] Auch das Anbringen eines Spruchbandes und das Aufhängen von Wäsche gelten als eine unerhebliche Veränderung des Erscheinungsbildes.[525] Wegen des Mangels an der unmittelbaren Einwirkung der Sache wird hier nicht den Tatbestand der Sachbeschädigung erfasst. Hingegen würde der Mieter, der seine Wohnung tapeziert, theoretisch unter den Straftatbestand fallen. Fischer stellt allerdings darauf ab, ob auf die

518 BT-Drucks. 15/5313, S. 3.

519 Fischer, StGB, § 303, Rn. 18a, 19.

520 Maron, Das 39. Strafrechtsänderungsgesetz, S. 180.

521 LK-Wolff, StGB, § 303, Rn. 30.

522 Fischer, StGB, § 303, Rn. 19; Kreß/Baenisch, JA 2006, 709 (709); BT-Drucks. 15/5131, S. 3.

523 OLG Jena, NJW 2008, 776 (776); LK-Wolff, StGB, § 303, Rn. 30.

524 Satzger, Jura 2006, 435 (435).

525 BT-Drucks. 15/5313, S. 3.

Substanz der Sache selbst eingewirkt wird, oder nicht.[526] Es kommt nicht auf die Substanzverletzung, sondern auf die Einwirkung auf die Substanz an.[527] In der Regel sind nur die Veränderungen erheblich, bei denen unmittelbar auf die Substanz der Sache eingewirkt wird, wie dies bei Graffitis der Fall ist.[528] Bei der Erheblichkeit in § 303 Abs. 2 StGB geht es darum, ob der Täter die Optik der Sache „nicht nur unerheblich" verändert hat, weder um die Substanzverletzung noch um den Entfernungsaufwand (Dauerhaftigkeit), sondern nur um die Frage, ob die Sache nach der Tat erheblich anders aussieht als zuvor.

bbb) Bezug auf den Umständen des Einzelfalls

Nicht nur unerheblich stellt auf die Schadenshöhe ab.[529] Nicht jeder kleine Tag auf einer riesigen, kahlen Betonwand muss erheblich sein. „Nicht unerheblich" beinhaltet eine Restriktion.[530] „Nicht nur Unerheblich" stellt auf die Umstände des Einzelfalls ab.[531] „Nicht nur unerheblich" stellt auf eine „Größenrelation" ab. „Nicht nur unerheblich" ist eine Wirkung des Erscheinungsbildes nach Art, Größe und Farbe des hinzugefügten Gegenständes und der Veränderung, in Relation zum Gesamtgegenstand nach Art, Größe und Farbe an der Sache.[532] Nicht nur unerheblich ist ein geschriebenes ergänzendes Tatbestandsmerkmal des § 303 Abs. 2 StGB.[533] Denn wenn das Merkmal der Erheblichkeit nur auf die Schadenzufügung des individuellen Eigentums bezogen wird, kann diese nicht von den Größen der Graffitis abhängig gemacht werden. § 303 Abs. 2 StGB wird von § 303 Abs. 1 StGB verdrängt, soweit eine an sich eingetretene Substanzverletzung eine Veränderung des Erscheinungsbildes hervorruft.[534] Das OLG Jena hat auch den § 303 Abs. 2 StGB durch hinzugefügte Gegenstände bei dem Aufbringen von „Tags" auf Starkstromkasten als unerhebliche Veränderung des Erscheinungsbildes verneint.[535] Die Bezeichnung „nicht nur unerheblich" bezieht sich hier nur auf die Optik. Es stellt sich also die Frage, ob das Merkmal „nicht nur

526 Fischer, StGB, § 303, Rn. 19; Kritisch zur Begrenzungswirkung des Merkmals: Thoss, StV 2006, 160 (160).

527 Heinrich, Die Sachbeschädigung als unmittelbare Nutzungsbeeinträchtigung, in: FS für Otto, S. 577, 592.

528 BT-Drucks. 15/5313, S. 3.

529 Wüstenhagen/Pfab, StraFo 2006, 190 (193); Dies ließt sich bei Fischer, 2009, § 303, Rn. 19 unter Bezugsnahme auf die Gesetzesmaterialien anders.

530 Thoss, StV 2006, 160 (162).

531 MK-Wieck-Noodt, StGB, § 303, Rn. 56.

532 Mogg, Die strafrechtliche Erfassung von Graffiti, S. 140, 159.

533 Satzger, Jura 2006, 428 (433); a.A. Thoss, StV 2006, 160 (161).

534 KG, NStZ 2007, 223 (224).

535 OLG Jena, NJW 2008, 776 (776).

unerheblich" zu einer wirklichen Einschränkung des Tatbestands führt, oder ob dieses Merkmal nicht nur eine bloße „Placebo-Funktion" erfüllt, um die Kritik an dem neuen Tatbestand zu entkräften.

ccc) Bezug auf die optische Wahrnehmung unter besonderen Bedingungen

„Nicht nur unerheblich" stellt auf die optische Wahrnehmbarkeit ab.[536] Relevant sei nur die optische Wahrnehmung aus einer stofflichen Einwirkung auf die Sache. Unerhebliche Veränderungen seien gegeben, wenn es völlig unauffällig bleibt. Die Häuserwände werden schon durch die spätere Entfernung des Lacks- oder Farbanstrichs nicht unerheblich in Mitleidenschaft gezogen. Die Einwirkung der Farbsubstanzen aus Sprühdosen auf den Untergrund bedarf besonderer Lösungsmittel, um solche Farbe zu entfernen. Es geht um die zeitliche Intensität des Eingriffs, wenn sich die Farbe nicht vollständig beseitigen lässt, oder die Lösungsmittel das zugrunde bleibende Material angegriffen haben. Jede Veränderung des Erscheinungsbildes durch Graffitis und deren Einwirkung auf die Substanz ist also nicht nur unerheblich.[537] Alle Bagatelltaten müssen aus dem Wortlaut „nicht nur unerheblich" des § 303 Abs. 2 StGB herausfallen. Unerheblich ist das Anbringen eines winzigen „Tags" an einer Hauswand, Lichtprojektionen an fremden Hauswänden für Filme oder Reklame, oder das Überkleben mit Plakaten, sofern diese rückstandsfrei und ohne spezielle Lösungsmitteln beseitigt werden können.[538] Für die Frage der Erheblichkeit der Veränderung des Aussehens kann es eigentlich auf die Substanzeinwirkung nicht ankommen. Die Frage der Entfernbarkeit betrifft eher die Dauerhaftigkeit. Das Tatbestandsmerkmal ist nicht viel mehr als ein Placebo.

c) Nicht nur vorübergehend

aa) Darstellung des Wortlauts

Die Veränderung des Erscheinungsbildes ist auch strafbar, wenn diese nicht nur von vorübergehender Dauer ist. „Vorübergehend" bedeutet „nur zeitweilig, nur eine gewisse Zeit dauernd; momentan".[539] Eine vorübergehende Veränderung des

536 Wüstenhagen/Pfab, StraFo 2006, 190 (193); Kudlich, JA 2005, 912 (912); Eisenschmid, NJW 2005, 3033 (3035).

537 SK-Hoyer, StGB, § 303, Rn. 20, 21.

538 LK-Wolff, StGB, § 303, Rn. 30; MK-Wieck-Noodt, StGB, § 303, Rn. 57; Satzger, Jura 2006, 435 (435); Wessels/Hillenkamp, StrR BT2, Rn. 39.

539 www.duden.de//rechtschreibung/vorübergehend.

Erscheinungsbildes liegt vor, wenn sie ohne nennenswerten Aufwand an Kosten oder Zeit und Bemühung wieder behebbar sei.[540] „Nicht nur vorübergehend" bedeute eine Zusammenwirkung aus der Intensität des Substanzeingriffs und dem zeitlichen Element.[541] „Nicht nur vorübergehend" bedeute keine temporäre Dauerhaftigkeit. Nur vorübergehend beschreibt eine zeitliche kurze Dauer. Alles was ohne weiteres abwaschbar ist, führt nicht zu einer Strafbarkeit.

bb) Übertragbarkeit des Wortlauts

aaa) Bezug auf den Entfernungsaufwand

„Nicht nur vorübergehend" sind solche Veränderungen, „die ohne Aufwand binnen kurzer Zeit von selbst wieder vergehen oder entfernt werden können".[542] Sie benötigen entweder keinen Entfernungsaufwand, oder keinen Aufwand an Zeit und Bemühung, weil der Aufwand wesentlich durch die Säuberungsmittel und –techniken bestimmt wird. Unter dem Wortlaut „ohne Aufwand" versteht man „ohne nennenswerten Aufwand". Der Gesetzgeber hat den Bezug zum Entfernungsaufwand „nicht nur vorübergehend" genommen. „Nicht nur vorübergehend" ist eine solche Veränderung, die nicht „binnen kurzen von selbst wieder verschwindet oder risikolos und ohne nennenswerten Aufwand an Zeit, Kosten und Know-how wieder zum Verschwinden gebracht wird". Der Täter erfülle nicht den Tatbestand des § 303 Abs. 2 StGB, wenn er das unerlaubte Risiko wieder gleichzeitig entferne.[543] Dies würde gegen den Wortlaut „nicht nur vorübergehend" verstoßen.[544] Die Reinigungsarbeit wird häufig als eine Indizwirkung für eine Bemühung gekennzeichnet, wenn die Veränderung des Erscheinungsbildes mit einfachen Mitteln nicht entfernt werden kann.[545] Diese betrifft höchstens die zeitliche Dauerhaftigkeit. Nur wenn die Einwirkung auf die Sache ganz einfach und schnell ohne Substanzschaden weggeht, liegen weder § 303 Abs. 1 StGB noch § 303 Abs. 2 StGB vor.[546]

540 Hartenbach, BT-Plenarproto. 15/182, S. 17189.
541 Wessels/Hillenkampf, StrR BT 2, Rn. 39.
542 BT-Drucks. 15/5313, S. 3; OLG Jena, NJW 2008, 776 (776).
543 SK-Hoyer, StGB, § 303, Rn. 21, 22, 23.
544 Thoss, StV 2006, 160 (161).
545 Maron, Das 39. Strafrechtsänderungsgesetz, S. 188.
546 Vgl. Fischer, StGB, § 303, Rn. 19.

bbb) Bezug auf die zeitliche Dauerhaftigkeit

Eine Strafbarkeit ist gegeben, wenn die Veränderung des Erscheinungsbildes nicht nur vorübergehend ist. Die zeitliche Dauerhaftigkeit wird bei einer vorübergehenden Veränderung des Erscheinungsbildes mitberücksichtigt.[547] Nicht nur vorübergehend meint die Zeitextension an der Veränderung des Erscheinungsbildes.[548] „Nicht nur vorübergehend" soll den Tatbestand auf strafwürdiges Unrecht begrenzen.[549] Vorübergehend sind solche Veränderungen, die binnen kurzer Zeit, ohne Aufwand an Mühe, Zeit oder Kosten und ohne Substanzverletzung der Oberfläche selbst vergehen oder wieder entfernt werden können: Beispiele für eine nur vorübergehende Einwirkung auf die Sache sind das Überkleben, das abwischware Bemalen, Verschmutzen, Verhüllen, Plakatieren sowie ein Kreide- und Wasserfarbauftrag.[550] Dort wo eine Veränderung des Erscheinungsbildes nicht von selbst wieder weggeht, beziehungsweise durch einfachste Handlungen (Wegwischen von Kreide) behoben werden kann, würde man immer davon ausgehen, dass diese Änderung des Erscheinungsbildes nicht nur vorübergehend ist. Dies dürfte auch dem Willen des Gesetzgebers entsprechen. Nicht nur vorübergehend sind physikalisch dauerhafte Oberflächeveränderungen durch Farbsprayen von Starkstromkästen, wenn die dadurch verursachten Veränderungen mit einfachen Reinigungsmitteln nicht entfernt werden können.[551] Im Hinblick auf die zeitliche Dauer kommt es nicht darauf an, ob die Veränderung des Erscheinungsbildes rückgängig gemacht wird, sondern es kommt nur darauf an, ob die Entfernung ohne Aufwandkosten erfolgen kann.[552] Der Gesetzgeber hat mit dem neuen Tatbestand nur einige Beweisprobleme gegenüber der alten Rechtslage (Frage der Beseitigung ohne Substanzverletzung) verlagert.[553] Solche Veränderungen durch Umgestaltungen, die ohne Aufwand wieder beseitigt werden können, oder von alleine vergehen, wie das Bemalen mit Kreide- oder Wasserfarbe, sind nur ein vorübergehendes Merkmal, weil ihnen entweder das Zeitmoment, oder das auf die Intensität der Substanzeinwirkung bezogene Moment

---

547 Lackner/kühl, StGB, § 303, Rn. 7d; Fischer, StGB, § 303, Rn. 19; SK-Hoyer, StGB, § 303, Rn. 20; MK-Wieck-Noodt, StGB, § 303, Rn. 58; Wessels/Hillenkampf, StrR BT 2, Rn. 39; Kudlich, JA 2005, 912 (912); Satzger, Jura 2006, 428 (435); Eisenschmid, NJW 2005, 3033 (3035); Mogg, Die strafrechtliche Erfassung von Graffiti, S. 140.

548 Satzger, Jura 2006, 435 (435).

549 BT-Drucks. 15/5313, S. 3.

550 SK-Hoyer, StGB, § 303, Rn. 21; Wessels/Hillenkampf, StrR BT 2, Rn. 39; Satzger, Jura 2006, 435 (435); BT-Drucks. 15/5313, S. 3; OLG Jena, NJW 2008, 776 (776).

551 Fischer, StGB, § 303, Rn. 19.

552 Krüger, NJ 2006, 250 (250); Maron, Das 39. Strafrechtsänderungsgesetz, S. 189.

553 BT-Drucks. 15/5313, S. 3.

fehlt.[554] Ein an einer nur schwer zu erreichenden Stelle auf einem Bauwerk angebrachtes großes Transparent dürfte den Tatbestand der Sachbeschädigung erfassen, da es sich nur mit erheblichem Aufwand wieder abnehmen lässt.[555] Nicht nur vorübergehend stellt auch auf die Intensität des Eingriffs an der Sache als ein strafwürdiges Maß ab.[556] Dies könnte vor allem deshalb notwendig sein, weil es vom Willen des geschädigten Eigentümers abhängt, ob er die Graffiti, z.B. an seiner Häuserwand, schnell und dauerhaft beseitigen wird, oder nicht.

d) Unbefugt

aa) Darstellung des Wortlauts

Strafbar sind nur „unbefugte Veränderungen des Erscheinungsbildes" an einer fremden Sache. Unbefugt bedeutet „gesetzwidrig, illegal, unberechtigt, unerlaubt, unrechtmäßig, unzulässig, verboten, widerrechtlich".[557] Rechtswidrig bedeutet „gesetzeswidrig, illegal, unbefugt, unerlaubt, ungesetzlich, unzulässig, verboten, widerrechtlich, unstatthaft".[558] Die Frage des Merkmals „unbefugt" scheint allerdings durchaus strittig zu sein.[559] Das Merkmal „unbefugt" in § 303 Abs. 2 StGB ist anders als das Merkmal „rechtswidrig" in § 303 Abs. 1 StGB. Das Merkmal „unbefugt" sei nach dem Willen des Gesetzgebers als Tatbestandsmerkmal eingeführt.[560] Das Merkmal „unbefugt" soll den Tatbestand des § 303 Abs. 2 StGB auf strafwürdige Fälle begrenzen.[561] Das Merkmal „unbefugt" verfolgt jede Handlung ohne, oder gegen den Willen des Eigentümers, oder sonstigen Berechtigten.[562] Soweit der Täter mit dem Einverständnis des Eigentümers oder des sonstigen Berechtigten handelt, ist der Tatbestand damit ausgeschlossen.[563] Beim Merkmal „unbefugt" kann es auf den Willen jedes Berechtigten

554 Wessels/Hillenkamp, StrR BT 2, Rn. 39.
555 LK-Wolff, StGB, § 303, Rn. 30.
556 Mogg, Die strafrechtliche Erfassung von Graffti, S. 140.
557 www.duden.de//rechtschreibung/unbefugt.
558 www.duden.de//rechtschreibung/rechtswidrig.
559 MK-Wieck-Noodt, StGB, § 303, Rn. 59.
560 BT-Drucks. 15/5313, S. 3.
561 Thoss, StV 2006, 161 (161).
562 BT-Drucks. 15/5313, S. 3.
563 BT-Drucks. 15/5313, S. 3; Lackner/Kühl, StGB, § 303, Rn. Rn. 9a; Fischer, StGB, § 303, Rn. 20; LK-Wolff, StGB, § 303, Rn. 31; MK-Wieck-Noodt, StGB, § 303, Rn. 59; Schuhr, JA 2009, 169 (171); Eisenschmid, NJW 2005, 3033 (3035); Krit. Thoss, StV 2006, 160 (161); Satzger, Jura 2006, 428 (435); Krüger, NJ 2006, 247 (251).

ankommen,[564] da der Gesetzgeber unbefugt nur in § 303 Abs. 2 StGB eingeführt hat. Der Gesetzgeber hat es in § 303 Abs. 1 StGB bewusst bei dem allgemeinen Hinweis auf die Rechtswidrigkeit belassen. Es wird auch nach der Reform die Meinung vertreten, dass die Einwilligung im ersten Absatz einen Rechtfertigungsgrund darstellt.[565]

bb) Übertragbarkeit des Wortlauts

Ein Einverständnis des Berechtigten erfasst nicht den Tatbestand für Dritte.[566] „Zu denken wäre etwa an das Tapezieren einer vermieteten Wohnung vor dem Einzug des Mieters durch den Vermieter, wenn dieser geltend machen könnte, die nicht seinen Gestaltungswillen treffende Veränderung, der vor Vertragsabschluss besichtigten Räume, entspreche nicht den vertraglichen Vereinbarungen, sei deshalb rechtswidrig und nicht ganz unerheblich in den Augen eines jeden Betrachters und Besuchers, der auch nur die Türe öffnet".[567] Der Eigentümer hält Graffitis für eine „Verschönerung". Die irrtümliche Annahme lässt strafrechtlich den Vorsatz entfallen.[568] Die Täter handeln „unbefugt" weitergehend als ein Handeln gegen den Willen des Eigentümers, oder sonstigen Berechtigten. Gefordert wird ein Handeln ohne Einwilligung des Eigentümers, oder sonstigen Berechtigten. Ein lediglich entgegenstehender Wille ist nicht ausreichend. Erforderlich ist eine fehlende Befugnisnorm. „Geht es um Graffti-Bilder, kann es somit gerade nicht ausreichen, dass nur einer der Berechtigten sein Einverständnis zur „Verschönerung" der Sache gibt und somit dazu beiträgt, dass hinsichtlich der optischen Erscheinung gegenüber den anderen Mitberechtigten vollendete Tatsachen geschaffen werden".[569] Des weitern ist die Handlung auch nicht unbefugt, wenn der Täter mit dem Willen des Berechtigten auf Grund einer sog. Befugnisnorm handelt.[570] Die sonstigen Befugnisnormen begründen sich aus zivilrechtlichen Privatverträgen und Vorschriften des Verwaltungsrechts, oder aus öffentlich-rechtlichen Genehmigungen.[571]

---

564 Wüstenhagen/Pfab, StraFo 2006, 192 (193); Krüger, NJ 2006, 251 (252).

565 Satzger, Jura 2006, 433 (433); Krüger, NJ 2006, 251 (251).

566 Mogg, Die strafrechtliche Erfassung von Graffiti, S. 134–135; Wüstenhagen/Pfab, StraFo 2006, 190 (192); Fischer, StGB, § 303, Rn. 20.

567 Hamm, Stellungnahme durch den Rechtsausschluss des deutschen Bundestages vom 03.07.2002.

568 Fischer, StGB, § 303, Rn. 20.

569 Wüstenhagen/Pfab, StraFo 2006, 192 (193).

570 BT-Drucks. 15/5313, S. 3; LK-Wolff, StGB, § 303, Rn. 31; Lackner/Kühl, StGB, § 303, Rn. 9a.

571 Fischer, StGB, § 303, Rn. 20; Wüstenhagen/Pfab, StraFo 2006, 192 (192).

III. Einzelfragen zum Straftatbestand der Sachbeschädigung

1. § 303 StGB

a) Rechtswidrigkeit

Das Merkmal „rechtswidrig“ in § 303 Abs. 1 ist ein allgemeines Verbrechensmerkmal.[572] Ein Einverständnis des Eigentümers schließt demgegenüber nicht erst die Rechtswidrigkeit aus, sondern bereits den Tatbestand der Sachbeschädigung nach § 303 Abs. 2 StGB.[573]

b) Konkurrenzen

§ 303 Abs. 2 StGB hat Auffangcharakter, ist also subsidiär zu § 303 Abs. 1 StGB, soweit eine Sache durch Einwirkung des Täters in beiderlei Hinsicht beeinträchtigt wird.[574] Bei nach § 303 Abs. 1 und Abs. 2 StGB tatbestandsmäßigen Handlungen an derselben Sache ist nur eine einheitliche Straftat verwirklicht.[575]

2. § 304 StGB

Der Tatbestand der gemeinschädlichen Sachbeschädigung schützt das Interesse der Allgemeinheit an der Nutzung der dem öffentlichen Zweck dienenden Gegenstände.[576] Die Gegenstände können auch tätereigen oder herrenlos sein.[577] § 304 StGB schützt konkrete Gegenstände im Hinblick auf das besondere öffentliche Interesse.[578] Bei dem Besprayen von öffentlichen Gegenständen, wie Brückenteilen, Straßenunterführungen und Eisenbahn- oder Straßenbahnwaggons

---

572 NK-Zaczyk, StGB, § 303, Rn. 21; MK-Wieck-Noodt, StGB, § 303, Rn. 63; BT-Drucks. 15/5313.

573 Fischer, StGB, § 303, Rn. 20; Wessels/Hillenkamp, StrR BT2, Rn. 40.

574 KG Berlin, NStZ 2007, 223 (224); Satzger, Jura 2006, 428 (435); Fischer, StGB, § 303, Rn. 23.

575 Fischer. StGB, § 303, Rn. 23; LK-Wolff, StGB, § 303, Rn. 35.

576 Sch/Sch/Sch, StGB, § 304, Rn. 1; Fischer, StGB, § 304, Rn. 2; MK-Wieck-Noodt, § 304, Rn. 8;LK-Wolff, StGB, § 304, Rn. 2.

577 Sch/Sch/Sch, StGB, § 304, Rn. 1; MK-Wieck-Noodt, Rn. 8; LK-Wolff, StGB, § 304, Rn. 1.

578 Fischer, StGB, § 304, Rn. 3; Sch/Sch/Sch, StGB, § 304, Rn. 2.

durch Grafftis, ist der Straftatbestand nach § 304 Abs. 1 StGB nicht erfasst.[579] In diesen Fällen ist die Straftat nur nach § 303 StGB strafbar, nicht aber nach § 304 StGB.

Durch das 39. Strafrechtsänderungsgesetz ist eine Strafbarkeit auch gegeben, wenn das Erscheinungsbild der Gegenstände des § 304 Abs. 1 StGB nicht nur unerheblich und nicht nur vorübergehend unbefugt verändert wird. Die Beschädigung kann in § 304 StGB, mangels Fremdheit der Gegenstände, nur den Willen des Widmungsberechtigten erfassen. § 304 Abs. 2 StGB setzt eine Beeinträchtigung der öffentlichen Funktion der Gegenstände durch das Verändern voraus.[580] Beim Besprühen eines Starkstromkastens durch Graffitis liegt keine Beschädigung vor.[581] § 304 StGB schützt die besonders genannten Gegenständen im Hinblick auf das äußere Erscheinungsbild, wie bei Statuen, Gemälden etc. Veränderungen des Erscheinungsbildes werden als Sachbeschädigung geahndet.[582] Das Einritzen von Inschriften in eine Parkbank oder von Sitzflächen in einer öffentlichen Toilettenanlage[583] erfasst nicht den Straftatbestand der Sachbeschädigung.

IV. Das Bestimmtheitsgebot als Grenze der Strafgesetzgebung Art. 103 Abs. 2 GG

Das StGB unterliegt dem Gesetzlichkeitsprinzip, d.h. was nicht ausdrücklich unter Strafe gestellt ist, darf nicht bestraft werden. Es muss eine eindeutige Abgrenzung zwischen der Strafbarkeit und der Straffreiheit erfolgen. § 1 StGB setzt voraus, dass „eine Tat nur bestraft werden kann, wenn die Strafbarkeit gesetzlich bestimmt war, bevor die Tat begangen wurde". Auslegungsbedürftige Rechtsbegriffe sind nicht von vorneherein unzulässig.[584] Bei Zugrundelegung der grundsätzlichen Wertvorstellungen in der Gesellschaft, entsteht wegen der vielfältigen Möglichkeiten der Lebenssituationen, ein entsprechendes strafwürdiges Verhalten.[585] Bestraft werden dürfen nur Straftaten, für die im Gesetz ausdrücklich eine Strafe vorgesehen ist.[586] Das Gesetzlichkeitsprinzip ist in Art. 103 Abs. 2 GG

---

579 Fischer, StGB, § 304, Rn. 13; LK-Wolff, StGB, § 304, Rn. 16; NK-Zaczyk, StGB, § 304, Rn. 14.

580 Fischer, StGB, § 304, Rn. 13; Lackner/Kühl, § 304, Rn. 4; Satzger, Jura 2006, 436 (436).

581 OLG Jena, NJW 2008, 776 (776).

582 BGHSt 29, 129 (134).

583 Fischer, StGB, § 304, Rn. 12; Wessels/Hillenkamp, StrR BT 2, Rn. 56.

584 BVerfGE 71, 108 (114).

585 Kudlich, JA 2007, 90 (91).

586 BVerfGE 45, 346 (351); 92, 1 (12); 95, 96 (131).

grundlegend festgelegt.[587] Das Bestimmtheitsgebot folgt direkt aus dem Gesetzlichkeitsprinzip.[588] Eine hinreichend Bestimmtheit des § 303 Abs. 2 StGB wird durch den Gesetzgeber vorgenommen.[589] Die Frage stellt sich, ob „Veränderung des Erscheinungsbildes" „unbefugt" „nicht nur unerheblich" und „nicht nur vorübergehend" nach dem § 303 Abs. 2 StGB so bestimmt werden können, dass klar wird, welche Verhaltensweisen unter den Tatbestand fallen und welche nicht.[590]

1. Verändern des Erscheinungsbildes

Den Begriff des Veränderns des Erscheinungsbildes findet man in den §§ 109e Abs. 1, 145 Abs. 2 Nr. 2, 269 Abs. 1, 274 Abs. 1 Nr.2, 283, 283b, 303a, 303b Abs. 1 Nr.2, 316b Abs. 1, 317, 324 Abs. 1 StGB. Es geht um die nachteiligen Veränderungen, die zu einer Eingrenzung des jeweiligen Gegenstandes führen, so dass auch wertneutrale Veränderungen erfasst werden.[591]

Eine Veränderung beschreibt ein vom bisherigen Zustand abweichendes Erscheinungsbild der Sache.[592] Das Verändern des Erscheinungsbildes an der Sache setzt die begrenzbare Wahrnehmung der Veränderung an der Oberfläche[593] und eine unmittelbare Einwirkung auf die Sache voraus.[594] Das Lackieren eines Fahrzeugs ist eine Veränderung.[595] Beim Merkmal der Erscheinungsbildveränderung muss „eine unmittelbare körperliche Einwirkung auf die Sache nicht vorausgesetzt werden". „Die Erscheinungsbildveränderung spricht dafür, dass nicht nur nachteilige, sondern auch sachverbessernde Maßnahmen erfasst werden sollen".[596] Dass auch unbefugte „Verschönerungen" einer Sache vom Straftatbestand der Sachbeschädigung erfasst sind, ergibt sich bereits aus dem Wortlaut

587 BVerfGE 96, 68 (97).

588 Schuhr, JA 2009, 169 (171).

589 BT-Drucks. 15/5313, S. 2.

590 Wüstenhagen/Pfab, StraFo 2006, 190 (194); Schuhr, JA 2009, 169 (171); Thoss, StV 2006, 160 (162).

591 Wolf, Graffiti als kriminologisches und strafrechtsdogmatisches Problem, S. 218.

592 MK-Wieck-Noodt, StGB, § 303, Rn. 54; SK-Hoyer, StGB, § 303, Rn. 20; Lackner/Kühl, StGB, § 303, Rn. 7b.

593 Satzger, Jura 2006, 428 (435).

594 Hillenkamp, Was bewirkt das „Noffiti-Gesetz"?, in: FS Schwind, 927 (938).

595 Ellbogen, JuS 2006, 345 (349).

596 Mogg, Die strafrechtliche Erfassung von Graffiti, S. 93, 88.

eines umfassenden Eigentumsschutzes.[597] Grafftidelikte sind weder Substanzverletzung noch Brauchbarkeitsminderung. Verändern könne „als Abändern des bestehenden Zustands“ an der Sache erfasst werden.[598]

Verändern des Erscheinungsbildes sei „sehr weit zu fassen“. Ein Verändern des Erscheinungsbildes ist gegeben, wenn eine Sache „optisch oder sinnlich wahrnehmbar, in einen anderen Zustand“ überführt wurde.[599] Ein Verändern des Erscheinungsbildes ist nicht nur durch Graffitis, sondern auch durch die anderen Verhaltensweisen gegeben. Es geht darum, „ob die Veränderung das äußere Erscheinungsbild verschlecht oder verbessert“.[600] Verändern des Erscheinungsbildes betrifft vielmehr die Frage nach der Unbefugtheit.

2. „Unbefugt“

Das Merkmal der unbefugten „Veränderung des Erscheinungsbildes“ gab es vor dem Jahre 2005 nicht. Positiv sei nämlich gerade, dass „das Merkmal der unbefugten Erscheinungsbildveränderung eine ästhetische Bewertung dritter Personen wie auch des Eigentümers entfallen lässt“. Ein Verhalten ist „ohne den Willen des Berechtigten als durch das Unbefugtheitsmerkmal erfasst anzusehen, da eine ansonsten notwendig werdende Feststellung eines entgegenstehenden Willen ebenfalls eine Minderung der Rechtssicherheit mit sich bringen würde“. Der Begriff der Unbefugtheit unterscheidete sich von der Veränderung des Erscheinungsbildes „hinsichtlich des maßgeblichen Willens im Falle des Vorhandenseins eines sonst Berechtigten neben dem Eigentümer“ stark.[601] Das Merkmal „unbefugt“ enthält jede Veränderung des Erscheinungsbilds, ohne oder gegen den Willen des Eigentümers oder Berechtigten.[602] „Da die Feststellung der Nachteiligkeit jedoch stehts eine subjektive ästhetische Beurteilung Dritter erforderlich machen würde, ist sie objektiv für den Rechtsadressaten nicht vorhersehbar, wodurch ebenfalls Rechtsunsicherheit entstehen würde“.[603] Der Täter könne die Veränderung des Erscheinungsbildes unbefugt hervorgerufen haben, die Ein-

597 Maron, Das 39. Strafrechtsänderungsgesetz, S. 172. Behforouzi, Die deutsche Graffiti-Szene, S. 93–94; Hamm, Stellungnahme von Rechtsausschussprotokoll, 14/138, S. 46; Albrecht, Stellungnahme von Rechtsausschussproto. 14/29, S. 1.

598 Wolf, Graffiti als kriminologisches und strafrechtsdogmatisches Problem, S. 218.

599 Maron, Das 39. Strafrechtsänderungsgesetz, S. 169–173.

600 Wessels/Hillenkamp, StrR BT 2, Rn. 37.

601 Mogg, Die strafrechtliche Erfassung von Graffiti, S. 129, 167–168.

602 Behforouzi, Die deutsche Graffiti-Szene, S. 95–96.

603 Mogg, Die strafrechtliche Erfassung von Graffiti, S. 129–130.

willigung dazu stellt einen Rechtfertigungsgrund dar.[604] Beim Merkmal „unbefugt“ handelt es sich um eine Veränderung des Erscheinungsbildes und um ein Doppelmerkmal mit der Zustimmung des Eigentümers oder einer sonstigen Befugnis auf Tatbestandsausschluss und Rechtfertigungsgrund.[605] Verändern des Erscheinungsbildes betrifft vielmehr die Frage nach dem Wortlaut „nicht nur unerheblich und nicht nur vorübergehend“.

3. „Nicht nur unerheblich und nicht nur vorübergehend“

Wolf und Ingelfinger schlagen im Hinblick auf die Definition der Erheblichkeitsschwelle, den Begriff „nachhaltig“ vor.[606] Allerdings ist die Defintion wegen der Vielzahl von Handlungsmöglichkeiten zu umfassend geraten, so dass auch Fälle einbezogen werden, die eindeutig nicht strafwürdig sind. Maron schlägt als Definition der Erheblichkeitsschwelle „nicht nur unerheblich“ vor.[607] Die Schäden sind teilweise größer, die durch Graffitis entstehen, als die Schäden, welche durch herkömmliche Tathandlungen im Sinne des § 303 StGB verursacht werden. Wenn durch Graffitis Schäden nur im Umfang von 50 Euro[608] entstehen, ist nicht davon auszugehen, dass die Staatsanwaltschaft in vielen Fällen ein besonderes öffentliches Interesse an der Strafverfolgung haben wird. Solche Delikte werden in der Regel nach §§ 153 ff. StPO eingestellt.

Die neuen Begriffe wie „nicht nur unerheblich“ und „nicht nur vorübergehend“ sind zumindest in vielen Fällen ohne Schwierigkeiten zu subsumieren.[609] Die einschränkenden Zusatzmerkmale der Erheblichkeit und Dauerhaftigkeit, die dies auffangen sollen, sind zwar nicht schwer auszulegen, aber so vage und in ihren Grenzen unscharf, so dass sich ein Bestimmtheitsproblem ergibt. Dieses könnte auch als Auslegungsproblem rekonstruiert werden. Das Merkmal des nicht nur unerheblichen und nicht nur vorübergehenden „Veränderns“ des Erscheinungsbildes erfasst praktisch viele Verhaltensweisen, außer Sachentziehung und ist damit sehr weit geraten.

---

604 Wüstenhagen/Pfab, StraFo 2006, 192 (192); vgl. Wessels/Hillenkamp, StrR BT 2, Rn. 40. Nach Wessels/Hillenkamp kann das Einverständnis den Straftatbestand ausschließen.

605 Satzger, Jura 2006, 433 (435).

606 Wolf, Graffiti als kriminologisches und strafrechtsdogmatisches Problem, S. 227; Ingelfinger, Graffti und Sachbeschädigung, S. 41.

607 Maron, Das 39. Strafrechtsänderungsgesetz, S. 277.

608 Maron, Das 39. Strafrechtsänderungsgesetz, S. 282; vgl. Fischer, StGB, § 248a, Rn. 3; OLG Düsseldorf, NJW 1987, 1958 (1958); LG Kempten, NJW 1981, 933 (934); die Schwelle bei 50 Euro, OLG Hamm, StV 2003, 672 (672).

609 BT-Drucks. 15/5313, S. 3.

4. Konsequenz bei der Auslegung der Tatbestandsmerkmale „nicht nur unerheblich“ und „nicht nur vorübergehend“

Bagatellunrecht sei nach Maßgabe der Strafwürdigkeit Kriminalunrecht, welches nach Maßgabe der Strafbedürftigkeit nicht zwingend nach Strafe verlangt.[610] Kaiser erklärt die Bagatelle als Sachverhalt, auf den in einer besonderen Weise reagiert wird, nämlich in abgeschwächter und vereinfachter Form.[611] Bagatellunrecht habe eine geringere Unrechtsqualität, als Straftaten. Die geringfügige Unrechtsqualität werde durch die geringfügigere Schadenshöhe berücksichtigt. Nach Kaiser orientiert sich die Geringfügigkeit am objektiven Wert der Sache.[612] Die Bagatellkriminalität wird als unterer Bereich der im Strafrecht erfassten Verhaltensweisen angesehen, bei der wegen des geringfügigen deliktischen Gehaltes entweder keine strafrechtliche Sanktion erforderlich erscheint, oder doch wenigstens die gewöhnlichen strafrechtlichen Sanktionen und das zu ihnen führende Verfahren, als staatliche Überreaktion empfunden werden.[613] Es kommt hierbei aber immer auf die jeweilige Handlung an.[614] Wenn die Schuld des Täters klein wäre, ist kein öffentliches Interesse an der Strafbarkeit gegeben.

„In Betracht kommen dabei im Wesentlichen die Kriterien der Relation einer Erscheinungsbildveränderung, im Verhältnis zur Gesamtsache, hinsichtlich ihrer Größe, der Dauer und damit des zeitlichen Moments einer solchen Veränderung sowie des Aufwands, der zur Wiederherstellung des ursprünglichen Zustands vor der Erscheinungsbildveränderung benötigt wird“. Das Merkmal „vorübergehend“ ist ein zeitliches Merkmal. Das Merkmal „nur vorübergehend“ ist dann gegeben, wenn eine nicht dauerhafte Veränderung des Erscheinungsbilds vorliege. Das Merkmal „Nicht nur unerheblich“ stellt auf „die Größenrelation“ und das Merkmal „nicht nur vorübergehend“ auf „die zeitliche Komponente“ ab.[615] Man kann nicht generell sagen, ob es sich bei einem Graffiti, beziehungsweise einer Schmiererei, um eine Bagatelle handelt, oder nicht. Dieses dürfte unter anderem von dem Objekt abhängen, auf welches das Graffiti gesprüht worden ist. Es dürfte nicht zuletzt auch von der Größe des Graffitis abhängen und auch von dem Kriterium „nicht nur vorübergehend“. (Die zeitliche Dauer großer Firmen ist bei der Auftragsreinigung kürzer, als die zeitliche Dauer des Eigentümers bei der Selbstreinigung.)

---

610 Kunz, Das strafrechtliche Bagatellprinzip, S. 211.

611 Kaiser, ZStW 1978, 877 (877ff.).

612 Er argumentierte mit Verweis auf BGHSt 6, 41, dass Bagatellkriminalität eine Belastung des Staates sei.

613 Hirsch, ZStW 1980, 218 (218).

614 Dreher, Die Handlung der Bagatellkriminalität, S. 917.

615 Mogg, Die strafrechtliche Erfassung von Graffiti, S. 139–140.

Bagatellunrecht wird in zeitlicher Hinsicht als eine Beeinträchtigung der potenziellen Benuntzungsmöglichkeit verstanden.[616] Um Bagatellunrecht auszuschließen ist im Strafrecht stets eine hinreichende Formulierung an krimineller Intensität zu indizieren.[617] Bagatellfälle sollen „durch die Geringfügigkeitsklauseln vor dem Hintergrund des Prinzips der Verhältnismäßigkeit und der Strafwürdigkeit“, „die ein gewisses Maß an Intensität, Schwere, Gewicht oder Größe der Rechtsgutsverletzung nicht überschreiten, ausgesondert werden“.[618] Man könne eine Erheblichkeitsfeststellung durch das unbefugte Sprayen von Graffitis nach § 303 Abs. 1 StGB aufheben.[619] Die Erheblichkeitsfeststellung stelle nach § 303 Abs. 2 StGB auf die „optische Auffälligkeit“ ab.[620] Dadurch lasse sich die Verletzung des Eigentums „nicht als geringfügig“ formulieren. Das Kriterium „nicht nur unerheblich“ „nicht nur vorübergehend“ sei „das Aufwandkriterium“ an Zeit, Mühe und Kosten.[621] Darüber hinaus ist es der Wille des Gesetzgebers gewesen, dass Graffiti nun von § 303 Abs. 2 StGB erfasst wird. Der Gesetzgeber wollte die Strafbarkeit von Graffiti durch die Ergänzung des Tatbestands der Sachbeschädigung, durch den neuen zweiten Absatz, auf eine eindeutige Grundlage stellen. Ein Verhalten, beispielsweise das Bemalen einer Sache mit Wasserfarbe, sei ein Bagatellunrecht. Im Ergebnis wird man zu dem Ergebnis kommen, dass alle Bagatelltaten aus dem Anwendungsbereich des § 303 Abs. 2 StGB herausfallen müssen.[622] Im Hinblick auf das Verändern des Erscheinungsbildes wird die hinreichende Bestimmtheit des Wortlautes „unbefugt“, „nicht nur unerheblich“ und „nicht nur vorübergehend“ diskutiert. Der ultima ratio Charakter und das Bestimmtheitsgebot geben keine klaren Grenzen, wann eine Verfassungswidrigkeit vorliegt. § 303 Abs. 2 StGB ist problematisch, aber nicht verfassungswidrig. Die durch die Formulierungen „nicht nur unerheblich“ und „nicht nur vorübergehend“ verursachte begriffliche Schärfe führt zu ständigen Problemen der Justiz.

616 Mogg, Die strafrechtliche Erfassung von Graffiti, S. 156–157.

617 Wolf, Graffiti als kriminologisches und strafrechtsdogmatisches Problem, S. 150ff.; Kühl, Die strafrechtliche Erfassung von „Graffiti“, in: FS für Weber, S. 413, 425; Kudlich, JA 2007, 90 (92).

618 Mogg, Die strafrechtliche Erfassung von Graffiti, S. 142.

619 Ingelfinger, Graffiti und Sachbeschädigung, S. 40.

620 Krüger, NJ 2006, 247 (250); Kühl, Die strafrechtliche Erfassung von „Graffiti“, in: FS für Weber, S. 413, 421.

621 Mogg, Die strafrechtliche Erfassung von Graffiti, S. 143, 145.

622 BT-Drucks. 15/5313, S. 3.

V. Zusammenfassendes Ergebnis

Durch das 39. Strafrechtsänderungsgesetz erfolge 2005 Regelung der Straftatbestände der §§ 303, 304 StGB, um das Anbringen von Graffitis durch Bilder oder Schriftzüge, die als Farbschmierereien und erhebliche Schädenkosten für die Reinigungsarbeit verursachen, als Sachbeschädigung ahnden zu können. Zuvor konnten die Strafgerichte Graffitis nur dann als Sachbeschädigung bestrafen, wenn festgestellt werden konnten, dass eine erhebliche Substanzbeschädigung durch Graffitis vorlag. Diese Substanzverletzung musste bisher durch Gutachten nachgewiesen werden. Der gesetzgeberische Handlungsbedarf wurde benutzt für eine Konkretisierung des Straftatbestands der Sachbeschädigung zum verbesserten Schutz vor den illegalen Graffitis.[623] Fälle von Grafftis sind danach nicht mehr mit dem § 303 Abs. 1 StGB zu bestrafen, sondern erfüllen den § 303 Abs. 2 StGB. Die Formulierung „nicht nur vorübergehend" ist nicht unbedingt brauchbar im Verhältnis zu „nicht nur unerheblich". Denn die Formulierung „nicht nur vorübergehend" wird durch die Beeinträchtigung Zeit, Kosten und Bemühung bestimmt.[624] Die Formulierung „unbefugt" ist auch nicht unbedingt brauchbar, weil es sich um die Zustimmung des Eigentümers oder Eigentümerin mit Tatbestandsausschuss oder eine sonstige Befugnis mit Rechtfertigungsgrund handelt. Das 39. Strafrechtsänderungsgesetz sollte dabei Graffiti als Sachbeschädigung anerkennen. Das unbefugte Sprayen von Graffitis ist nach § 303 Abs. 2 StGB wegen der Veränderung des Erscheinungsbildes einer Sache strafbar. Jedes, nicht nicht nur unerhebliches und nicht nur vorübergehendes Verändern fällt hierunter. Auf die früher relevante Frage, ob die Substanz verletzt wurde, kommt es nicht mehr an. Daneben kann eine Strafbarkeit wegen der gemeinschädlichen Veränderung einer Sache nach § 304 StGB begründen, wenn die Täter eine Sache bemalt haben, die dem öffentlichen Nutzen diente und nicht mehr dienen kann. Jedenfalls ist die Formulierung des Straftatbestands der Sachbeschädigung durch das 39. Strafrechtsänderungsgesetz abzulehnen. Die Beeinträchtigung des fremden Eigentums durch Graffitis darf nun nicht anders strafrechtlich geahndet werden, als die Beeinträchtigung des fremden Eigentums durch Zerstörung oder Beschädigung der Sachsubstanz. In der Praxis ergeben sich immer wieder Probleme, weil umstritten ist, ob der Straftatbestand der Sachbeschädigung auch dann gegeben ist, wenn sich die Graffitis an der besprühten Sache wieder entfernen lassen. (bei Graffitis war einerseits keine Substanzverletzung und damit keine Sachbeschädigung gegeben. Während ein Stromkasten straflos besprüht werden konnte, verwirklichte eine Hauswand eine optische Funktion, die durch

623 BT-Drucks. 15/5313, S. 3.
624 Maron, Das 39. Strafrechtsänderungsgesetz, S. 194.

das Besprühen verletzt würde). Es bestehen noch immer Auslegungsschwierigkeiten im Hinblick auf den § 303 Abs. 2 StGB.

4. Kapitel: Kriminalpolitische Bewertung der Graffitigesetzgebung

In diesem Kapitel soll die Politik der Graffitigesetzgebung beurteilt werden, um im fünften Kapitel den Bezug zu einer kriminalpolitischen Bewertung der Norm herstellen zu können.

I. Schwierigkeiten bei der Strafverfolgung

Der Gesetzgeber wollte teure Gutachten zur Feststellung der Oberflächenverletzung vermeiden.[625] Hierbei stellt sich in Frage, ob der neue Tatbestand der Justiz möglicherweise die Arbeit erleichtert. Bei „Gruppen-Tags" muss immer beachtet werden, dass diese ohne Wissen der anderen „Gruppenmitglieder" besprüht wurden. „Gruppen-Tags" können nicht ohne weitere Beweise pauschal einem bestimmten „Gruppenmitglied" zugerechnet werden.[626] Ist nicht auszuschließen, dass das „Tag"-Kürzel ein „Gruppen-Tag" ist, bestehen an der Täterschaft große Zweifel, weil eine pauschale täterschaftliche Zuordnung nicht in Frage kommt.[627] Ein „Gruppen-Tag" weist nicht auf einen Einzeltäter, sondern auf eine Tätergruppe hin, von der jeder als eigentlicher Verursacher beachtet werden muss. Nach dem Zivilrecht führt dies jedoch nicht dazu, dass alle „Gruppenmitglieder" für einen „Tag" haften, das ein einzelnes „Gruppenmitglied" gesprüht hat. Eine Verantwortung anderer „Gruppenmitglieder" käme nur dann in Betracht, wenn deren konkrete Beteiligung an der jeweiligen Sachbeschädigung nachgewiesen werden könnte.[628] Die „Tags" könnten in Einzelfällen auch von anderen Sprayer nachgeahmt worden sein, obwohl bei der jeweiligen Straftat ein „Tag" verwendet wurde, der einem der Angeschuldigten zuzuordnen ist.

Dass Sprayer einen bestimmten Namen illegal gesprüht haben, ist zwar ein erhebliches Indiz dafür, dass sie auch andere Tags mit desselben Namens gesprüht haben. Dies ist jedoch kein Beweis dafür, dass sie sämtliche Tags gesprüht haben. Es handelt sich bei dem unbefugten Sprayen von Graffiti „Tags"

625 BT-Drucks. 15/5313, S. 3.

626 StA Bochum, Einstellungsverfügung am 29.07.2008.

627 AG Frankfurt am Mein, Urteil am 29.08.2005.

628 AG Hannover, Zivilurteil am 26.06.2008.

um die häufige Form. „Die Zuordnung von „Tags" zu bestimmten Personen sei nach wie vor schwierig".[629] Mehrere Graffitis können strafrechtlich gesehen nur als eine Straftat zu bewerten sein.[630] Ob mehrere Graffitis am selben „Tag" als eine Straftat oder als mehrere Straftaten zu bewerten sind, ist eine Frage des Einzelfalls. Auch Straflosigkeit ist nach dem neuen Tatbestand der Sachbeschädigung möglich. Wenn der Reinigungsaufwand geringfügig ist, ist das unbefugte Sprayen von Graffiti „Tags" nicht strafbar.[631] Viele Strafverfahren werden deshalb wegen Geringfügigkeit eingestellt. Die Normverdeutlichung sei höchstens eine wünschenswerte Nebenfolge zum jeweiligen Gesetz.[632] Die Feststellung der Strafbarkeit des unbefugten Sprayens von Graffitis ist trotz der Normverdeutlichung immer noch nicht einfach.[633] Das unbefugte Sprayen von „Tags" über vorhandene „Tags" ist straffrei.[634] Das Fahrzeug des Geschädigten war bereits mit vielen Farbbemalungen versehen, bevor die Angeklagten weitere Markierungen setzten. Dass diese neben den vorhandenen Bemalungen eindeutig zu erkennen waren, ergibt sich dagegen nicht.

Das unbefugte Sprayen von Graffitis sind keine Straftaten, die eine DNA-Entnahme rechtfertigen.[635] Das unbefugte Sprayen von Graffitis auf S-Bahnwagen, Gleisrückwänden von U-Bahnhöfen und U- und S-Bahnwaggons und öffentlichen Starkstromkästen des Nahverkehrs ist keine gemeinschädliche Sachbeschädigung.[636] Beim Besprühen und der Anbringung von „Edding-Tags" auf Straßenbahnen und Wände eines U-Bahnhofs, Brückenpfeiler und Eisenbahnwaggon liegt keine gemeinschädliche Sachbeschädigung vor.[637] Der Tatbestand des § 303 Abs. 2 StGB ist immer noch schwierig feststellbar, wenn aus prozessökonomischen Gründen ohne Gutachten mit § 303 Abs. 2 StGB festgestellt wird.[638]

629 Maron, Das 39. Strafrechtsänderungsgesetz, S. 253.

630 OLG Düsseldorf, Beschluss am 23.03.2010.

631 AG Meinz, Urteil am 10.01.2011.

632 Vgl. BT-Drucks. 15/5313, S. 3; Kühl, Die strafrechtliche Erfassung von „Graffiti", in: FS für Weber, S. 413, 422.

633 Mogg, Die strafrechtliche Erfassung von Graffiti, S. 184; vgl. Schnurr, StraFo 2007, 318ff.

634 OLG Hamm, Beschluss am 21.04.2009, 1 Ss 127/09.

635 AG Gießen, Beschluss am 31.05.2006, 5610Gs-501 Js 123450/06.

636 KG Berlin, StV 2009, 649 (649); OLG Jena, NJW 2008, 776 (776).

637 KG Berlin, NStZ 2007, 223 (223); OLG Köln, StV 1995, 592 (592); OLG Hamburg, StV 1999, 544 (544).

638 Maron, Das 39. Strafrechtsänderungsgesetz, S. 254.

II. Zur Effektivität des Graffitibekämpfungsgesetzes

Die Zahl der Anzeigen durch die Geschädigten hat zugenommen.[639] Auch bedingt durch das 39. Strafrechtsänderungsgesetz in diesem Bereich wird von einer Zunahme der Anzeigebereitschaft der Bürger und einer stärker werdenden Sensibilisierung für Sachbeschädigungsdelikte gesprochen. Beschädigungen durch Graffitis im öffentlichen Raum werden gegenwärtig nicht mehr akzeptiert. Bürger verlangen Verfolgung, Bekämpfung und Bestrafung derartiger Delikte. Vor allem werde die Anzeigebereitschaft jedoch durch die Betroffenheit und die durch die Beschädigung entstandenen Kosten beeinflusst. Die Häufigkeiten der Sachbeschädigung in Brandenburg und Sachsen-Anhalt sind jeweils deutlich höher.[640] Bayern und Niedersachsen liegen hinsichtlich der Aufklärungsquote für das Delikt Sachbeschädigung unter dem Bundesdurchschnitt.[641] Diese Zunahme ist vor allem bei den Jugendlichen und Heranwachsenden zu erkennen. Städte und Gemeinde bringen Graffitis zur Strafanzeigen. Statistische Aufzeichnungen über die Zahl der Strafanzeigen liegen der Landesregierung Sachsen-Anhalt indessen nicht vor. Bei der Erhebung der Fallzahlen wurden verschiedene Zählweisen zu Grunde gelegt, was eine vergleichbare Bewertung erschwert. Da bislang Strafverfahren durch Graffitis nicht gesondert erfasst werden, werden neben den für Graffitis einschlägigen Straftatbestände der Sachbeschädigung und der gemeinschädlichen Sachbeschädigung eine Vielzahl weiterer Handlungen der Beschädigung und Zerstörung an Eigentum bestraft, welche mit Graffitis in keinem Zusammenhang stehen. In der polizeilichen Kriminalstatistik bis 2003 wurden Fälle von Graffitis undifferenziert zusammengefasst, so dass die durch Graffitis entstandenen Straftaten aus dieser Statistik nicht ansehen lassen.

Diese Fälle wurden in der Regel als Sachbeschädigungen nach §§ 303, bis 305a StGB erfasst und flossen in die sonstigen Sachbeschädigungen auf Straßen, Wegen, und Plätzen und Sachbeschädigungen an Kfz ein. Inwieweit es sich dabei um Sachbeschädigungen durch Graffitis handelt, konnte im Einzelnen nicht festgestellt werden.

Während die Graffiti-Fallzahlen für das Jahr 2007 nur mit Einschränkungen aus PKS hergeleitet werden konnten, wurden dem Jahr 2008 mit der Einführung der deteillierten Erfassung dieser Delikte ermöglicht. Aus den PKS 2008/2009/

---

639 Wissenschaftliche Dienste des deutschen Bundestages, Hans Anton Hilgers, Nr. 48/05 Der aktuelle Begriff, Redaktionsschluss am 05.01.2006, S. 285; Wolf, Graffiti als kriminologisches und strafrechtsdogmatisches Problem, S. 66–68.

640 Kemme/Hanslmeier/Stoll, Kriminalitätsentwicklung 1995 bis 2008 – Ergebnisse einer Expertenbefragung, Forschungsbericht Nr. 112, Hannover 2011, S. 140, 144, 146.

641 Kemme/Hanslmeier/Stoll, Kriminalitätsentwicklung 1995 bis 2008 – Ergebnisse einer Expertenbefragung, Forschungsbericht Nr. 112, Hannover 2011, S. 140, 143, 145.

2010 können die Angaben zu Tatorten, -zeiten und insbesondere angegriffenen Objekte entnommen werden.

Eine Vergleichbarkeit mit den Täterzahlen der Vorjahre ist wegen der Zählweise ab 2008 Ausgangsstatistik immer noch nur bedingt möglich.

In den Zeiträumen 2004–2006 wurde eine Auswertung der Graffiti noch nach §§ 303, 304 StGB heraus vorgenommen. Anzumerken ist, dass Graffitis noch mal wieder unter anderen Delikten erfasst werden.

Obwohl durch das 39. Strafrechtsänderungsgesetz die strafrechtliche Ahndung wesentlich vereinfacht wurde, führt dies nicht von selbst zum Rückgang der Zahl von Graffitis. Durch die häufig aufwändige und kostenintensive Entfernung der Graffitis entstehen immer noch hohe Schädenssummen. Erkenntnisse über die Schädenshöhe in vielen Fällen liegen nicht vor, da diese durch PKS nicht ausgewiesen wurde oder nur geschätzt werden, so dass hierzu eine realistische Erfassung kaum möglich ist. Täter sind gegenüber den Geschädigten nach zivilrechtlichen Bestimmungen zum Schadensersatz verpflichtet. In welchem Umfang Schadensersatzansprüche realisiert werden konnten, kann nicht quantifiziert werden. Die Entwicklung der Fallzahlen ist einerseits nicht nur auf Sachbeschädigungen durch Graffitis zurückzuführen. Die Zunahme sehen andererseits bedingt durch Graffitis, weil „Tags“ als Sachbeschädigung gezählt würde und sich dementsprechend auf die Fallzahlen auswirken.

Die Verfolgung und Aufklärung wird von Sachbeschädigung durch Graffitis als effektiv bezeichnet, weil eine Zuordnung zum Täter und die schnelle Analyse des Beweismaterials möglich sind. Bei der durch Grafftis verursachten Beschädigung wird eine sehr hohe Dunkelziffer vermutet. Aktuelle polizeiliche Statistikdaten zeigen auch die Gründe dafür. Zum Einen werden nun mehr Fälle erfasst als zuvor, zum Anderen hat die Diskussion über die Norm auch das Anzeigeverhalten verändert.

III. Rechtliche Alternativen zur Verhängung von Geld- und Freiheitsstrafen

1. TOA

Im Rahmen der aktuellen Kriminalpolitik wurde der Täter-Opfer-Ausgleich (TOA) häufig bei illegalen Graffitis angesprochen. Der Täter-Opfer-Ausgleich ist im Gesetz in § 46a StGB geregelt. Der Täter-Opfer-Ausgleich ist nur dann erfolgreich, wenn die Bereitschaft zum Gespräch ohne Druck zwischen Täter und Opfer gegeben sind.[642]

Das Strafrecht reagiert in diesem Bereich als Instrument der Verhaltenssteuerung auf das individuelle Fehlverhalten der Jugendlichen.[643] Die Strafbarkeit stellt im Strafrecht bei dem unbefugten Sprayen von Graffitis auf das realisierte Unrecht ab.[644] Graffiti wurde als sozialschädliches Problem hinsichtlich der zukünftigen strafrechtlichen Problematik behandelt.[645] Abschreckung sei eine Form von Kriminalprävention.[646] Normverletzungen dürfen durch entsprechende Unrechtsbegründung nicht vernachlässigt werden. Das Strafrecht ist ein Mittel, um potentielle Täter durch die Strafandrohung vom Sprayen von Graffitis abzuhalten und um begangene Taten zu ahnden.

Der Täter-Opfer-Ausgleich sei eine Bemühung der Justiz zwischen Täter und Opfer. Opfer sollten dazu angehalten werden, ihre Forderungen gegenüber den Tätern durchzusetzen. Dies kann auch geschehen, indem die Opfer die Täter gegen einen bestimmten Stundenlohn bei sich arbeiten lassen. Der Lohn der Arbeit wird zur Tilgung der Forderung verwendet. Dies dient zum TOA und gibt den Jugendlichen eine Perspektive zur Tilgung der Regreßforderung. Bei nicht nur unerheblichen Sachschäden könnte sonst eine Resignation entstehen, sich auf die Zukunft der Jugendlichen auswirken können.[647] Strafrecht kennt nicht wie das Zivilrecht den Parteienprozess. In der Regel dürften sich die Graffiti-Sprayer und die Geschädigten nicht kennen. Sie haben keine Beziehung.

„Durch einen so durchgeführten Täter-Opfer-Ausgleich kann man die Kosten des Strafverfahrens einsparen und gleichzeitig auf den illegalen Writer sinnvoll einwirken".[648] Täter-Opfer-Ausgleich ist keine konfliktlösende Vermittlung zwischen Täter und Opfer. Normverdeutlichung, Verantwortungsübernahme und Akzeptanz gewaltfreier Lösungsmöglichkeiten kennen die Täter nur teilweise.

TOA sei eine außergerichtliche Vermittlung für die Konfliktparteien. TOA ist nur darauf gerichtet, dass die Jugendlichen keine weiteren Straftaten für das unbefugte Sprayen von Graffitis begehen.[649] TOA ist stark zukunftorientiert. Aufgrund der entstandenen immateriellen und materiellen Schäden des Geschädigten bietet TOA eine freiwillige Vermittlung für die Jugendlichen. TOA besitzt

---

642 Rössner/Klaus, Rechtsgrundlagen und Rechtspraxis, in: Dölling u.a., Täter-Opfer-Ausgleich in Deutschland, S. 49–54.

643 Braum, KJ 2000, 35 (45).

644 Kühl, Die strafrechtliche Erfassung von „Graffiti", in: FS für Weber, S. 413, 423.

645 Maron, Das 39. Strafrechtsänderungsgesetz, S. 134.

646 Fischer, StGB, § 303, Rn. 9a.

647 Maron, Das 39. Strafrechtsänderungsgesetz, S. 89–91; Neubacher, ZStW 2006, 855 (872).

648 Behforouzi, Die deutsche Graffiti-Szene, S. 219.

649 Maron, Das 39. Strafrechtsänderungsgesetz, S. 89–92.

nur eine pädagogische Bedeutung für die Minderung der entstandenen Schäden. Die Kosten der Entfernung sind mit der eigenen Arbeit zu vergleichen und dem Zeitaufwand des Sprühens mit dem Zeitaufwand der Beseitigung gegenüberzustellen. Es sind die Kosten des Schadensersatzes dem Einkommen eines Geschädigten gegenüberzustellen, die dieser allein zu tragen gehabt hätte, wenn er als Täter nicht erkannt worden wäre. Das Einkommen ist mit der Schadenshöhe, die als Schuld anfallen könnte, zu vergleichen und die Laufzeit bis zur Tilgung der Schulden ist ausrechnen. Der Umgang mit Reinigungsmitteln wird vermittelt, damit der Sprayer lernt, mit ihnen umzugehen, um dem Geschädigten die Beseitigung durch Eigenarbeit anbieten zu können. Wolf schlägt noch die „Einrichtung von Unterstützungsfonds vor, nicht nur um geschädigten Hauseigentümern finanzielle Hilfen im Hinblick auf eine schnelle Entfernung von Graffiti leisten zu können, sondern auch zur Unterstützung von Wiedergutmachungsprojekten, die die (jugendlichen) Sprayer insbesondere zu Reinigungsarbeiten einbeziehen".[650] Allerdings bleibt auch hier die Frage nicht eindeutig, wie solche Fonds finanziert werden können. Die Anwendung des TOA ist teilweise nicht überzeugend, wenn die Reinigungsarbeit in einer Beziehung zu dem vom Täter angerichteten Schaden steht.[651] Jugendlichen wurde beim unbefugten Sprayen die unrechtmäßige Handlung bewusst und sie bekamen ein schlechtes Gewissen. Die Schäden wurden durch die Jugendlichen unterschätzt. Sie suchen daraufhin heimlich bestimmte Tatorte auf.[652] Beim TOA müssen die Jugendlichen die Graffitis eigenhändig schnell beseitigen, oder sie müssen den angerichteten Schaden wieder gut machen, ohne dass es zu einem Konfliktausgleich zwischen Täter und Opfer kommt.[653] „Wesentliche Bedeutung gewinnt dabei die Verbesserung des Täter-Opfer-Ausgleichs".[654] TOA habe „zu einer Stärkung der Stellung der Diversion" in der Kriminalpolitik beigetragen. Zur „Eindämmung illegaler Graffiti" ist ein TOA keine hinreichende Alternative zum Strafrecht.[655] Im Hinblick auf etwaige Spezifika des TOA in Grafffiti-Fällen ist anzumerken, dass vor dem Hintergrund des steigenden Anteils der Jugendlichen an Graffitis-Delikten der Stärkung des Diversionsgedankens und hierbei insbesondere dem TOA mit Druck und Wiedergutmachungscharakter durch das Strafverfahren seine besondere Bedeutung in Jugendsachen zukommt: Die jugendlichen Täter setzen sich

650 Höffler, Graffiti – Prävention durch Wiedergutmachung, S. 62–63; vgl. Wolf, Graffiti als kriminologisches und strafrechtsdogmatisches Problem, S. 244; Maron, Das 39. Strafrechtsänderungsgesetz, S. 91–92.

651 Maron, Das 39. Strafrechtsänderungsgesetz, S. 91–93.

652 Behforouzi, Die deutsche Graffiti-Szene, S. 142–146.

653 Maron, Das 39. Strafrechtsänderungsgesetz, S. 93.

654 Mogg, Die strafrechtliche Erfassung von Graffiti, S, 185.

655 Höffler, Graffiti – Prävention durch Wiedergutmachung, S. 65.

mit den Konsequenzen ihres Tuns vorab oftmals aber nicht auseinander. Eine Auseinandersetzung mit der Geschädigtenperspektive ist erst beim TOA bemerkbar. Eine größere Wirkung erzielen die Maßnahmen der selbständigen Schadensbeseitigung von Graffitis. Die Erfolge durch die Verfolgung von Graffiti-Straftaten wurden im Rahmen der Öffentlichkeitsarbeit bekannt gemacht und tragen teilweise zur Abschreckung bei. Dass schon die Spraydosen eine Menge Geld kosten, wissen die Jugendlichen selbst. Noch teurer wird es allerdings, wenn sie Grafftis wieder entfernen sollen. Lässt sich die Farbe von Hauswänden nicht einfach beseitigen, müssen Gebäudeteile renoviert werden. Dies kann sehr teuer werden. Auch bei Straßenbahnen und Fahrzeuge wird es teuer, wenn die beschädigten Fahrzeuge neu lackiert werden müssen. Diese Kosten müssen auch die Jugendlichen selbst bezahlen, weil sie bei der Beseitigung der von ihnen verursachten Schmierereien herangezogen werden sollten. Dies gilt aber unmittelbar nur für Erwachsene. Im Jugendstrafrecht weichen die möglichen Strafen hiervon ab, da dort die erzieherische Prävention entscheidend ist. Der Strafkatalog reicht im Jugendstrafrecht von Ermahrungen über Weisungen und Arreste bis hin zur Jugendstrafe. Jugendstrafrecht findet Anwendung, wenn Täter zur Tatzeit noch keine achtzehn Jahre alt waren. Jugendstrafrecht kann anwendbar sein, wenn Täter zur Tatzeit zwischen achtzehn und einundzwanzig Jahre alt als Heranwachsender waren. Die Prävention würde auf die Entwicklung von sozial geeignetem Normverhalten und das Wertebewusstsein Einfluss nehmen, indem das Unrecht und die Folgen von Straftaten aufgezeigt werden. Man würde sich bei Tätern, die auf frischer Straftat durch Graffitis erwischt wurden, den Jugendlichen die Möglichkeit durch Schadenwiedergutmachung erreichen. Damit würde Strafgerichte entlastet werden, zwischen Straftat und Bestrafung bleibt ein Bezug.

2. Schadenwiedergutmachung

Als Modellprojekt wurde Wiedergutmachung bei illegalen Grafftis angesprochen. Die Strafe solle häufig durch die eigene Arbeitsleistung und eine finanzielle Wiedergutmachung durch den Sprayer erfolgen. Zudem soll dadurch ein pädagogischer Effekt erreicht werden und den Sprayer dazu bringen, seine Energien in Zukunft nur zum legalen Sprühen zu verwenden.[656] Jugendliche können von Graffitis abgehalten werden, wenn sie Graffitis eigenhändig entfernen müssen.[657] „Die höchsten Schäden“ werden an „Denkmälern und denkmalgeschütz-

656 Höffler, Graffiti – Prävention durch Wiedergutmachung, S. 213–217.
657 Krüger, die gegenwärtige Strafrechtslage, S. 51, 62.

ten Häusern" angerichtet. „Sehr hohe Schäden sind bei Fahrzeugen nicht häufig entstanden, „relativ hohe Schäden" aber bei „S- und U-Bahnen oder Brücken". Kleinere Schäden wurden bei „Zigarettenautomatten und Verteilerkästen" angerichtet. Für das unbefugte Sprayen von Graffitis erfolgt die Wiedergutmachung durch die Reinigung der betroffenen Gegenstände. Dies gilt vor allem im Jugendstrafrecht. Auf Grund mangelnden Erfahrungswissens können die Jugendlichen die angerichteten Schäden häufig nicht abschätzen.[658] Die Jugendlichen haben aber eine Wiedergutmachungsmöglichkeit, um die durch das unbefugte Sprayen von Graffitis entstandenen immateriellen und materiellen Schäden des Opfers auszugleichen.[659] Die häufigste Wiedergutmachung besteht in der eigenhändigen Beseitigung der Graffitis. Die zweithäufigste Wiedergutmachung ist die finanzielle Wiedergutmachung. Ersatzarbeit wird als Form der Wiedergutmachung häufig in den Großstädten durchgeführt. „Gestaltung einer Fläche mit Grafftis" ist auch eine Art der Wiedergutmachung. Wiedergutmachungen erfolgen durch „Ableisten von Sozialstunden". Die Schadenswiedergutmachung hat für die Jugendlichen eine pädagogische Wirkung.[660] Der Hintergrund der Schadenwiedergutmachung ist ein präventiver Gedanke. Umfassende Präventionsstrategien nutzen sowohl Jugendlichen, als auch Opfern und der Gesellschaft.[661] Schuld könne nicht nur durch ein Strafübel, sondern auch durch materielle und persönliche Leistungen ausgeglichen werden.[662] Den Jugendlichen wird verdeutlicht, dass fremdes Eigentum unversehrt zu bleiben hat und dass anderenfalls strafrechtliche Reaktionen folgen. Dies geschieht mit den Projekten Schadenwiedergutmachung. Vorrangig ist es aber vor allem die Aufgabe der Familien und Schulen, Jugendlichen Respekt vor fremden Menschen und deren Eigentum zu vermitteln, weil die Täter, die häufig noch in der Schule oder Ausbildung sind, noch jung sind. Die Stadt München setzt bei verschiedenen Programmen zur Eindämmung illegaler Graffiti" auf Kooperationen mit der Polizei, mit Strafverfolgungsbehörden, dem Jugendamt und häufig mit den geschädigten Opfern.[663] Die Schadenswiedergutmachung wurde in München nach § 45 Abs. 2 JGG erfolgreich durchgeführt, um fremdes Eigentum zu respektieren.[664] Die Täter dürften häufig nicht das Geld haben, um kurzfristig die von ihnen angerichteten wirtschaftlichen Schäden zu beseitigen. Den Opfern wird daher sehr häufig ein sehr großes Verständnis für die Täter abverlangt werden müssen,

658 Höffler, Graffiti – Prävention durch Wiedergutmachung, S. 207–208.
659 Maron, Maron, Das 39. Strafrechtsänderungsgesetz, S. 91.
660 Höffler, Graffiti – Prävention durch Wiedergutmachung, S. 211–213.
661 Höffler, Graffiti – Prävention durch Wiedergutmachung, S. 58.
662 Braum, KJ 2000, 35 (48).
663 Höffler, Graffiti – Prävention durch Wiedergutmachung, S. 316–318.
664 Höffler, Graffiti – Prävention durch Wiedergutmachung, S. 91ff.

wenn es zu einem Täter-Opfer-Ausgleich kommen soll.[665] Die Strafbarkeit darf nur als letztes Mittel dienen, wenn andere Möglichkeiten zur Erreichung des Präventionszwecks erfolglos sind.[666] Die „Gesetzesänderung wird das „Graffiti-Problem“ auch nicht lösen können“.[667] Eine Gesetzesänderung steht unter der Prävention durch Wiedergutmachung nichts im Weg. Schadenswiedergutmachung ist bei illegalen Grafftis keine hinreichende Alternative zum Strafrecht.

3. Zivilrecht

Zivilrechtliche Ansprüche sind „unter Ausblendung der strafrechtlichen Folgen“ für die Opfer mit erheblichen Problemen verbunden.[668] § 823 Abs. 1 BGB enthält sämtliche unbefugte Veränderungen des Aussehens der Sache als Eigentumsverletzungen, wobei Eigentumsverletzungen durch ein Besprühen oder Bekleben hier nicht mit einer Substanzverletzung gleichzusetzen sind.[669] Jede Beeinträchtigung des Gebrauchs an der Sache ist zivilrechtlich ausreichend. Der Inhalt des Anspruches begründet sich aus § 249 Abs. 2 S. 1 BGB, wonach der Geschädigte Schadensersatz in der Form eines entsprechenden Geldbetrages verlangen kann. Nach § 828 Abs. 1 und 3 BGB sind auch Minderjärige für betroffene Schäden verantwortlich, wenn sie bei Begehung der Tat die persönliche Einsichtsfähigkeit besaßen, das Unrecht ihrer Handlung zu kennen. Es bleibt anzumerken, dass es wegen unbefugten Sprayens von Graffitis in der Regel bei einer Verurteilung wegen einer Sachbeschädigung, zu einem zivilrechtlichen Rechtsstreit kommen wird.[670] Es geht den meisten Eigentümern darum, dass der Schaden beseitigt wird, d.h. der ursprüngliche Zustand wieder hergestellt wird. Die Jugendlichen sind mit entsprechenden Zahlungsverpflichtungen konfrontiert. Die meisten jugendlichen Täter werden häufig mit zivilrechtlichen Schadenersatzverpflichtungen konfrontiert, weil sie kein Geld haben, um die Beseitigung der Schäden bezahlen zu können.[671] Eine Durchsetzung des Schadensersatzanspruchs ist weitergehend nur möglich, nachdem die Polizei die Täter ermittelt haben. Diese ermittelt aber auf Basis der StPO nur, wenn der Verdacht einer Straftat vorliegt, so dass eine Durchsetzung des Schadensersatzanspruchs – und nur diese hätte abschreckende Wirkung – die strafrechtliche Erfassung des Sachverhaltes

665 Höffler, Graffiti – Prävention durch Wiedergutmachung, S. 226.
666 Höffler, Graffiti – Prävention durch Wiedergutmachung, S. 80.
667 Behforouzi, Die deutsche Graffiti-Szene, S. 223.
668 Höffler, Graffiti – Prävention durch Wiedergutmachung, S. 58.
669 Palandt-Sprau, BGB, § 823, Rn. 7.
670 Behforouzi, Die deutsche Graffiti-Szene, S. 70–71.
671 Höffler, Graffiti – Prävention durch Wiedergutmachung, S. 56–57.

voraussetzt.[672] Langwierige Zivilrechtverfahren sind durch Schadenersatzanforderung „teuer und unsicher".[673] Eine zivilrechtliche Reaktion auf das unbefugte Sprayen von Graffitis bedeutete eine Entkriminalisierung.[674] Eine Stigmatisierung ist kontraproduktiv im Strafrecht.[675] Das Unrechtsbewusstsein der Jugendlichen ist häufig problematisch.[676] Zivilrechtliche Lösung sei kein Raum für die erzieherische Wirkung auf der persönlichen Beseitigung durch Graffitis.[677] Der Gesetzgeber forciert die Respektierung des fremden Eigentums im Strafrecht. Ein rein zivilrechtliches Vorgehen gegen illegale Graffitis würde dem Unrechtsgehalt solcher Taten nicht hinreichend Rechnung tragen.[678] Das Zivilrecht ist dem Unrecht illegaler Graffitis keine hinreichende Alternative zum Strafrecht.

4. Ordnungswidrigkeitenrecht

§ 15 DenkmalschutzG (Denkmalschutzgesetz) Landesrecht Baden-Württemberg
(1) „Ein eingetragenes Kulturdenkmal darf nur mit Genehmigung der Denkmalschutzgebäude

1. wiederhergestellt oder instandgesetzt werden,
2. in seinem Erscheinungsbild oder seiner Substanz verändert werden,
3. mit An- oder Aufbauten, Aufschriften oder Werbeeinrichtungen versehen werden,
4. von seinem Stand- oder Aufbewahrungsort insoweit entfernt werden, als bei der Eintragung aus Gründen des Denkmalschutzes verfügt wird, das Kulturdenkmal dürfe nicht entfernt werden".

§ 27 DenkmalschutzG Landesrecht Baden-Württemberg
(2) „Die Ordnungswidrigkeit kann mit einer Geldbuße bis zu 100.000, in besonders schweren Fällen bis zu 500.000 Deutsche Mark geahndet werden".[679]

---

672 Vgl. Behforouzi, Die deutsche Graffiti-Szene, S. 70–72.

673 Maron, Das 39. Strafrechtsänderungsgesetz, S. 65.

674 Wolf, Graffiti als kriminologisches und strafrechtsdogmatisches Problem, S. 185.

675 Schnurr, Graffiti als Sachbeschädigung, S. 228.

676 Mogg, Die strafrechtliche Erfassung, S. 53.

677 Höffler, Graffiti – Prävention durch Wiedergutmachung, S. 58.

678 Maron, Das 39. Strafrechtsänderungsgesetz, S. 238; Wolf, Graffiti als kriminologisches und strafrechtsdogmatisches Problem, S. 185–186.

679 Baden-Württemberg aus dem Gesetz zum Schutz der Kulturdenkmale von der Fassung am 06.12.1983.

Eisenbahnbau- und Betriebsordnung nach § 64 b Abs. 1 Nr. 4[680] Ordnungswidrig handelt „wer vorsätzlich eine Bahnanlage, eine Betriebseinrichtung oder ein Fahrzeug verunreinigt". Es bestehen auch teilweise regionale Ordnungswidrigkeitsrechte für das Land Sachsen bei dem unbefugten Sprayen von Graffitis an Bauwerken und Zügen der Deutschen Bahn.

§ 118 OWiG[681] enthält eine Subsidiaritätsklausel. Der Tatbestand des Ordnungswidrigkeitsrechts nach § 118 OWiG kann das unbefugte Sprayen von Graffitis erfassen, weil durch Graffiti-Schmierereien die Allgemeinheit belästigt werden könne. Gefahrenabwehrverordnungen wurden zur Bekämpfung gegen Graffiti von den einigen Landesregierungen Sachsen-Anhalts, Hamburg, Thüringen, Schleswig-Holstein und Sachsen, vorgeschlagen.[682] Es wurde eine Gefahrenabwehrverordnung von Sachsen-Anhalt zur Bekämpfung von Veränderung des Erscheinungsbildes einer fremden Sache durch das unbefugte Sprayen von Graffitis und anderer Verhaltensweisen beschlossen.[683] Die Bürger wollten das Erscheinungsbild der Städte besser schützen. Es war nicht zu tolerieren, dass frisch renovierte Gegenstände besprüht wurden. Auf ein Bundesgesetz konnte man nicht ewig warten. Deshalb ging man das Graffiti-Problem selbst an. Mit der neuen Gefahrenabwehrverordnung war eine landesrechtliche Grundlage zur Bekämpfung durch Graffitis und andere Verhaltensweisen geschaffen. Graffitis sind nicht regional beschränkt, sondern es sind alle Städte und Gemeinden des Landes betroffen, wenn eine eine Regelung mit landesweiter Geltung geschaffen wurde.

Ein besonderes Augenmerk wird ständig auch auf den Erlass von Ordnungsverfügungen gegen Graffititäter durch die Ordnungsbehörde gelegt. Der Erlass einer Verordnung durch das Landesverwaltungsamt würde dafür Sorge tragen, dass Graffitis als Ordnungswidrigkeit geahndet werden können. Im Interesse der Bürger sind solche Zielsetzungen zu verfolgen und die Sicherheit durch Sauberkeit in Hamburg zu verbessern. Auch eine Verwahrlosung öffentlicher wie priva-

---

680 Behforouzi, Die deutsche Graffiti-Szene, S. 69.

681 § 118 OWiG, Belästigung der Allgemeinheit, (1) Ordnungswidrig handelt, wer eine grob ungehörige Handlung vornimmt, die geeignet ist, die Allgemeinheit zu belästigen oder zu gefährden und die öffentliche Ordnung zu beeinträchtigen. (2) Die Ordnungswidrigkeit kann mit einer Geldbuße geahndet werden, wenn die Handlung nicht nach anderen Vorschriften geahndet werden kann.

682 Maron, Das 39. Strafrechtsänderungsgesetz, S. 66–67, 69.

683 Graffiti-Gefahrenabwehrverordnung des Landes Sachsen-Anhalt war am 23.08.2002 in Kraft getreten. § 1: Es ist verboten, unbefugt das Erscheinungsbild einer fremden Sache gegen den Willen der Eigentümer oder sonst einer berechtigten Person durch die Aufbringung von Farbe oder anderen Substanz oder die Anbringung von Gegenständen nicht lediglich unerheblich zu verändern. GVBl. Sachsenanhalt 2002, Nr. 44, S. 360.

ter Flächen, z.B. durch Graffiti, Erscheinungsformen störende Verhaltensweisen, wie Müllablagerungen, Abpflücken der Pflanzen in den öffentlichen Grünanlagen, Niederlassen zum Alkoholverzehr auf öffentlichen Wegen durch Urinieren und aggressives Betteln, Beschädigung der Bänke ist geeignet, die Lebensqualität der Bürger in Hamburg zu beeinträchtigen, die Sicherheit und Sicherheitsgefühl negativ zu beeinflussen, die Attraktivität Stadt zu reduzieren und die Umsetzung des wachsenden Stadtbildes zu erschweren. Auf zunehmende Sachbeschädigungen wie private Gebäude und die öffentlichen Verkehrsmittel hat die Stadt Hamburg im Jahr 2003 mit einer Graffiti-Verordnung reagiert. Das Landesverwaltungsamt Hamburg hat die folgende Verordnung erlassen.[684]

§ 1 Verbot des Veränderns des Erscheinungsbildes einer Sache
„Es ist verboten, unbefugt das Erscheinungsbild einer fremden Sache gegen den Willen des Berechtigten durch das Aufbringen von Farbe oder anderen Substanzen oder das Anbringen von Gegenständen zu verunstalten oder sonst mehr als nur unerheblich zu verändern".

§ 2 Ordnungswidrigkeiten
(1) „Ordnungswidrig handelt, wer vorsätzlich entgegen § 1 unbefugt das Erscheinungsbild einer fremden Sache gegen den Willen des Berechtigten verunstaltet oder sonst mehr als nur unerheblich verändert, soweit die Tat nicht nach § 303 Abs. 1 oder § 304 Abs. 1 des Strafgesetzbuches mit Strafe" bedroht ist.
(2) „Die Ordnungswidrigkeit kann mit einer Geldbuße bis zu 5000 Euro geahndet werden".

Die Verursacher zeigen in der Regel ein wenig ausgeprägtes Unrechtsbewusstsein. Eine Intensivierung ordnungsbehördlicher Maßnahmen ist nur zu leisten mit einer personellen Verstärkung der Ordnungsdienste und mit einem Signal an die Öffentlichkeit, dass auch geringfügige Ordnungsverstöße unerwünscht sind und geahndet werden. Die Stadt Hamburg wird jedoch nicht nur im Rahmen der Straf- und Ordnungswidrigkeitentatbestände tätig, sondern hat mit einem Förderprogramm für die dauerhafte Entfernung von Graffitis an privaten baulichen Anlagen auch eine Maßnahme zur Graffitibekämpfung ergriffen, indem Eigentümer bei Baumaßnahmen Graffitis verhindern und dazu eine finanziellen Hilfe beantragen können. Auch Informations-Flyer, oder Publikation sowie Veröffentlichung der Förderrichtlinie im amtlichen Anzeiger dürften zu einer erhöhten Anzeigebereitschaft geführt haben. Die Fortführung des Anti-Graffiti-Programms zur sauberen Stadt bildet gemeinsam mit dem städtischen Ordnungsdienst einen Teil der Maßnahmen zur Verbesserung von Sicherheit und Sauber-

684 Hamburgische Verordnung zur Bekämpfung von Vandalismus durch Graffiti am 02.09.2003.

keit in der Stadt. Es beinhaltet zugleich eine Verstärkung der Öffentlichkeitsarbeit sowie die verstärkte Ahndung der Rechtsverstöße, vor allem an regionalen Brennpunkten, um den Zustand im öffentlichen Raum auf Straßen, Wegen und Plätzen zu verbessern.

Das Thüringer Landesverwaltungsamt erlässt folgende Verordnung.[685]

§ 1 Verbot der Veränderung des Erscheinungsbildes einer Sache
„Es ist verboten, unbefugt das Erscheinungsbild einer fremden Sache gegen den Willen des Berechtigten durch die Aufbringung von Farbe oder anderen Substanz oder die Anbringung von Gegenständen zu verändern".

§ 2 Ordnungswidrigkeiten
(1) „Ordnungswidrig im Sinne des § 175 Absatz 3 des Landesverwaltungsgesetzes handelt, wer vorsätzlich entgegen § 1 unbefugt das Erscheinungsbild einer fremden Sache, gegen den Willen des Berechtigten verändert, soweit die Tat nicht nach § 303 Absatz 1 oder § 304 Absatz 1 des Strafgesetzbuches mit Strafe bedroht ist".
(2) „Die Ordnungswidrigkeit kann mit einer Geldbuße bis zu fünftausend Euro geahndet werden".

Graffitis werden von anderen Sprayern, häufig nachgeahmt. Graffiti-Delikte werden in entsprechenden Kommissariaten der Polizei (vgl. Niedersachsen: „Anti-Graffiti-Dezernat; Bayern „Koordinierungsgruppe Graffiti") bearbeitet. Sowohl die Dokumentation als auch die Beweismaßnahmen wurden intensiviert. Die Zuständigkeit für die polizeilichen Aufgaben wurde den zunehmenden Sprühereien auf dem Gebiet der Strafverfolgung und Gefahrabwehr zur Bekämpfung der Graffitis an S-Bahn-Wagen und anderem Zug- und Wagenmaterial im Bereich der Bahnlagen des Bundes beim Bundesgrenzschutz angepasst. In besonderen Brennpunktbereichen werden auch Ermittlungsgruppen tätig. Man darf Spraydosen, Graffiti-Utensilien, Schablonen, Pinsel und Filzstifte nicht mitführen, um den Schutz des Eigentums Dritter zu gewährleisten und um die Verschandelung des Erscheinungsbildes der Städte durch Graffitis zu verhindern. Das Grundrecht auf allgemeine Handlungsfreiheit nach Art. 2 Abs. 1 GG steht unter dem Vorbehalt der Rechte anderer. Zu diesen gehören insbesondere Eigentumsrechte anderer Bürger und das öffentliche Interesse an einem effektiven Schutz gegen die Beeinträchtigung durch Graffitis. Spezialisierte polizeiliche Sachbearbeiter und die Bildung von Ermittlungsgruppen sind die Folge der verstärkt aufgetretenen Graffitis. Bei der Sachbeschädigung handelt es sich um ein Kontrolldelikt, welches von Ressourcen im personalen Bereich abhängig ist.

685 Thüringer Graffiti-Gefahrenabwehrverordnung am 11.05.2004.

Zusätzliche Ermittlungen führen zu höheren Aufklärungsquoten. Die Länder haben ihre Bußgeldvorschriften allerdings nicht durch Landesgesetze, sondern in Form der Polizeiverordnungen erlassen. Polizeiverordnungen verbieten auch die Veränderung des Erscheinungsbildes fremder Sachen durch Graffitis und ahnden dies als Ordnungswidrigkeit. Das Landesverwaltungsamt Sachsen hat nach der Polizeiverordnung des sächsischen Staatsministeriums des Inneren folgende Verordnung erlasssen.[686]

§ 1 Verbot
„Es ist verboten, ohne Zustimmung des Eigentümers, auf eine Sache durch das Auftragen von Farbe oder anderen Substanzen oder das Abtragen von Material einzuwirken".

§ 2 Ordnungswidrigkeiten
(1) „Ordnungswidrig im Sinne des § 17 SächsPolG handelt, wer vorsätzlich entgegen § 1 auf eine Sache einwirkt".
(2) „Die Ordnungswidrigkeit kann mit einer Geldbuße bis zu 1000 Euro geahndet werden".

Die Graffti-Gefahrenabwehrverordnung diene der Abwehr der daraus resultierenden abstrakten Gefahren. Landesrechtlich kann durch die Graffti-Gefahrenabwehrverordnung die öffentliche Sicherheit und Ordnung geschützt werden. Die Frage ist zu stellen, ob die Gefahrenabwehrverordnung Ordnungswidrigkeiten zur Folge hat und ob sie zu den gewünschten Ergebnissen führt, weil damit nicht die verschiedenen Ursachen von Graffitis verändert werden.

Es handelt sich um eine Graffitiverordnung der Landesregierungen. Wichtiger dürfte auch hier sein, dass eine Ordnungswidrigkeit Ermittlungen der Polizei beinhaltet, so dass der Eigentümer in einem zweiten Schritt seinen zivilrechtlichen Schadensersatzanspruch durchsetzen kann.

Das Ordnungswidrigkeitenrecht habe eine Auffangsfunktion.[687] Nach dem Polizeigesetz des Landes Nordrhein-Westfalen (PolG NRW) vom 23.07. 2003, ergänzt durch das Änderungsgesetz vom 09.02.2010 mit Verwaltungsvorschriften zum Polizeigesetz des Landes NRW (VVPolG NRW) vom 19.12.2003, ergänzt durch das Änderungsgesetz vom 17.11.2010, ist es Aufgabe der Polizei, Gefahren, sowohl für die öffentliche Sicherheit, als auch für die öffentliche Ordnung abzuwehren. In Bezug auf die öffentliche Ordnung ist die Polizei legitimiert, gegen belästigendes Verhalten in der Öffentlichkeit einzuschreiten. Graffi-

---

686 Graffitiverordnung für das Land Sachsen am 30.01.2004; vgl. hinsichtlich der polizeilichen Sonderkommissionen, Wolf, Graffiti als kriminologisches und strafrechtsdogmatisches Problem, S. 245.

687 Maron, Das 39. Strafrechtsänderungsgesetz, S. 72.

tis sind strafbar nach §§ 303, 304 StGB. In vielen kommunalen Verordnungen wird aggressives Betteln verboten und mit einer Geldbuße bedroht. Überschreitet ein Stadtstreicher die Grenze des stillen Bettelns, verstößt er gegen die öffentliche Sicherheit. Im Übrigen verwirklicht aggressives Betteln den Tatbestand des § 118 OWiG.

Das Ordnungswidrigkeitenrecht ist nach § 21 OWiG subsidiär gegenüber gleichzeitig vorliegenden Straftaten, weil das Strafrecht hinsichtlich der Straftaten nicht nur das Kriminalstrafrecht, sondern auch das Ordnungswidrigkeitenrecht umfasst.[688] „So ist im Ordnungswidrigkeitenrecht, mangels einer entsprechenden Regelung, nicht die Möglichkeit eines – grundsätzlich durchaus sinnvollen und in Zukunft eher noch verstärkt einzusetzenden – Täter-Opfer-Ausgleichs vorgesehen".[689] Wenn übrigens das Ordnungswidrigkeitenrecht tatsächlich eine hinreichend wirksame Maßnahme gewesen wäre, stellt sich die Frage, ob die Einführung des § 303 Abs. 2 StGB eben doch gegen das Übermaßverbot und damit gegen das Verhältnismäßigkeitsprinzip verstoßen hat.[690] Im Ordnungswidrigkeitenrecht ist die die Gewährleistung des Eigentums weniger stark als im Kriminalstrafrecht berücksichtigt. Das Ordnungswidrigkeitenrecht ist von daher keine hinreichende Alternative zum Strafrecht.

5. Zusammenfassendes Ergebnis

Der Geschädigte kann vom Schadenverursacher Schadensersatz nach § 823 BGB fordern. Kinder und Jugendliche sind auch zwischen dem 7. und 18. Lebensjahr für Schäden verantwortlich. Die Eltern von Kindern unter sieben Jahren können für die verursachten Schäden der Kinder haftbar gemacht werden. Der Täter ist verpflichte, den alten Zustand wieder herzustellen. Ein Kind ist zwar nicht strafrechtlich verantwortlich, trotzdem kann es zu hohen Rückzahlungen der Schulden kommen. Zivilrechtliche Verfahren können im Grunde nur dann für den Kläger erfolgreich sein, wenn eine Schuldfeststellung erwirkt werden konnte. Eine Strafe wird nur wegen des Graffiti-Sprayens verhängt. Dies lässt aber das Recht der geschädigten Eigentümer, vor oder nach dem Strafgerichtsurteil, Schadensersatz zu fordern, unberührt.

Bei den Opfern besteht eine hohe Wahrscheinlichkeit, dass nach einer Verurteilung Schadensersatz gefordert wird, was erhebliche Ausmaße annehmen kann, wenn Sprayer für mehrere Bilder verurteilt wurden. Insbesondere dann, wenn die

688 Behforouzi, Die deutsche Graffiti-Szene, S. 68.
689 Mogg, Die strafrechtliche Erfassung von Graffiti, S. 52.
690 Vgl. Schnurr, Graffiti als Sachbeschädigung, S. 203–204.

Täter nicht die notwendigen finanziellen Mittel haben, sind die Opfer einer Sachbeschädigung jedoch dazu gezwungen, die entstehenden Kosten zumindest vorzustrecken, wenn nicht sogar dauerhaft zu übernehmen. Häufig sollen Sprayer auch für zugeordnete Bilder oder Tags bezahlen, obwohl eine pauschale Zuordnung nicht möglich ist. Eine Zuordnung kann – sofern der Täter nicht auf frischer Tat angetroffen wird – nur über Indizien, wie Namenskürzel oder bestimmte Spraytechniken erfolgen. Wird das Strafverfahren jedoch wegen mangels hinreichendem Tatverdachts eingestellt, ist eine zivilrechtliche Schadensersatzklage regelmäßig nicht erfolgreich zu führen.

Das ändert aber nichts daran, dass es sich um Eigentumsschäden handelt. Anzumerken ist, dass die Graffitis nicht angebracht werden dürfen, wo der Eigentumsschutz eines fremden Bürgers verletzt werden könnte. Graffitis konnten vor dem 39. StÄG nur dann als Sachbeschädigung erfasst werden, wenn sie zu einer Substanzverletzung an der Sache führen. Das ist dann der Fall, wenn die Graffitis nicht mehr rückstandfrei entfernt werden können, oder wenn sie mit der Sache, oder dem ursprünglichen Anstrich so verbunden sind, dass die Reinigungsarbeit zwangsläufig eine Substanzverletzung zur Folge hat. Bei Wiederherstellung hingegen geht der Täter straflos aus. Die Länder Sachsen, Hamburg und Thüringen haben vor dem 39. Strafrechtsänderungsgesetz bereits von der Möglichkeit des Erlasses einer Gefahrenabwehrverordnung Gebrauch gemacht. Es gibt auch ein gravierendes Vollzugsdefizit. Durch die Schaffung der Ordnungswidrigkeit ist die Polizei keinesfalls von dem Ermittlungsaufwand hinsichtlich der Feststellung der Substanzverletzung entbunden. Auch insofern laufen die Polizeiverordnungen ins Leere. Die Sprayer sind nur unbekannt. Hier gilt, dass insbesondere bei Tätern eine angemessene verhängte Sanktion abschreckende und erzieherische Wirkung hat. Bisher galt ein Graffito nur dann als Sachbeschädigung, wenn die Substanzsache des Untergrundes so beeinträchtigt wurde, dass die Reinigungsarbeit zwangsläufig zur Beschädigung führt. Über diesem Punkt musste in Gerichtsverfahren häufig ein aufwändiger Nachweis geführt werden. TOA, Schadenswiedergutmachung, Zivilrecht und Ordnungswidrigkeitenrecht sind bei unrechtmäßig angebrachten Graffitis keine hinreichende Alternative zum Strafrecht.[691]

691 4. Kapitel, III, 1, 2, 3, 4.

IV. Gesellschaftliche Alternativen zur strafrechtlichen Graffitibekämpfung

1. Präventive Angebote zur Graffitibekämpfung

Fraglich ist, ob das illegale Sprayen von Graffitis mit präventiven Angeboten an die Jugendlichen verhindert werden kann.

a) Halls of Fame

aa) Erfahrung in Österreich

Der Schaden durch das unbefugte Sprayen von Graffitis beträgt in Österreich 580.000 Euro pro Jahr. Es gab Überlegungen, gegen Vandalismus und das unbefugte Sprayen vorzugehen, um hohe Beseitigungskosten zu vermeiden.[692] In größeren Städten gibt es so genannte „Halls of Fame", in denen man Graffitis legal sprayen darf. Der erste „Hall of Fame" Voralbergs befindet seit 1999 im Jugendzentrum „Between" in Bregenz. „Hall of Fame" waren früher beliebte Plätze der Sprayer, heute versteht man darunter legale, freigegebene Flächen. Eine der größten legalen Wände in Österreich stellt die Wand in Feldkirch dar. Sie ist ca. 200 Meter lang und wird seit 1999 als „Hall of Fame" angeboten. Damit können Graffitis nicht mehr nur Schmierereien sein. In Feldkirch gibt es allerdings eine „Hall of Fame", bei der es sich aber um eine Unterführung nahe dem Stadtkern handelt. Diese Übungsangebote sind bei den Graffitisprayern nicht sehr beliebt.[693] Tatsächlich wurde die „Hall of Fame" „Erlgrund" als eine öffentliche Fläche, im Zuge der Ausstellung „Wild Style" in Dornbirn, für das legale Sprayen von Graffitis bereitgestellt. Professionelle Graffti-Künstler arbeiten im legalen Rahmen und nehmen Aufträge an. Argumentiert wird, dass unbefugte Sprayen von Graffitis aus Mangel an Raum entstehe und es sei wichtig, legal Angebote für Graffitisprayer zur Verfügung zu stellen. Die einmal besprühten Wände genießen ihrerseits staatlichen Bestandsschutz. Legale Angebote sind eine Präventionsmöglichkeit und es gibt damit schon gute Erfahrungen.[694]

---

692 Eder/Grillmayr, Der Standard. Schülerstandard vom 7./8. Dezember 2004, 30 (30).

693 Köhlmeier, Graffiti-Kultur, S. 15–16.

694 Eder/Grillmayr, Der Standard. Schülerstandard vom 7./8. Dezember 2004, 30 (30).

bb) Erfahrung in Deutschland

Graffiti sei eine auffällige Ausdrucksform durch Bilder oder Schriftzüge im privaten und öffentlichen Raum. Häufig entstehen aber erhebliche Reinigungskosten für die Beseitigung von Grafftis. Grafftis bewegen sich zwischen Vandalismus und Kunst. Die Stadt Chemnitz wollte die Vielfalt künsterlerischer Ausdrucksformen unterstützen. Der Stadtrat Chemnitz beschloss von daher am 15.12.10 legale Flächen an Bauwerken der Stadt und den städtischen Eigenbetrieben für Kunstprojekte in drei Kategorien für Grafftis anzubieten. Die Stadt Chemnitz stellt den Interessenten die Flächen für die Realisierung der Kunstprojekte zur Verfügung. Es gibt Vereinbarungen/Regelungen für das Anbringen legaler Graffitis in der Stadt Chemnitz. „Die Nutzung und Gestaltung ist ausschließlich auf den freigegebenen Flächen erlaubt. Der Künster hat das Recht, Abbildungen des Werkes anzufertigen und diese zu veröffentlichen, sofern diesem Interesse keine berechtigten Interessen des Besitzers entgegenstehen. Hieraus kann der Urheber allerdings keine Verpflichtung für den Besitzer ableiten, wie dieser mit dem Werk verfahren muss. Sittenwidrige, z.B. pornographische Motive sind ausgeschlossen. Volksverhetzende Motive (z.B. mit links- und rechtsextremistischen Inhalten) sind ebenfalls verboten. Ebenso gilt dies für Darstellungen zu Werbezwecken. Die Gestaltung der Wandflächen ist bei der/dem jeweiligen Objektleitung/Eigentümer anzumelden. (…) Eine konstruktive Beschädigung der Bauwerksoberflächen darf unter keinen Umständen erfolgen. Für Schäden haftet der Verursacher. Arbeitsmaterialien werden nach Fertigstellung eigenverantwortlich durch die Künstler beseitigt. Reparatur- und Sanierungsarbeiten am Objekt können durch den Eigentümer jederzeit erfolgen. Nutzungseinschränkungen sind in diesem Fall durch den Nutzer/Künstler zu dulden. Es besteht jederzeit die Möglichkeit, hiervon abweichende, einzelvertragliche Regelungen zwischen Künstler und Besitzer zu schließen“.[695] Zu überlegen ist, ob die legalen Angebote an die Sprayer, z.B. durch die Schaffung weiterer öffentlicher Flächen, erweitert werden sollen, damit die Zahl der illegalen Graffitis reduziert wird.

cc) Übertragbarkeit

Die Jugendlichen suchen sich Graffitis als Ausdrucksform der „Subkultur“ aus.[696] Auch wer nicht direkt an der Sachbeschädigung beteiligt ist, sondern nur „Schmiere steht“, macht sich strafbar. Die Jugendlichen gehen beim illegalen

---

695 Stadt Chemnitz, Gebäudemanagement und Hochbau, B-275/2010.

696 Maron, Das 39. Strafrechtsänderungsgesetz, S. 83.

Sprühen häufig größere Risiken ein. Graffti-Sprayer (Bernhard K., 15) besprühte einen Güterzug in Berlin und ist aus Rathenow von einem ICE überfahren worden und starb.[697] Das illegale Malen von Graffiti stehe für „Glück", „Spaß" und es stehe für das Sensations-Gefühl mit dem Wunsch nach „Gefahr und Überwinden von Ängsten".[698] Das illegale Malen ist mit „Adrenalin" und „Nervenkitzel" verbunden. Damit handelt sich das unbefugte Sprayen von Graffitis um ein kompliziertes Phänomen, das nicht nur von der tatsächlichen Kriminalitätsbedrohung, sondern von vielen anderen Faktoren abhängt. Die Jugendlichen hatten in der Regel eine laienhafte Vorstellung von den wirtschaftlichen Folgen und den Vermögensschäden ihres Handelns. Die Jugendlichen suchen sich Graffiti als „aggressiv und kompromislos" Ausdrucksform aus.[699] Graffitis sind alle gesprühten, gemalten oder gekratzten Bilder, Buchstaben, Symbole und Schriftzüge, die den Verdacht der Sachbeschädigung begründen. Es ist das Erkennungszeichen der Jugendlichen, das sie diese möglichst auffällig im Stadtbild anbringen. In vielen Fällen entscheiden sich die Sprayer ohne Vorbereitungshandlungen spontan zu Graffitis. Durch Planen, Vorzeigen, Ausfüllen und Umranden werden Tags mit Farbe oder Farbstiften angebracht. Sprayer teilen sich in die Funktionen des Aufpassers, Fotografen und Fahrers für das Fluchtfahrzeug. Ausgenutzt wird die Dunkelheit in den Abend- und Nachtstunden. Beim Scratchen werden Schriftzüge und Symbole häufig an Nahverkehrsmittel-Wartehäusern in die Glasscheiben eingeritzt. Sprayer sprühen illegal. Sie haben oft keine legale Alternative, um sich auszudrücken. Sie wussten, dass sie etwas ganz ungewöhnliches tun.[700] Manche der befragten Sprayer zeigen Möglichkeiten auf, wie die präventive Wirkung der „Hall of Fame" noch verbessert werden könne, was auf pädagogische Einflüsse und Wertevermittlung abzielte. Die Jugendlichen sind in den meisten Fällen noch schulpflichtig. Sie finden die „Hall of Fame" problematisch, um den eigenen Namen häufig (Quantität) und durch immer besser werdenden Style (Qualität) zu verbreiten, weil es daran fehlt, etwas anderes aufregendes machen zu können. Sie wollen mit den illegalen Graffitis ihre Abenteuerlust und den damit verbundenen „Kick" ausleben. Jugendlichen können die Wände mangels Anreiz etwas Verbotenes zu tun unter Umständen nicht akzep-

697 Behforouzi, Die deutsche Graffiti-Szene, S. 141; B.Z. News aus Berlin am 09. Juli 2010

698 Höffler, Graffiti – Prävention durch Wiedergutmachung, S. 313.

699 Behforouzi, Die deutsche Graffiti-Szene, S. 128, 146.

700 Behforouzi, Die deutsche Graffiti-Szene, 115, 117–130, 156; Wissenschaftliche Dienste des deutschen Bundestages, Hans Anton Hilgers, Nr. 48/05 Der aktuelle Begriff am 14.07.2005, S. 2; Kaiser, Graffiti, S. 20–21.

tieren.[701] „Als Möglichkeit, illegale Graffiti komplett zu stoppen, wurden die „Halls of Fame“ aber von allen Befragten abgelehnt, so dass solche Einrichtungen für sich genommen nur eine reduktive Wirkung entfalten“.[702] Graffitis verteilen sich im Allgemeinen auf vielen unterschiedlichen Gruppierungen oder Einzelpersonen, mit ebenso unterschiedlichen Motivationen. Zum Grundverständnis der Szenegänger gehört einfach der „Kick“. Das Erzielen eines Kicks ist durch Graffitis an besonders gefährlichen Orten wie Bahnhöfen und die damit verbundene „Fame“ durch die Gruppe bzw. die gesamte Szene möglich. Da Sprayer bei „Halls of Fame“ die Gefahr sehen, ihre Anonymität zu verlieren, lehnen die Sprayer solches ab und verbreiten so häufig nur unter Zeit- und Entdeckungsdruck „Tags“. Es wird kaum möglich sein, illegale Graffitis komplett zu verhindern. „Halls of Fame“ bringt nur wenig „Fame“. „Halls of Fame“ stellen keine hinreichende Alternative dar, um Jugendlichen vom illegalen Sprayen abzuhalten.

b) Graffiti-Workshops

Es geht darum, jungen Menschen bei der Anerkennung ihrer Kunstform zu unterstützen und ihnen Flächen zur Gestaltung zur Verfügung zu stellen, um das illegale Sprayen von Graffitis zu reduzieren. Diese Gestaltung ist Teil eines offenes Konzeptes, das den Jugendlichen ausreichend Möglichkeiten zur Steigerung ihres Selbstwertgefühls gibt. Zugleich wird das legale Sprayen von Graffitis als anerkannte Kunstform verstanden. Durch die Anerkennung der Writer als Künstler soll die Motivation zum illegalen Sprayen verloren gehen. Hierbei ist „die Auswahl einer geeigneten Person“ wichtig für die Durchführung von „Graffiti-Workshops“, um durch legale Auftragsarbeiten neue Berufs- und Zukunftsperspektiven für die Sprayer zu eröffnen und um „die Integration in landesweite Kulturprojekte, sowie das Anbieten von Wettbewerben im Writing“ zu fördern.[703] Die Jugendlichen erhalten durch diese Gestaltung ausreichende Kenntnisse über die Risiken sowie über die straf- sowie zivilrechtlichen Folgen der illegalen Graffitis. Die Jugendlichen werden sich eventuell die Ausführungen zu den rechtlichen Folgen des unbefugten Sprayens von Graffitis anhören und darüber diskutieren. Durch solche Diskussionen zu den Folgen der illegalen Graffi-

701 Schnurr, Graffiti als Sachbeschädigung, S. 214–215; Behforouzi, Die deutsche Graffiti-Szene, S. 158, 178; vgl. Höffler, Graffiti – Prävention durch Wiedergutmachung, S. 5–7; Wolf, Graffiti als kriminologisches und strafrechtsdogmatisches Problem, S. 188–189.

702 Behforouzi, Die deutsche Graffiti-Szene, S. 159.

703 Behforouzi, Die deutsche Graffiti-Szene, S. 215, 163–165.

tis, können die Jugendlichen gegenüber Vandalismus sensibilisiert werden.[704] Die Zielsetzung besteht darin, in erster Linie im Sinne einer sozialräumlichen Jugendarbeit den Sprayern alternative professionelle Wege aufzuzeigen, um so die Erlebnis– und Handlungsmöglichkeit zu verbessern und als Maßnahme den Kontaktaufbau zu einer Szene herzustellen.[705] Dies könnte die Jugendlichen aus den subkulturellen Verbindungen teilweise herauslösen.

Legale Angebote werden für Graffitisprayer irgendwann langweilig.[706] Legale Angebote für Graffitisprayer seien „nicht der ausschlaggebende Faktor, um Jugendliche vom Sprühen abzuhalten".[707] „Graffiti-Workshops sollten das Ziel haben, den Jugendlichen das Know-how im Umgang mit einer Sprühdose beizubringen, aber auch gleichzeitig dahingehend ausgestaltet sein, dass der Zielgruppe die Gefahren einer illegalen Tätigkeit auf diesem Gebiet vor Augen geführt werden. Durch die glaubhafte Vermittlung derartiger Aspekte durch die „Vorbilder in der Szene" kann die Motivation zu illegalen Aktionen abgeschwächt werden und eine Verlagerung auf eine legale Betätigung erfolgen".[708] Präventionen müssen mit strafrechtlichen Maßnahmen verbunden sein.[709]

Präventiv wirken z.B. langfristig Sport- und Freizeiteinrichtungen für Jugendliche, Ganztagsschulen, hohe Bildungsqualität in der Familie und in der Schule. Auf Grund des Tags „Crew" in einem Bild handelt es sich um eine Gruppe, weil Crewsprayer auch nicht jedes Bild miteinander verabreden, sondern häufig spontan taggen, oder malen gehen. Das Phänomen Graffiti gerade in seiner weniger ambitionierten Form, das eher geschmierten Tag, statt dem aufwendigen „Piece", wird man damit aber nicht wirklich verhindern, weil es den in der Subkultur befindlichen Jugendlichen nicht nur um künstlerische Freiheit, sondern auch um das Risiko der Illegalität und um den bewussten Regelverstoß geht. Insofern sind solche Angebote sicher eine sinnvolle Ergänzung, aber keine hinreichende Alternative zur Anwendung des Strafrechts.[710]

c) Technische Maßnahmen

Öffentliche Gebäude könnten durch technische Maßnahmen so gestaltet werden, dass das Anbringen von Graffitis durch farbabweisende Oberflächen erschwert

---

704 Kaiser, Graffiti, S. 63–64.

705 Behforouzi, Die deutsche Graffiti-Szene, S. 215–216.

706 Schnurr, Graffiti als Sachbeschädigung, S. 214.

707 Maron, Das 39. Strafrechtsänderungsgesetz, S. 85.

708 Behforouzi, Die deutsche Graffiti-Szene, S. 223–224.

709 Wolf, Graffiti als kriminologisches und strafrechtsdogmatisches Problem, S. 244.

710 Vgl. Behforouzi, Die deutsche Graffiti-Szene, S. 213–216.

wird.[711] So wurden besipielsweise Anti-Graffitischutzfolien und chemische Reinigungsmittel neu entwickelt.[712] Die symbolische Wirkung des Strafrechts läßt allerdings den Rechtsgüterschutz in den Hintergrund treten.[713] Es ist aber nicht Sache des Staates, private Eigentümer zu passiven Schutzmaßnahmen zu verpflichten.[714]

Videoüberwachung sei ein Vorbeugungsmittel, um das unbefugte Sprayen von Graffitis zu verhindern.[715] Befürchtet wird aber, dass durch die Videoüberwachung eine Beeinträchtigung der freiheitlichen Grundrechte erfolge.[716] Die Videoüberbachung kann zwar durch die Bildaufzeichnung zu einer sofortigen Festnahme und leichteren Identifizierung der Täter beitragen, aber sie ist als technisches Kontrollinstrument zur Stärkung der informellen Kontrolle durch das Bürgerengagement nur teilweise wirksam. Das unbefugte Sprayen von Graffitis geschieht häufig spontan, obwohl die Jugendlichen durch die Bildübertragung entdeckt werden können. Technische Maßnahmen sind von daher eine sinnvolle Ergänzung, aber keine hinreichende Alternative zum Strafrecht.

d) Zusammenfassendes Ergebnis

Eine Strafrechtsänderung wird das unbefugte Sprayen von Graffitis nicht verhindern können. Schnurr wollte das Graffiti-Problem durch „Erziehung“ und „die informelle Reaktion“ des kommunalpolitischen Umfeldes lösen.[717] Das Graffiti-Problem ist nicht mit Bagatellschäden verbunden.[718] Die Veränderung des Straftatbestands der Sachbeschädigungen kann vor der Verletzung des fremden Eigentums kriminalpolitisch präventiv schützen. Alternativen zur gesellschaftlichen Graffitibekämpfung sind eine teilweise Ergänzung, aber keine hinreichende Alternative zum Strafrecht.

711 Feltes, Kriminalistik 2003, 277 (282).
712 Kaiser, Graffiti, S. 69.
713 Schnurr, Graffiti als Sachbeschädigung, S. 211.
714 Wolf, Graffiti als kriminologisches und strafrechtsdogmatisches Problem, S. 188–189.
715 Wohlfahrt, VR 1998, 84 (89); Maron, Das 39. Strafrechtsänderungsgesetz, S. 86.
716 Vgl. Maron, Das 39. Strafrechtsänderungsgesetz, S. 86.
717 Schnurr, Graffiti als Sachbeschädigung, S. 201, 227; Braum, KJ 2000, 48 (48).
718 Wolf, Graffiti als kriminologisches und strafrechtsdogmatisches Problem, S. 94.

2. Ein allgemein zu beobachtender Trend in der rechtspolitischen Debatte

Die Kriminalpolitik reagiert auf das aktuelle Kriminalitätsgeschehen. Kriminalpolitik ist zielgerichtes Tun.[719] Kriminalpolitische Zielsetzungen sind „beliebig wählbar“, um eine Reduzierung des kriminellen Verhaltens zu erreichen.[720] Die Kriminalpolitik hat sich gesellschaftlichen Veränderungen zu stellen und unterliegt damit zugleich dem Wandel.[721] Kriminalpolitik ist sich der Steuerungsfähigkeit und der Notwenigkeit des fragmentarischen Charakters des Strafrechts bewusst.[722] Kriminalpolitik wird durch Gesellschaftspolitik flankiert.

Ein wichtiger kriminalpolitischer Grund für die Änderung des Strafrechts dürfte in einer zunehmenden Sicherheitsorientierung liegen.[723] Sicherheit wird in der Gesellschaft stark betont.[724] Das Bewusstsein des Bürgers hat sich sicherheitspolitisch erheblich verändert.[725] Man verlangt eine Abgrenzung gegenüber individuellen Freiheiten, um seine Bürger zu schützen.[726] Sicherheit ist eine große Herausforderung in der Rechtswissenschaft.[727] Das Gefühl von Sicherheit in den Städten wurde gestärkt, weil immer wieder neue Sicherheitsbedürfnisse entstanden. Städte verstärken die Investitionen in die Sicherheit des öffentlichen Personnennahverkehrs. Damit werden die bisherigen erheblichen Anstrengungen von Bund oder Land gegen Gewaltübergriffe durch Videoüberwachung ausgebaut. Achtung von Gewalt und Vorbeugung vor Übergriffen bleiben eine zentrale Aufgabe der gesamten Gesellschaft. Die Länder werden die personellen und technischen Vorkehrungen gegen Gewalttaten konsequent verstärken. Dies bedeutet einen umfassenderen Schutz vor Kriminalität mit dem größtmöglichen Einsatz der befassten staatlichen Stelle.[728] Kriminalpolitik führt zu einer Emotionalisierung.[729] Die sicherheitsorientierte Politik verlangt die Beseitigung der Kriminalität.[730] Mit der sicherheitsorientierten Kriminalpolitik gehen strengere

---

719 Engi, ARSP 2006, 237 (258).

720 Braum, KJ 2000, 35 (35).

721 Gusy, VVDStRL 2004, 179 (179f.).

722 Hassemer, ZIS 2006, 266 (269); Naucke, Strafrecht, S. 39.

723 Baldus, KritV 2005, 364 (369); Calliess, JZ 2006, 321 (322); Gössner in: Ortner u.a., Die Null-Lösung, S. 229ff.; Haffke, KJ 2005, 17 (17); Hassemer, Vorgänge 2002, 10 (11); Walter, GA 2005, 489 (490).

724 Sofsky, Das Prinzip Sicherheit, S. 84.

725 Hassemer, StraFo 2005, 312 (314).

726 Hassemer, ZIS 2006, 266 (269).

727 Pawlik, ZIS 2006, 274 (284).

728 Schwind, Kriminologie, S. 419; Gusy, VVDStRL 2004, 174 (174).

729 Schumann, KrimJ 2004, 249 (263).

730 Kunz, Neue kriminalpolitik 2005, 152 (152).

Sanktionen des Täters einher, um die gesellschaftlichen Bedürfnis zu befriedigen. Es sind aber nicht nur der Staat und seine Institutionen in der Pflicht, sondern vielmehr die Gesellschaft insgesamt.[731] Prävention begründet sich auch aus dem rechtlichen und sozialen Kosten. Die sicherheitsorientierte Kriminalpolitik führt zu einer Einschränkung der Freiheit.[732] Ein neues Problem entsteht wegen der kontinuierlichen Sorge des subjektiven Unsicherheitsgefühls und der ständigen Erweiterung des Risikodenkens.[733] Daher ist die ständige Auseinandersetzung über die „Broken-Windows"-Theorie erforderlich im Zusammenhang mit dem Unsicherheitsgefühl und der Kriminalitätsfurcht in der Bevölkerung.

3. Die „Broken-Windows"-Theorie

a) Darstellung der Theorie

Im „The Atlantic Monthly" wurde im Jahre 1982 die „Broken-Windows"-Theorie von James Wilson und George Kelling zur Bekämpfung der Kriminalität veröffentlicht. Das Bild der zerbrochenen Fensterscheibe, die alsbald repariert werden müsse, damit in weiteren Folgen nicht alle Fensterscheiben eines Hauses, oder der Nachbarhäuser zerschlagen werden, leuchtet unmittelbar ein. Ein Grundstück ist verlassen. Unkraut wächst. Eine Fensterscheibe wird eingeschlagen. Erwachsene tadeln die lärmenden Kinder nicht mehr. Die Kinder werden dadurch zur Mutprobe ermutigt und rebellischer. Die wohlhabenderen Familien ziehen aus und ungewünschte Erwachsene ziehen ein. Jugendliche treffen sich häufig vor dem Laden an der Ecke. Der Eigentümer von Laden verbietet hier zu spielen. Sie weigern sich. Es kommt häufig zu Auseinandersetzungen. Der Müll häuft sich. Man beginnt vor dem Laden zu trinken. Dann stürzt ein Betrunkener, darf liegen bleiben und seinen Rausch ausschlafen. Fußgänger werden von Bettlern angesprochen. Es ist noch vermeidbar, dass Kriminalität entsteht. Viele Mitbewohner werden glauben, dass die Kriminalität zugenommen hat. Es besteht kein Interesse mehr am Stadtviertel. Familien in der Nachbarschaft ziehen aus. Ein derartiges Gebiet wird schnell zum „sozialen Brennpunkt" und sehr anfällig für die weitere Entstehung von Kriminalität. Man gehe davon aus, dass die Unordnung im Stadtviertel konsequent bekämpft werden müsse, damit in der weiteren Folge die Unordnung nicht zunimmt, sich gesetzestreue Bürger nicht aus

731 Schwind, Kriminologie, S. 421; Kunz, Kriminologie, S. 332–333; ders.; Neue Kriminalpolitik 2005, 151 (154).

732 Hassemer, ZIS 2006, 266 (269); Gusy, VVDStRL 2004, 155 (155).

733 Kunz, Kriminologie, S. 279–280.

dem Stadtviertel zurückziehen und sich statt dessen unerwünschte Personen niederlassen.[734] Der „Broken-Windows"-Ansatz zeigt die Wechselwirkung verschiedener Faktoren, wie Unordnung, das Gefühl der Unsicherheit und das Fehlen der soziallen Kontrolle auf.[735]

Viele Mitbewohner hatten Angst vor den verlassenen und verfallenden Häusern, dem Nichtwegräumen von Müll oder von Graffiti in einem Stadtteil. Ein Stadtviertel in Amerika entwickelte sich schnell durch die Spuren von Vernachlässigung und Vandalismus zu einem Hort des Verbrechens. Die Kriminaltät wächst im Umfeld mit den leer stehenden Gebäuden, herumliegenden Abfällen, zerschlagenen Fensterglasscheiben und den durch Graffitis bemalten Wände. Die „Broken-Windows"-Theorie besagt, dass Kriminalität mit dem Auftreten der Unordnung beginnt.[736] Das „Fehlen der sozialen Kontrolle" ist ein Signal für Unordnung. Unordnung führt dann zu tatsächlichen Störungen. Die Störung bezieht sich auf Zeichen wie das unbefugte Sprayen von Graffitis, oder zerbrochene Fenster. Ein paar zerbrochene Fensterscheiben ziehen schnell weitere Zerstörungen an einem leeren Gebäude nach sich. Eine zerbrochene Fensterscheibe könne von daher als erstes ein Anzeichen von Verwahrlosung zu weiteren Fensterzerstörungen führen. Die Fensterscheibe ist nur ein Symbol für die Kriminalitätsfurcht. Unordnung verunsichert die Mitbewohner. Vor allem lösen „Bettler, Betrunkene, Süchtige, randalierende Jugendliche, Prostituierte, Herumhängende und psychisch Kranke" das Gefühl der Unsicherheit aus. Ihr Verhalten sei nicht voraussehbar. Die öffentlichen Räume werden deshalb nicht mehr besucht. Die Mitbewohner haben keinen Raum mehr, mit dem sie sich identifizieren können und in dem eine soziale Bindung staatfinden könnte. Vandalismus und Kriminalität nehmen ständig zu. Die Mitbewohner verabredeten sich zu gemeinsamen Aktionen, weil sie Angst vor dem Gefühl der Unsicherheit und der Kriminalität haben und nicht mehr alleine auf die Straße gehen.[737] Nach der „Broken Windows"-Theorie würde die Kriminalität nicht mehr nur verfolgt, sondern auch frühzeitig verhindert werden, bevor sie begangen wird.[738] Dieser „Broken-Windows"-Ansatz geht davon aus, dass solche Zeichen der sozialen Unordnung – zu denen auch Graffitis gezählt werden – eine ansteckende Wirkung haben.[739] Der „Broken-Windows"-Effekt wird durch Unordnung hervorgerufen, wenn die Schäden durch Graffitis nicht rechtzeitig entfernt werden.

734 Wilson/Kelling, KrimJ 1996, 121 (121ff.).

735 Maron, Das 39. Strafrechtsänderungsgesetz, S. 101–102.

736 Wilson/Kelling, KrimJ 1996, 121 (124).

737 Hess, KrimJ 1996, 179 (184); Kühne, DRiZ 2002, 18 (20).

738 Schnurr, Graffti als Sachbeschädigung, S. 164.

739 Wolf, Graffiti als kriminologisches und strafrechtsdogmatisches Problem, S. 70–71.

b) Übertragbarkeit der Theorie

New York City war eine Stadt mit einer großen Zahl illegaler Graffitis im öffentlichen Raum. Ein Graffiti-Phänomen kann zu Unordnung mit Vandalismus führen. Es ging um die fehlende Sauberkeit, Sicherheit und Ordnung, den Verlust der Lebensqualität und der Schäden, die durch Graffitis entstanden. Grafftis entstehen aus einem Gefühl der Vernachlässigung. Die Faktoren der Kriminalität sind Unordnung, das Gefühl der Unsicherheit vor Kriminalität bei den Mitbewohnern durch das Auftreten unerwünschter Personen (insbesondere vor Gewaltkriminalität) und die Abnahme der sozialen Kontrolle. Der Anstieg der Kriminalität erhöht das Gefühl der Kriminalitätsfurcht in diesem Stadtviertel. Dieses begünstigt den Auszug der Mitbewohner. Vor dem Aufsatz von „Broken-Windows" 1969 führte der Psychologe ein Experiment innerhalb eines kurzen Zeitraums durch. Er stellt einen Pkw ohne Kennzeichen und offener Motorhaube in der Bronx ab. Nach zehn Minuten wurde das Auto beschädigt und nach 24 Stunden jedes noch brauchbare Teil des Pkws entwendet. Die Fensterscheiben waren eingeschlagen. Unordnung und Wahrnehmung sind abhängig von der Struktur der Mitbewohner in einem Stadtviertel. Zimbardo stellte fest, dass die Unordnung abhängig ist von der Umgebung, in der sie anzutreffen ist. Der Einfluss der Unordnung auf die weitere Kriminalität in einem Stadtviertel wurde von den unteren sozialen Schichten am stärksten eingeschätzt. Sie ist ein Signal für gesellschaftliche Unordnung.[740] Die Vorstellung, dass Straftäter aus einem „broken home" kommen, also Scheidungskinder sind, oder sonst von ihren Eltern vernachlässigt wurden, trifft in dieser Hinsicht auf die Sprayer illegaler Graffitis nicht zu. Die Jugendlichen können sich ihre Sprühdose oder Filzstifte häufig von ihrem Taschengeld kaufen. Sie haben ein gehobenes Bildungsniveau. 69,0 Prozent der Täter kommen aus der gesellschaftlichen Mittel- und Oberschicht mit einem intakten Elternhaus.[741] Die Auffassung nach der „Broken-Windows"-Theorie, dass Täter mit sozialen Problemen zwangsläufig Straftaten begehen und durch diese Probleme zur Begehung von Straftaten determiniert sind, gilt in der modernen Kriminologie zu Recht als überholt.

Die einzelnen Faktoren der Kriminalität sind nach der „Broken-Windows"-Theorie auch unklar. Unordung führt in jedem Stadtviertel, unabhängig von den baulichen Zustand oder sozialökonomischen Status, zu einem Niedergang. Zwar kann man Mitbewohner in einem Stadtviertel fragen, ob sie ihre Wohngegend für unordentlich halten, aber diese Unordnung ist nach dem „Broken-Windows"-

740 Wilson/Kelling, KrimJ 1996, 121 (124); Volkmann, NVwZ 1999, 225 (226); Schwind, Kriminologie, S. 331–332.

741 Höffler, Graffiti – Prävention durch Wiedergutmachung, S. 109, 111, 115, 118.

Ansatz erst die Reaktion auf die tatsächlichen Zustände. Die öffentliche Sicherheit und Ordnung müsse durch soziale Kontrolle und durch die Bekämpfung der Belästigung und Unordnung gestärkt werden, um weitere Straftaten zu verhindern.[742] Anzumerken ist, dass in diesem Stadtviertel, durch die Veränderung der staatlichen Kontrolle, Präventionserfolge zu erzielen sind.

Das Bild „Broken Windows“ sei ein Indiz für das Fehlen wirksamer staatlicher Kontrolle und verursache nicht nur ein Signal der Unordnung, sondern als Folge dessen weiterer Kriminalität. In den öffentlichen Räumen würden mehr Normverletzungen und Verwahrlosung anzutreffen sein.[743] „Graffti steht hiernach für die Erosion des Gemeinschaftsgefühls, schafft für alle anderen ein Gefühl von Unsicherheit, nährt damit die Angst vor Verbrechen und den Vertrauensverlust in dem Staat und schafft aus Sicht des Täters zukünftig weitergehende strafrechtliche Problemlagen“.[744] Die „Broken-Windows“-Theorie war ein Signal zur verstärkten Bekämpfung der „sozialen Unordnung“. Das „Broken-Windows“-Konzept forderte eine wesentlich verstärkte Kontrolltheorie im Bereich des polizeilichen Vollzugs in einer Situation der Unordnung ein.[745] Nicht vergessen werden darf in diesem Zusammenhang, dass positive Wirkungen, auch durch die kleinen Veränderungen, wie die verbesserte Straßenbeleutung bei Nacht, erwartet werden können.

Bei der „Broken-Windows“-Theorie handelt es sich teilweise nur um plausible Behauptungen. Anzumerken ist, dass als Folge der Forderung nach Sauberkeit und Sicherheit, obdachlose Personen als Ausdruck der Kriminalitätsfurcht aus dem Erscheinungsbild der Stadt verdrängt werden können. Das ist allerdings selbst in den USA nicht mit dieser Theorie gegenüber Unordnung, Vandalismus, Graffiti, Bettelei und offenem Drogenkonsum verbunden. Die „Broken-Windows“-Theorie vernachlässigt die Ursachen der Kriminalität. Auch die bloße Veränderung der Strukturbedingung wie Wohndichte und Heterogenität der Bürger erfasst nur wenige Gründe für die weitere Kriminalität in einem Stadtviertel. Sie beeinflussen die Einschätzung des Sicherheitsgefühls für Mitbewohner. Sie sind aber keine Alternative zum Strafrecht. Kriminalitätsfurcht ist in einem Stadtviertel abhängig von dem Lebensstil der Mitbewohner. Diese Bedin-

742 Richard Morin, Unconventional Wisdom, The Waschington Post am 30.01.2005; Willson/Kelling, KrimJ 1996, 121 (124); http: //de.wikipedia.org/wiki/Broken-Windows-Theorie.

743 Höffler, Graffiti – Prävention durch Wiedergutmachung, S. 43; vgl. Braum, KJ 2000, 35 (45).

744 Schnurr, Graffiti als Sachbeschädigung, S. 166.

745 Behforouzi, Die deutsche Graffiti-Szene, S. 179; Hess, KrimJ 1996, 179 (184).

gungen sind durch Anstrengungen im Rahmen der Kriminalpolitik nur teilweise beeinflussbar.[746]

Viele amerikanische Großstädte haben das Problem krimineller Jugendgangs. In Deutschland gibt es keine „Gangkriminalität". Die „Broken-Windows"-Theorie ist von daher nicht übertragbar auf die Jugendkriminalität in Deutschland.[747] Bei dem unbefugten Sprayen von Graffiti werden viele der Jugendlichen durch „Peer Groups" beeinflusst.[748] Die Jugendlichen verbringen ihre Freizeiten oft innerhalb der „Peer Groups". Die Subkultur der Jugendlichen wird bei Graffiti durch Magazine, Filme, Homepage und Internet stark beinflusst. „Spontanität tritt mehr in den Hintergrund, so dass das Bedürfnis danach, Abenteuer zu erleben vor allem in Großstädten stetig steigt".[749] Die „Broken-Windows"-Theorie ist in den amerikanischen Großstädten entwickelt worden und nicht übertragbar auf deutschen Großstädten. Das unbefugte Sprayen von Graffitis ist nicht „wegweisend für eine spätere kriminelle Karriere". Graffiti-Delikte sind daher nicht als Einstiegskriminalität anzusehen.[750] Nach der „Broken-Windows"-Theorie führt eine durch Graffitis weiter zunehmende Verwahrlosung des öffentlichen Raumes zu einem Umfeld, in dem auch jede Hemmung fehlt, schwerere Straftaten zu begehen. Man hat bis heute die Probleme von Graffitis nicht beseitigt, weil jede Hauswand oder Fläche ein potentielles Tatobjekt darstellt. Die Täter finden sich in allen sozialen Schichten wieder, ebenso die Eltern. Sie stehen häufig unter einem starken Leidensdruck. Sie empfinden die Graffitis ihrer Kinder als eine persönliche Niederlage und fühlen sich häufig unfähig bei der Kindererziehung. Es gibt auch Eltern, die selbst ständig Probleme mit Armut, Arbeitslosigkeit, Krankheit, schlechten Wohnverhältnissen und Schulverhältnisse, Migration und Flucht haben. Die Gesellschaft erwartet, dass Eltern ihren Kindern mit zunehmendem Alter mehr Freiräume zubilligen, damit sie immer mehr Eigenverantwortung für sich selbst übernehmen können. Sie sollen ihre Kinder in der Familie kontrollieren und möglichst noch für die Schäden durch Graffitis, die ihre Kinder verursacht haben, aufkommen. Die schnelle Beseitigung der Graffitis schreckt zwar auch Sprayer ab, andere lassen sich davon aber nicht beeindrucken, oder werden erst aktiv. Anzumerken ist, dass nach „Broken-Windows" Graffitis weitere Straftaten und soziale Probleme (Erziehungseinstellungen und –verhalten im Elternhaus, schulische Erziehung und Bildung, Peer

746 Vgl. Maron, das 39. Strafrechtsänderungsgesetz, S. 101–102; Schwind, Kriminologie, S. 332–333; Karen Kaplan, Graffiti Studie baut „broken windows" Theorie, Los Angeles Times am 21. November 2008.

747 Schnurr, Graffiti als Sachbeschädigung, S. 180.

748 Höffler, Graffiti – Prävention durch Wiedergutmachung, S. 44–45.

749 Behforouzi, Die deutsche Graffiti-Szene, S. 116, 120, 123–124.

750 Wolf, Graffiti als kriminologisches und strafrechtsdogmatisches Problem, S. 89, 91.

Groups-Einflüsse, Wohn- und Lebensumfeld-Einflüsse und Medien-Einflüsse) nicht anzieht. Die „Zero-Tolerance“-Politik greift erst dann, wenn das gesprühte Erscheinungsbild bereits auf den Wänden erscheint. Es drängt sich der Eindruck auf, dass bei der Bekämpfung von Graffitis offensichtlich nicht nachhaltig und ausreichend nachgedacht und das Problem nicht an der Wurzel angegangen wird.

4. Die „Zero-Tolerance“-Politik

a) Darstellung der „Zero-Tolerance“-Politik

Jede kriminalpolitische Maßnahme ist eine Bekämpfungsmaßnahme. Das „Zero-Tolerance“-Konzept wurde in New York mit der Kriminalitätsbekämpfung entwickelt. Der Polizeichef William Bratton entwickelte die Polizeistrategie. Das von Bratton Konzept begründete „Zero-Tolerance“-Konzept wurde im Hinblick auf die vorhandenen Belästigungen und Vergehen durch Vermüllung, Verschmutzung des öffentlichen Raumes entwickelt, um das verlorengegangene Sicherheitsgefühl und die Sauberkeit der Bevölkerung zu verbessern. Die Kriminalitätsfurcht war ein wichtiges Thema und ein bedeutender politischer Faktor im Bürgermeister-Wahlkampf 1993 in New York. Die von Rudolph Guiliani verwendete „Zero-Tolerance“-Politik mit seiner erneuten Law-and-Order-Kampagne war darauf gerichtet, die „Lebensqualität“ zu erhöhen und die Kriminalitätsrate in New York zu reduzieren.[751] Das „Zero-Tolerance“-Konzept wird bei den schwerwiegenden Kriminalitäten, Bagatelldelikte und Ordnungswidrigkeiten angewandt.[752] Das „Zero-Tolerance“-Konzept wurde wegen der Sorge um Sicherheit in den öffentlichen Straßen und Plätzen von Teilen der Bürger begrüßt. Es ist nicht das Ziel, alle Graffiti an dem betroffenen Objekt zu entfernen. Die Stadt übernimmt die entstehenden Kosten. Der Geschädigte muss nur sein Einverständnis zur Reinigung erteilen. Der Geschädigte wird anteilig an der Schadensbeseitigung beteiligt. Die Säuberung der Flächen in einem kurzen Zeitraum nach der Entstehung der Graffitis hat den Effekt, dass es für die Sprayer sinnlos ist, ihre Tags zu hinterlassen, weil kaum jemand die Möglichkeit hat, dieses anzusehen. Die Folge davon ist, dass immer weniger Graffitis neu entstehen. Die Motivation an einer sauberen Stelle zu besprühen, ist geringer, als an einer anderen Örtlichkeit, an der sich offensichtlich auch andere Sprayer aufhalten und „Tags“ sehen können. Das „Zero-Tolerance“-Konzept mit der „Broken-Windows“-Theorie richtet sich nicht spezial gegen Vandalismus, sondern ist ein

751 Schwind, Kriminologie, S. 334–335; http://en.wikipedia.org/wiki/Zero-tolerance.

752 Hess, KrimJ 1996, 179 (185).

kriminalpolitisches Modell zur Gewaltverhinderung.[753] Das „Zero-Tolerance"-Konzept verlangt das frühzeitige Entfernen der Graffitis.[754]

Teile der Politik wollen unter dem Begriff der Verbrechensbekämpfung einen positiv besetzten Begriff verstehen.[755] Teile der soziologischen Denkrichtung äußern sich hingegen sehr kritisch gegenüber der Vorstellung, dass es sich beim Strafrecht um ein Kampfinstrument handelt.[756] Kriminalpolitiker schlagen verschiedene Gegenmaßnahmen vor. Eine Verbrechensbekämpfung als Kriminalpolitik bedarf verschiedener Maßnahme zum Schutz der Gesellschaft und der Bürger zur Verhinderung der Kriminalität.[757] Die Befürworter versprechen sich eine kriminalitätsreduzierende Wirkung durch die „Zero-Tolerance"-Politik.[758] Die Polizeistrategie bestand in der Entwicklung der „Zero-Tolerance"-Politik gegenüber den Belästigungen. Grundsatz der Polizeistrategie war die Schaffung und Aufrechterhaltung der Ordnung. „Zero-Tolerance"-Politik ist eine Kriminalpolitik mit einer hohen Kontrolldichte. Die „Zero-Tolerance"-Politik hat in New York zu einem Anwachsen der Polizeigewalt geführt.[759] Das amerikanische Konzept „Zero-Tolerance" war die Wiederherstellung der öffentlichen Ordnung durch hohe Sicherheitsmaßnahmen. Im polizeirechtlichen Sinne verletzt jeder Verstoß gegen eine Strafnorm die öffentliche Sicherheit. „Zero-Tolerance"-Politik ist Gegenstand der Polizei- und Ordnungswidrigkeitenrecht.[760] Auf Grund der zunehmenden „Zero-Tolerance"-Politik auf kommunaler Ebene werden vermehrt Delikte angezeigt, wodurch das durch Sachbeschädigungen im öffentlichen Raum gefährdete Image der Städte verbessert werden soll. Deutlich wird, dass die Experten zwischen Graffitis einerseits und Beschädigungen durch Vandalismus andererseits unterscheiden. Die polizeiliche Aufgabe zur Gefahrenabwehr ist vom Gefahrenabwehrauftrag der Ordnungsbehörde abzugrenzen. Die Verantwortung für die öffentliche Sicherheit und Ordnung obliegt der Polizei und Ordnungsbehörde. Unsicherheit kann Anlass für Gefahrenabwehrmaßnahmen sein. Eingriffe in Freiheitsrechte dürfen aber nur auf Grund geeigneter Maßstabe vorgenommen werden. Diese Politikstrategie war auf das friedliche Zusammenleben und gegen die Kriminalität sowie gegen die verlorengegangene

753 Schwind, Kriminologie, S. 334–335; http: //de.wikipedia.org/wiki/Rudi Guiliani.

754 Höffler, Graffiti – Prävention durch Wiedergutmachung, S. 43.

755 Streng, FS für Kaiser, S. 921–923.

756 Dazu die Nachweise bei Naucke, KritV 1999, 336 (339).

757 Schwind, Kriminologie, S. 18–19.

758 Brüchert/Steinert, Das kriegerische Missverständnis des polizeilichen Gewaltmonopols, in: Ortner Helmut(Hrsg.) u.a., New Yorker „Zero-Tolerance"-Politik, S. 22–28.

759 Schwind, Kriminologie, S. 334–335; vgl. Volkmann, NVwZ 1999, 225 (226).

760 Hansen, KJ 1999, 231 (232), 239, 241 (244).

Ordnung gerichtet.[761] „Zero-Tolerance"-Politik müsse nach Bedürfnis zu einer Veränderung der inneren Sicherheit für Bürger in Rechnung getragen werden.[762] Ob präventive Maßnahmen durchweg positiv beurteilt werden können, ist streitig, weil Präventionen durchaus auch illiberale Züge haben, wenn sie zu viel Überwachung führen.[763] Graffitis verursachen Probleme im Hinblick auf die rechtliche Unsicherheit der Bürger, die Angst vor Kriminalität, oder im Hinblick auf einen Vertrauensbruch gegenüber dem Staat.[764] Die Verbrechensbekämpfung mit der „Zero-Tolelance"-Politik muss vor allem auf die Entstehungszusammenhänge der Kriminalität abstellen.

b) Kriminalitätsfurcht als Entstehungszusammenhang

Eigene Opfererfahrungen spielen keine Rolle für die Furcht vor der zunehmenden Kriminalität bzw. dem eigenen Bedrohtheitsgefühl.[765] Die Reduzierung der Furcht vor kriminellen Handlungen war schon immer eine Grundlage der Kriminalpolitik. Die Kriminalpolitik hat einen erheblichen Einfluss auf das subjektive Gefühl der Kriminalitätsfurcht. Das unbefugte Sprayen von Graffitis verursacht eine Steigerung des Unsicherheitsgefühls. Das unbefugte Sprayen von Graffitis wurde im Rahmen der Debatte zur Inneren Sicherheit ständig diskutiert. „Innere Sicherheit" ist das wichtigste Thema, um sich aus einem Gefühl der Bedrohung heraus gegen die Zunahme von Graffitis wehren zu können. „Zero-Tolerance"-Politik schützt die Bürger vor Straftaten des unbefugten Sprayens von Graffitis. Mit einer Zunahme der Kriminalität wurden die innere Sicherheit und das Vertrauen der Bürger negativ beeinflusst.[766] Teile der Politik nehmen diese Kriminalitätsfurcht zum Anlass, eine Änderung des Strafrechts zu fordern.[767] Ältere Menschen empfinden durch das unbefugte Sprayen von Graffitis ein Bedrohtheitsgefühl.[768] Ein solches Bedrohtheitsgefühl ist ein sicherheitsorientierendes Element der Lebensqualität der Bürger. Die kommunale Verbrechensprävention ist Teil der Sicherheitsgewährleistung auf der örtlichen Ebene. Die Auswirkungen der kommunalen Verbrechensprävention auf das subjektive Sicherheits-

---

761 Schwind, Kriminologie, S. 335; vgl. Bock, JuS 1994, 89 (99).

762 Volkmann, NVwZ 1999, 231 (231).

763 Vgl. P.A. Albrecht, KritV 1986, S. 55.; Sack, in: Gössner, Mythos Sicherheit, S. 429.

764 Wolf, Graffti als kriminologisches und strafrechtsdogmatisches Problem, S. 90; BT-Drucks. 14/872; 14/546; 15/404.

765 Schwind, Kriminologie, S. 422.

766 DST 2004, S. 1–2.

767 BT-Drucks. 15/5317, S. 3; 15/404, S. 6; 15/302, S. 1; 15/63, S. 3; 14/8013, S. 6; 14/872, S. 4; 14/546, S. 1.

768 Kaiser, Graffiti, S. 32ff.

gefühl wurden in Baden-Württemberg untersucht.[769] Kriminalität bezieht sich auf das subjektive Unsicherheitsgefühl und das individuelle Furchtgefühl. Berichte über Kriminalität spielen in den Medien eine erhebliche Rolle für das persönliche Risikoempfinden.[770] Soziale Desintegration führt zu mehreren Graffitis.[771] Die Lebensqualität der Bürger wird durch die Kriminalitätsfurcht beeinflusst.[772] Verwahrlosungen wurde aber nicht als rechtswidrig ansehen.

Die Kriminalpolitik hängt in der „Mediendemokratie" im erheblichen Maße vom Wahlkampf ab.[773] Das Sicherheitsgefühl und das Sicherheitsbedürfnis der Bürger gehören zur Sicherheitspolitik.[774] Mit dem sozialen Wandel wurde die Lebensqualität betont unsicherer.[775] Es handelte sich um eine starke Verbreitung der Angst.[776] Die Themen „Arbeitslosigkeit, unzureichende Altersversorgung, drohender Wohnungsverlust, Krankheit und anderen sozialen Unsicherheiten" wurden häufig als „Abstiegsängste" angesprochen. Es handelt sich hierbei teilweise um eine Frage der Prioritäten, im Übrigen war die Politik auch teilweise überfordert. Die derzeitige Kriminalpolitik führt zu einer Zunahme von Kriminalität. Politiker schlagen von daher härtere Strafen unter dem Motto „Bekämpfung" vor. Komplizierte Diskussionen werden erheblich verkürzt und die Politiker suchen einfache Lösungen bei der Erstellung der Gesetzesentwürfe. Die Kriminalitätsfurcht der Bürger wird von den Politikern im Hinblick auf die harten gesellschaftlichen Bedürfnisse instrumentalisiert.[777] Nicht sämtliche Sprayer illegaler Graffitis sind sozial benachteiligt. Das unbefugte Sprayen von Graffitis wird von einer jugendlichen Subkultur begangen, die zu einem nicht unerheblichen Teil aus Mitgliedern der gesellschaftlichen Mittelschicht stammen. Die jugendlichen Sprayer schließen sich in illegalen Gruppen zusammen.[778] Das Sicherheitsgefühl der Bürger wird durch das unbefugte Sprayen von Graffitis

769 Obergfell-Fuchs, KKP – Erfahrungen und Perspektiven, in: Innenministerium Baden-Württemberg (Hrsg.), Netzwerk der Zukunft, S. 50–51.

770 Boers, MschrKrim 1993, 72 (75).

771 Landtag Brandenburg, Drucks. 2/3219.; Oberwittler, Die Entwicklung von Kriminalität und Kriminalitätsfurcht in Deutschland, Konsequenzen für die Kriminalprävention, in: Deutsche Zeitschrift für die Kommunalwissenschaften 2003, S. 31.

772 BMI/BMJ 2002, S. 604.

773 Kunz, Bürgerfreiheit und Sicherheit, S. 13.

774 Stock, Kriminalprävention in Deutschland, forum Kriminalprävention 2001, S. 12–14.

775 Habich, Roland, Immer mehr für immer mehr – Anmerkungen zur Wohlfahrtsforschung in vergleichender Perspektive, in: Wolfgang Glatzer, Sozialer Wandel und gesellschaftliche Dauerbeobachtung, Opladen 2002, S. 202–208.

776 Kunz, Kriminologie, S. 271.

777 Schwind, Kriminologie, S. 422; Dünkel/Maelicke, Neue Kriminalpolitik 2004, 131 (131); Frankenberg, KJ 2005, 370 (373).

778 Höffler, Graffiti – Prävention durch Wiedergutmachung, S. 19, 21, 51, 109–111, 118.

beeinträchtigt.[779] Kriminalpolitik ist in der Tat so, dass Teile der Politik das Thema Innere Sicherheit bewusst aufgreifen und auch beim Ausmaß der Kriminalität übertreiben, um sich in der Öffentlichkeit mit rigorosen Forderungen profilieren zu können. Durch ein solches Vorgehen wird das gesellschaftliche Klima beeinflusst. Es ist daher nicht so, dass die Kriminalpolitik die Emotion der Bevölkerung abbildet, sondern dass hier ein Wechselspiel stattfindet.[780] Ob das Vertrauen der Bevölkerung durch eine solche Politik tatsächlich bedroht ist, kann man empirisch nicht feststellen. Es besteht aber die Gefahr eines Ansehensverlustes der Politik.[781] Ästhetische Vorstellungen der Täter dürfen nicht schützwürdig sein.[782] Die Furcht vor kriminellen Handlungen ist in der Bevölkerung häufig das Ergebnis politischer Maßnahmen.[783] Das unbefugte Sprayen von Graffitis würde von daher die Kriminalitätsfurcht steigern, sich auf das Sicherheitsempfinden der Bürger auswirken und könnte sich im Ergebnis zu politischen Zwecken missbrauchen lassen.

c) Das Sicherheitsgefühl in der Bevölkerung als Entstehungszusammenhänge

Das Sicherheitsgefühl der Bürger ist ein zentrales politisches Thema in Deutschland. Beim unbefugten Sprayen von Graffitis geht es um das Sicherheitsgefühl in der Bevölkerung.[784] Das Sicherheitsgefühl hat sich mit der Veränderung der Politik der Verbrechensbekämpfung verändert.[785] Ängste und Befürchtungen der älteren Bevölkerung sind durch Graffitis zu einem entscheidenden Bestandteil ihres Sicherheitsgefühls geworden.[786] Allerdings gibt es keinen überzeugenden Zusammenhang zwischen der Kriminalitätsbelastung in den Städten und dem Sicherheitsgefühl in der Bevölkerung.[787] Um das Wohlbefinden und das Lebensgefühl der Bürger zu gewährleisten, soll das Bedürfnis nach öffentlicher Sicherheit in die Sicherheitspolitik des Gesetzgebers eingebunden werden. Ängste sind häufig vorhanden. Eigentum ist eine wesentliche Komponente der gesellschaft-

---

779 Wolf, Graffti als kriminologisches und strafrechtsdogmatisches Problem, S. 25.

780 Singelnstein/Stolle, Die Sicherheitsgesellschaft, S. 145.

781 Kunz, Neue Kriminalpolitik 2005, 155 (156).

782 BT-Drucks. 15/404; 14/872; 14/8013.

783 Kreuter, Kriminalitätsfurcht, S. 15.

784 Schwind, Kriminologie, S. 423–431; Maron, das 39. Strafrechtsänderungsgesetz, S. 97–100; Höffler, Graffiti – Prävention durch Wiedergutmachung, S. 42–43.

785 Hirtenlehner, MschrKrim 2006, 1 (2); Feltes, Kriminalistik 2003, 277 (277).

786 Kaiser, Graffiti, S. 32ff.

787 Feltes, Kriminalistik 2003, 277 (277).

lichen Lebensqualität.[788] Die Politik strebte bei ihren Reaktionen auf die illegalen Graffitis im zunehmenden Maße an, diesem vermeintlich gestiegenen gesellschaftlichen Sicherheitsbedürfnissen Rechnung zu tragen.[789] Seit Ende der 90er Jahre wurde die Kriminalitätsfurcht zum subjektiven Indikator der Inneren Sicherheit und damit Gegenstand kriminalpolitischer Planungen.[790] Die Kriminalitätsfurcht sei eine von vielen kriminalitätsverbundenen Einstellungen. Die Kriminalitätsfurcht beeinträchtige das individuelle Lebensgefühl.[791] Die Kriminalitätsfurcht entwickelte sich rasch zu einem interessanten kriminalwissenschaftlichen Thema.[792] Das Sicherheitsgefühl der Bürger und die tatsächliche Kriminalitätslage werden von der Politik und den interessierten Interessengruppen benutzt, um die Angst vor Kriminalität in der Bevölkerung zu thematisieren.[793] Der Gesetzgeber hat die Kriminalitätsfurcht und die tatsächlichen Bedrohungen durch das unbefugte Sprayen von Graffitis zum Anlass genommen, den Tatbestand der Sachbeschädigung zu verändern.[794]

Das unbefugte Sprayen von Graffitis verursacht eine Kriminalitätsfurcht.[795] Die Angst vor Eigentumsschäden und vor einer Verwahrlosung der Bürger wurde durch das unbefugte Sprayen von Graffitis begründet.[796] Die Kriminalpolitik hat sich mit der Veränderung der Gesellschaft verändert.[797] Die Bürger trauen der Kriminalpolitik immer weniger zu, die gesellschaftlichen Probleme zu behandeln. Wenn durch den Vertrauensverlust der Bürger die demokratische Entwicklung gefährdet wird, entsteht damit eine erhebliche gesellschaftliche Unsicherheit.[798] Die Unsicherheiten findet man auch im Bewusstsein der Bürger im Verhältnis zur Kriminalität.[799] Bei den Bürgern entsteht aus Unsicherheit eine Kriminaltätsfurcht. Bei den Bürgern entsteht auch an bestimmten Orten, die durch Dunkelheit und Fremdheit gekennzeichnet sind, eine Angst vor neuen

788 BT-Drucks. 15/63, S. 1; 14, 569, S. 1.

789 BT-Drucks. 15/5317, S. 3; 15/404, S. 6; 15/302, S. 1; 15/63, S. 3; 14/8013, S. 6; 14/872, S. 4.

790 BR-Drucks. 805/98, S. 2.

791 BT-Drucks. 15/5317, S. 4; 15/404, S. 7; 14/8013, S. 7; 14/872, S. 5.

792 BT-Drucks. 15/5317, S. 3–4; 15/404, S. 7–8; 15/302, S. 1; 15/63, S. 3; 14/8013, S. 6–7; 14/546, S. 1; 14/872, S. 4.

793 BT-Drucks. 15/5317, S. 3; 15/404, S. 6; 15/302, S. 1.

794 BT-Drucks. 15/5313, S. 3; 15/5317, S. 3–4; 15/404, S. 6–7; 15/302, S. 3–4; 15/63, S. 3.

795 Schwind, Kriminologie, S. 373; Wolf, Graffti als kriminologisches und strafrechtsdogmatisches Problem, S. 90.

796 Bülow, Stellungnahme von Rechtsausschussproto. 14/138, S. 39.

797 Schnurr, Graffiti als Sachbeschädigung, S. 166; Kunz, Kriminologie, S. 325–326.

798 Kunz, Kriminologie, S. 279, 280; ders., Bürgerfreiheit und Sicherheit, S. 18.

799 Hassemer, StV 1995, 483 (488).

Straftaten.[800] Die Statistiken über das unbefugte Sprayen von Graffitis sind relativ eindeutig.[801] Graffitis an Gebäuden und Verkehrsmitteln, das farbliche Besprühen mit Schriftzeichen, Bildern oder Symbolen verursachen erhebliche Schäden. Es handelt sich beim Farbvandalismus um eine Straftat. Die Sprayer wollten durch Graffitis die Aufmerksamkeit auf eine bestimmte Situation lenken und damit eine Reaktion hervorrufen. Die Beschädigung durch Graffitis richtet sich gegen Gegenstände, die sich gerade zufällig anbieten, insbesondere aber gegen private und öffentliche Einrichtungen. Alkoholbeeinflussung und Gruppeninteraktionsprozesse dürften die Wahrscheinlichkeit vandalistischer Aktivitäten erhöhen. Verwaltung und Justiz sind verpflichtet, konsequent gegen Graffitis sowie deren Hinterlassenschaften vorzugehen. Die Effektivität der Strafverfolgung muss für eine Reduzierung eines Vollzugsdefizits gesteigert werden. Diese Steigerung der Aufklärungsrate wollte Wolf durch eine Verteilung polizeilicher Ressourcen erreichen, die sich stärker an den Kriminalitätsängsten der Bevölkerung, hervorgerufen durch Graffitis, ausrichtet. Graffitis dürfte nicht außer Acht gelassen werden, hinsichtlich der Beeinträchtigung der Lebensqualität, weil die Kriminalitätsfurcht durch die allgemeine Art der Verbrechensbekämpfung bei Eigentumskdelikten verstärkt wird.[802]

Die gesellschaftliche Stimmung wird durch die Medienberichterstattung über Kriminalität ebenfalls beeinflusst.[803] Medien haben eine Kommentierungsfunktion im Hinblick auf die sozialen Hintergründe zur Entstehung von Graffitis.[804] Das Graffiti-Problem ist seit dem Jahr 2005 kaum mehr in den Medien präsent und es wurde in diesen auch wenig bzw. nie in reißerischer Art publiziert, was die Ängste in der Bevölkerung zusätzlich geschürt hätte. Die wenigen Berichte liefen eher auf den Ärger über Verwahrlosung hinaus, wenn nicht gar umgekehrt die künstlerischen Qualitäten, zumindest bestimmter Graffitis, herausgestellt werden.[805] Es ist für typische Mittelschicht-Kids weniger das primäre Problem, keine Beschäftigung, oder keinen Job zu haben. Vielmehr ist es gerade deren bewusste Entscheidung, trotz ihrer Möglichkeiten, ihre Bestätigung in der sich

---

800 Schwind, Kriminologie, S. 422; vgl. Wolf, Graffti als kriminologisches und strafrechtsdogmatisches Problem, S. 90; Boers, MschrKrim 1996, 314ff.

801 Höffler, Graffiti – Prävention durch Wiedergutmachung, S. 20ff.; Wolf, Graffiti als kriminologisches und strafrechtsdogmatisches Problem, S. 52ff.

802 Wolf, Graffti als kriminologisches und strafrechtsdogmatisches Problem, S. 51–52, 86–88, 93–94, 245; Hirtenlehner, MschrKrim 2006, 1 (2f.).

803 Schnurr, Graffiti als Sachbeschädigung, S. 172; Wolf, Graffti als kriminologisches und strafrechtsdogmatisches Problem, S. 90; Kunz, Kriminologie 2008, S. 242.

804 Schwind, Kriminologie, S. 422; vgl. Streng, FS für Kaiser, S. 921, 923; Kunz, GS für Schlüchter, S. 727–733.

805 Vgl. Wolf, Graffti als kriminologisches und strafrechtsdogmatisches Problem, S. 90; Schnurr, Graffti als Sachbeschädigung, S. 172; Maron, das 39. Strafrechtsänderungsgesetz, S. 104.

durch Normbruch ausdrückenden Opposition zur Gesellschaft zu suchen.[806] Anders als in den USA sind hierzulande Graffitis ein Phänomen von integrierten Jugendlichen. Gewalt durch Gangs spielt keine Rolle.[807] Rap und Hip-Hop sind hierzulande längt zu populären Musikrichtungen in der Graffiti-Szene geworden. Die deutsche Graffiti-Szene ist nicht einmal tendenziell einer bestimmten gesellschaftlichen Schicht zuzuordnen. Die Einstellung der Bürger könne gegenüber der deutschen Graffiti-Szene verbessert werden, wenn die Bürger über die Motivation der Sprayer aufgeklärt würde, weil dadurch klar werden würde, dass von der deutschen Graffiti-Szene keine Beeinträchtigung des Sicherheitsgefühls der Bürger ausgehen könne. Graffitis können sowohl von Nachahmern vorgenommene Schmiererein sein, die ohne tieferen Grund gesprayt werden, als auch eine bewusste Ausdrucksform sein. Graffitis haben für die Jugendlichen eigene subkulturelle Bedeutungen. Sie können als Ausdruck der Persönlichkeit der Sprayer und des in der Szene verbreiteten identitätsstiften Lebensgefühls gegenüber anderen Gruppen verstanden werden. Der Kunstbegriff endet, sobald eine Sachbeschädigung nach § 303 StGB gegeben ist. Legale Graffitis können Kunst darstellen. Argumentiert wird, man dürfe bestimmten Bildern nicht den Kunstbegriff verweigern, wenn dasselbe Bild illegal auf fremdem Eigentum angebracht wurde. Graffitis zählen auch zu den großen Ärgernissen. Verbrechen und Gewalt müssen auch ohne „Zero-Tolerance" als schwierige gesellschaftliche Probleme bekämpft werden. Das Opfer wartet häufig auf die Beseitigung bzw. Erstattung der Reinigungskosten. Beide Vorhaben müssen parallel erfolgen und dürfen nicht zur Voraussetzung dafür gemacht werden, dass man gegen das Verunstalten der Städte und Gemeinden angeht. Je rascher Graffitis beseitigt werden, desto geringer ist die Wahrscheinlichkeit, dass weitere Graffitis gesprüht werden.[808] Die Reinigungskosten, die durch Graffitis auf privaten und öffentlichen Wänden entstehen, sind für die Opfer teilweise hoch. Es ist bei Graffitis an Bahnanlagen und Zügen nicht akzeptabel, dass die Reinigungskosten für die Zerstörungswut Einzelner von der Gesellschaft getragen werden. Dafür muss man sich nicht als Held aufspielen und sich selbst in Gefahr bringen. Außerdem entstehen bei der Reinigungsarbeit teilweise nicht nur unerhebliche Kosten, die das Eigentum erheblich beeinträchtigt. Dementsprechend ist zumindest weitergehend auch der subjektive Umgang mit Graffiti bei den Bürgern weniger von Verbrechensangst als von Ärger über Vandalismus geprägt.

806 Höffler, Graffiti – Prävention durch Wiedergutmachung, S. 43, 46, 110–118.

807 Schnurr, Graffiti als Sachbeschädigung, S. 180.

808 Behforouzi, Die deutsche Graffiti-Szene, S. 22–26, 176, 178, 181; Höffler, Graffiti – Prävention durch Wiedergutmachung, S. 43–44, 318.

5. Status quo des Umgangs mit Jugenddelinquenz

Bei Graffiti handelt sich um eine Form der Jugendkriminalität. Jugendkriminalität ist eine temporäre Erscheinung.[809] Die meisten Graffitisprayer gehören einer Jugendsubkultur an, in der das Bewußtsein, etwas Verbotenes zu tun, einen Anreiz für die Begehung der Tat ist. Sie suchen mit Spaß am Verboten, Gebäude von anonymen Eigentümern aus.[810] Vor allem wird das unbefugte Sprayen von Graffitis von Jugendlichen begangen. Je früher das soziale Lernen erfolgt, desto wirksamer schlägt es sich in der Sozialisation der Jugendlichen nieder. Die wichtigsten Persönlichkeitsstrukturen der Jugendlichen entstehen durch die familiäre Erziehung, wobei die in frühester Kindheit erfolgten Erfahrungen der Jugendlichen am stärksten wirksam sind. Die besten Lernmöglichkeiten der Jugendlichen sind Familie, Schule und Peer-Group.[811] Die Lernmöglichkeit der Jugendlichen wird auf Grund einer mangelhaften Selbstkontrolle, von der Familie über die Schule bis Peer-Group nur teilweise wirksam. Informelle Reaktionen sind durch langfristige Erziehungen und Stärkungen der Jugendliche eine sinnvolle Ergänzung, aber keine hinreichende Alternative zum Strafrecht. Jugendliche sind bei dem unbefugten Sprayen von Graffitis im Alter zwischen 14 und 18 Jahren. Es wird zusätzlich problematisch, wenn Jugendliche aktiv in Gruppen gemalt haben.[812] Die durch die Straftaten der Jugendlichen verursachten Schäden sind häufig hoch, wobei vor allem Bahn- und Verkehrsbetriebe betroffen sind.[813]

Das Sanktionssystem des JGG ist auf die Jugendlichen ausgerichtet.[814] Jugendstaatsanwalt und Jugendrichter können das Strafverfahren nach §§ 45 Abs. 2 S. 1, 47Abs. 1 Nr. 2 JGG auf eine erzieherische Maßnahme der Jugendhilfe begrenzen.[815] Das JGG nimmt auf die Straftatbestände des StGB Bezug. Es gibt sicherlich auch einige Sprayer, bei denen das Jugendstrafrecht nicht mehr anzuwenden ist.

Bei Graffiti-Delikten ist eine Schadenswiedergutmachung nach § 45 Abs. 2 JGG für Jugendliche geboten. Das Projekt „Graffiti München" wurde durch Polizisten, Staatanwaltschaft und sonstigen kommunalen Kooperationsorganisa-

809 Braum, KJ 2000, 47 (47); Wolf, Graffti als kriminologisches und strafrechtsdogmatisches Problem, S. 76.

810 Behforouzi, Die deutsche Graffiti-Szene, S. 125, 145–146; Höffler, Graffiti – Prävention durch Wiedergutmachung, S. 51.

811 Schnurr, Graffiti als Sachbeschädigung, S. 216–218.

812 Höffler, Graffiti – Prävention durch Wiedergutmachung, S. 19–21.

813 Höffler, Graffiti – Prävention durch Wiedergutmachung, S. 204–205.

814 Höffler, Graffiti – Prävention durch Wiedergutmachung, 61; vgl. Kühl, Die strafrechtliche Erfassung von „Graffiti", in: FS für Weber, S. 413, 423.

815 Höffler, Graffiti – Prävention durch Wiedergutmachung, S. 64.

tionen durchgeführt.[816] In Stuttgart wurde die kommunale Politik der Kriminalprävention zur Steigerung des Sicherheitsgefühls der Bürger debattiert. Graffti ist ein zentrales Thema der Kriminalpolitik. Es handelt sich um erhebliche Schäden. Die Reduzierung der Ängste der Bürger vor weiteren Straftaten wurde von der Stadt Stuttgart als eine wesentliche Aufgabe der Kriminalitätsprävention angesehen. Die innere und äußere Sicherheit wurde teilweise verbessert. Die Zusammenarbeit von Jugendhilfe, Polizei, Justiz und Verwaltung findet innerhalb des Netzwerkes für Kriminalprävention statt. Die Kooperation sowie die Vernetzung von Menschen und Organisation werden teilweise bei dem unbefugten Sprayen von Graffitis wirksam, um einen Beitrag zur Schaffung, Aufrechterhaltung und Verbesserung positiver Lebensbedingung der Bürger zu leisten. Die Polizeiarbeit trägt zur Sicherheit inden Kommunen bei.[817] Soziale Einflüsse wurden bei der Kriminalitätsfurcht ständig berücksichtigt, die Kriminalitätsfurcht und das Sicherheitsgefühl werden durch Prävention und Kriminalitätskontrolle beeinflusst.[818] Die Zufriedenheit der Bürger wurde durch die verbesserte öffentliche Sicherheit gesteigert.[819] Kriminalprävention ist eine sinnvolle Ergänzungspolitik zur Veränderung der realen Welt, aber keine hinreichende Alternative zum Strafrecht. Die Jugendentwicklungspolitik wurde teilweise zusammen mit der Stadtentwicklungspolitik durch die jeweiligen Städte und Gemeinden durchgeführt. Neben der Zerstörung und Beschädigung an der Sache gibt es Auswirkungen durch Vandalismus.[820]

Das Strafrecht sei ein symbolisches Recht mit dem politischen Interesse.[821] Der Tatbestand der Sachbeschädigung sei ein Bekämpfungsmittel des „Zerfalls der Ordnung" und Zerfall der Sicherheitslage im Land für die Lösung gesellschaftlicher Probleme.[822] Das Strafrecht funktioniert von einer symbolischen Wirkung mit einem legitimen Zweck als „Kommunikationsmittel der Politik".[823] Dies führt zu den hohen wirtschaftlichen Schäden durch Graffitis. Das unbefugte

816 Höffler, Graffiti – Prävention durch Wiedergutmachung, 91.

817 Maron, Das 39. Strafrechtsänderungsgesetz, S. 87–88.

818 Kriminalistisch-Kriminologische Forschungsstelle, Forschungsberichte Nr. 4/2006, Landes Kriminalamt Nordrhein-Westfalen, individuelle und sozialräumliche Determinanten der Kriminalitätsfurcht, Sekundäranalyse der Allgemeinen Bürgerbefragungen der Polizei in Nordrhein-Westfalen.

819 Datenreport 2006, Statistische Bundesamt, S. 534–541.

820 BT-Drucks. 15/5317, S. 3; 15/404, S. 6; 15/302, S. 1; 14/8013, S. 6; 14/872, S. 4; 14/546, S. 1; 14/569, S. 3.

821 Albrecht, Stellungnahme von Rechtsausschussproto. 14/29, S. 3–4.

822 BT-Drucks. 15/5317, S. 3; 15/404, S. 6; 15/302, S. 1; 14/8013, S. 6; 14/872, S. 4; BR-Drucks. 914/02, S. 2; 805/98, S. 2.; 765/01, S. 2; Jäger, Stellungnahme von Rechtsausschussproto. 15/19, S. 11.

823 Schnurr, Graffiti als Sachbeschädigung, S. 208–211.

Sprayen von Graffitis sei nicht als Bagatellkriminalität anzusehen.[824] Anzumerken ist, dass es sicherlich auch zahlreiche Erwachsene gibt, die das Eigentum anderer nicht respektieren und die für die Schäden, die sie verursacht haben, strafrechtlich nicht einstehen mussten und zivilrechtlich mangels finanzieller Mittel nicht belangt werden konnten.[825]

V. Zusammenfassendes Ergebnis

Das unbefugte Sprayen von Graffitis verursacht im Erscheinungsbild der Großstädte und Ballungsräume ständig soziale und kriminologische Probleme. Trotz des Strafrechtsänderungsgesetzes im Jahr 2005 ist das Graffiti-Problem noch immer aktuell. Die „Broken-Windows"-Theorie und „Zero-Tolerance"-Politik gehen von einer starken Verantwortlichkeit des Täters aus und sehen bereits bei einem erstmaligen Verstoß spürbare Sanktionen vor. Diese Erwartung ist allerdings problematisch, wenn die Prävention nur aus den polizeirechtlichen Sanktionen besteht.

Insbesondere sind die zivil- und ordnungswidrigkeitenrechtlichen Graffitibekämpfungen und die gesellschaftlichen Grafftibekämpfungen eine sinnvolle Ergänzung, aber keine hinreichende Alternative zum Strafrecht.[826]

---

824 Wolf, Graffiti als kriminologisches und strafrechtsdogmatisches Problem, S. 84, 94.

825 Vgl. Höffler, Graffiti – Prävention durch Wiedergutmachung, S. 42; Wolf, Graffiti als kriminologisches und strafrechtsdogmatisches Problem, S. 185–186.

826 Wolf, Graffti als kriminologisches und strafrechtsdogmatisches Problem, S. 185–190.

5. Kapitel: Lösungsvorschläge zur Reform des Straftatbestands der Sachbeschädigung

I. Rechtslage aus Gründen der Strafrechtsdogmatik in Südkorea

Die Veränderung der Lebenswelt durch die Globalisierung, die das kriminologische Phänomen „Graffiti" erst hervorgebracht hat, verlangt die Beseitigung der belastenden Störung an der fremden Sache.

Im Folgenden soll ein Überblick gegeben werden, wie der § 366 KoStGB auf illegale Graffitis anzuwenden ist. Es stellt sich in Frage, wie der Straftatbestand der Sachbeschädigung in Italien, Österreich und der Schweiz geregelt ist und welche Formulierungen zum Straftatbestand der Sachbeschädigung in Ländern wie Südkorea häufig benutzt werden. Dazu stellt sich die Frage, welche Formulierung aus Gründen der Strafrechtsdogmatik zu einer großen Bandbreite an Auslegungsmöglichkeiten führen.

1. Rechtslage in Südkorea

a) Darstellung der Gesetzeslage § 366 KoStGB

Der Tatbestand der Sachbeschädigung lautet nach § 366 KoStGB wie folgt:

Wer fremde Sachen, Dokumente oder Aufzeichnungen auf elektronischen Datenträgern, speziellen Medien, Datenverarbeitungsanlagen oder sonstige Datenträger beschädigt, zerstört, verbirgt oder in sonstiger Weise unbrauchbar beeinträchtigt, wird mit Freiheitsstrafe bis zu drei Jahren oder mit Gelsstrafe bis zu 7 Mio. KRW[827] bestraft.

b) Entstehungsgeschichte

Seit dem 13.10.1991 ist die Reduzierung der Gewaltkriminalität ein zentraler Teil Kriminalpolitik. Die Kriminalpolitik hat einen erheblichen Einfluss auf die

827 Ca. 4378, 05 Euro.

Kriminalitätsfurcht der Bürger, wobei die Angst vor neuen Straftaten zu einer Erhöhung des Unsicherheitsgefühls führt. Allerdings wurde der Tatbestand der Sachbeschädigung im Jahre 1991 durch die Strafrechtsreformgesetze nicht umgesetzt.[828] Der Tatbestand der Sachbeschädigung trat erst nach der Verabschiedung des § 366 KoStGB durch das Strafrechtsänderungsgesetz von 1995 in Kraft, um Strafbarkeitslücken des Tatbestands der Sachbeschädigung zu schließen. Der Tatbestand der Sachbeschädigung wurde um die Gewährleistung ihrer Gebrauchsfähigkeit an Dokumente oder Aufzeichnungen auf elektronischen Datenträgern, spezielle Medien, Datenverarbeitungsanlagen oder sonstige Datenträger ergänzt.[829]

c) Geschützes Rechtsgut

§ 366 KoStGB schützt das Eigentum.[830] § 366 KoStGB schützt nicht nur das Eigentum.[831] § 366 KoStGB enthält den Tatbestand der einfachen Sachbeschädigung. § 366 KoStGB enthält einen umfassenden Rechtsgüterschutz und dementsprechend eine Vielzahl von Begehungsvarianten. § 366 KoStGB ist kein besonders komplexer Paragraph.[832] Die Norm schützt das Eigentum und das Sacherhaltungsinteresse des Eigentümers. Der Zweck dieser Schutzrichtung liegt darin, zu verhindern, dass der Wert der Sache für den Eigentümer herabgesetzt oder vernichtet wird. Dieser Schutz ist allerdings nicht umfassend.[833] Vielmehr soll lediglich gegen solche Einwirkungen geschützt werden, die Gebrauchswerte oder die bestimmungsgemäße Brauchbarkeit mehr als nur unerheblich beeinträchtigen.[834] Hiermit wird die Gebrauchsfähigkeit der Sache beeinträchtigende Einwirkung auf die Sache selbst erfasst, so dass die bloße Zustandsveränderung weitgehend ausgeschlossen ist.[835]

828 Kim, Il-Su, ZStW 1994, 422 (422); Nach der Bekämpfungspolitik kam der Entwurf des Strafgesetzbuch 1992, Son, Misuk, ZStW 2007, 750 (750).

829 Lee, Young-Ran, StrR BT, S. 448; Jin, Gye-Ho/Lee, John-Girl, StrR BT, S. 540; Shim, Jae-Moo, StrR BT I, S. 371.

830 Kwon, Oh-Geol, StrR BT, S. 859; Lee, Jae-Sam, Moderne StrR, 332; Han, Nam-Hyun, StrR BT, S. 286.

831 Cho, Kuk, Law School, StrR BT, S. 380; Kim, Sung-Don, StrR BT, Criminal Law, S. 458.

832 Vgl. Jin, Gye-Ho/Lee, John-Girl, StrR BT, S. 540.

833 Kim, Sung-Don, StrR BT, S. 454, 458; Son, Dong-Kwun, StrR BT, S. 503.

834 Kim, Seong-Cheon/Kim, Hyung-Joon, StrR BT, S. 653; Jung, Young-Il, StrR BT, S. 437.

835 Cho, Kuk, StrR BT, S. 383.

d) Tatobjekte

Als Tatobjekt für Graffiti kommen relativ selten Gebäude oder Hauswände in Betracht.[836] Weiterhin ist die Sache fremd, wenn sie im Eigentum eines anderen steht.[837] Ferner ist unerheblich, ob es sich um eine dauerhafte oder vorübergehende Sache handelt.[838]

2. Die Strafbarkeit des illegalen Sprayens von Graffitis in Südkorea

a) Rechtsprechung

Gerichtliche Entscheidungen in Fällen, in denen Täter wegen Sachbeschädigung auf Grund des Sprayens von Graffiti angeklagt wurden, sind nicht häufig.[839] Nach der Rechtsprechung versteht man unter Beschädigung jede Minderung der Brauchbarkeit für ihren ursprünglichen Zweck.[840] Dagegen soll die bloße Veränderung der äußeren Erscheinungsform einer Sache durch das Anbringen von Bohrlöchern in Wänden keine Beschädigung sein.[841] Nach der Ansicht der Rechtsprechung liegt z.B. beim Sprayen von Wänden nur dann eine Sachbeschädigung vor, wenn eine Reinigung mit größeren Aufwand an Kosten (ca. 3.410.000 KRW[842]) zu einer solchen Brauchbarkeitsminderung führen muss.[843] Nach der Auffassung der koreanischen Rechtsprechung ist das Graffiti-Sprayen also nur dann als eine Sachbeschädigung anzusehen, wenn die Kosten der Wiederherstellung in den ursprünlichen Zustand und der Wiederherstellung der Gebäudefunktion erheblich sind.[844] Eine Brauchbarkeitsminderung soll dann nicht gegeben sein, wenn sie ohne größeren Aufwand an Kosten 500.000 KRW beseitigt werden kann.[845] Die koreanische Justiz subsumiert damit unabhängig von Substanzverletzungen unter den Beschädigungsbegriff. Allerdings wurde die Substanzverletzung schon dann als erheblich bewertet, wenn sie den Funktions-

836 Cho, Kuk, StrR BT, S. 380.
837 Lee, Young-Ran, StrR BT, S. 450.
838 Kim, Seong-Cheon/Kim, Hyung-Joon, StrR BT, S. 659.
839 Kwon, Oh-Geol, StrR BT, S. 858.
840 KoOG, 2007Do, 2590.
841 KoOG 2007 Do, 6485.
842 C.a. 2201 Euro.
843 KoOG 2007 Do, 2590.
844 KoOG, 2007Do 2590; 91 Do, 2090.
845 Durch Einwurf Eier mehr als 10. 500000 KRW ist 323 Euro. KoOG, 2007 Do, 2590.

wert der Gebäude durch Graffitis einschränkt.[846] Die Substanzverletzung sei aber kein erforderliches Merkmal des Beschädigens. Nach der koreanischen Rechtsprechung liegt auch eine Sachbeschädigung vor, wenn eine nicht unerhebliche Beeinträchtigung der bestimmungsmäßigen Brauchbarkeit durch Graffitis gegeben ist.[847]

b) Literatur

Das koreanische Strafrecht reagiert sehr empfindlich auf politische Parollen.[848] In Südkorea gab es das unbefugte Sprayen von Graffitis mit politischen Parolen in der Nähe der Universität Hongik in Seoul. Dadurch sind entsprechende Schäden entstanden. Negativ ist, dass die politische Meinungsäußerungsfreiheit wichtiger ist als das Eigentum und dass deshalb das unbefugte Sprayen von Graffitis nicht strafbar ist.[849] Wenn die politische Meinungsäußerungsfreiheit das illegale Sprayen von Graffitis rechtfertigen könnte, wären die Täter auch nicht den zivilrechtlichen Schadensersatzforderungen nach § 750 KoBGB ausgesetzt.[850] Jede dem Eigentümerwillen entgegenstehende Veränderung des Zustands an der Sache ist ausreichend, um den Straftatbestand der Sachbeschädigung zu erfassen.[851] Eine Funktionsvereitelung begründet auch eine Sachbeschädigung.[852] Die Frage stellt sich in der koreanischen Strafrechtswissenschaft, ob vom Begriff des Beschädigens nach § 366 KoStGB auch Graffitis erfasst sind. Hierbei ist die Diskussion zum Beschädigungsbegriff in Südkorea erforderlich.

Eine fremde Sache ist dann beschädigt, wenn der Nutzungswert verletzt oder ihre bestimmungsgemäße Brauchbarkeit für die Verwendbarkeit an der Sache beeinträchtigt wird.[853] § 366 KoStGB setzt den Wirtschaftswert an der Sache nicht voraus.[854] Der Tatbestand der Sachbeschädigung nach § 366 KoStGB schütze den Gebrauchswert oder Nutzungswert an der fremden Sache.[855] Eine

846 KoOG, 2007 Do, 2590.

847 LG Seoul, Godan 313 am 13.05.2011; KoOG, 1991 Do, 2090.

848 Son, Misuk, ZStW 2007, 751 (751).

849 Kwon, Oh-Geol, StrR BT, S. 868.

850 Vgl. Kwon, Oh-Geol, StrR BT, S. 868.

851 Kim, Sung-Don, StrR BT, S. 485; Son, Dong-Kwun, StrR BT, S. 503.

852 Kim, Seong-Cheon/Kim, Hyung-Joon, StrR BT, S. 659; vgl. Huh, Won-Gu, StrR BT, S. 211.

853 Kim, Seon-Bok, StrR BT I, S. 343; Lee, Young-Ran, StrR BT, S. 446; Lee, Jae-Sam, Moderne StrR, 332; Han, Nam-Hyun, StrR S. 289; OK, Pil-Hun, Understanding of Criminal Law & Cases, S. 609.

854 Chung, Jin-Yeon/Shin, Yi-Chul, StrR BT, S. 385.

855 Kim, Seon-Bok, StrR BT 1, S. 339; Lee, Jae-Sam, Moderne StrR, S. 332; Han, Nam-Hyun, StrR BT, S. 289; Kwon, Oh-Geol, StrR BT, S. 858.

geringfügige Beschädigung an der Sache begründet auch eine Sachbeschädigung. Bei nur geringfügigen Schäden ist die Ahndung von Graffitis ein Vergehen.[856] Temporäre Beschädigung ist auch eine Sachbeschädigung.[857] Eine ganz oder teilweise, temporäre oder dauerhafte Minderung der Brauchbarkeit ist durch das Verändern des Erscheinungsbildes ausreichend für den Tatbestand der Sachbeschädigung.[858] Der gesetzliche Tatbestand wird nach § 366 KoStGB dahingehend ausgelegt, dass auch reine Verunstaltungen als Tat gewertet werden. § 366 KoStGB ergibt sich schon daraus, dass auch wertlose Dinge, die vielleicht einen ideellen Wert haben, Gegenstand der Sachbeschädigung sein können. Allerdings kann man durch Schäden an der Sache auf die Aufwandkosten abstellen, die notwendig sind, um das beschmierte Objekt wieder in seinen ursprünglichen Zustand zurückzuführen.[859] Der Tatbestand der Sachbeschädigung nach § 366 KoStGB liegt hingegen nicht vor bei bloßen Belästigungen oder Störungen im Gebrauch einer fremden Sache. Relevant sind die tatsächlichen Nachweisprobleme.[860] Die besprühte Fläche wird tatsächlich beschädigt.[861] Das Plakatieren ist keine Sachbeschädigung.[862] § 366 KoStGB setzt eine bestimmunsgemäße Brauchbarkeitsminderung voraus.[863] Graffitis sind eine Sachbeschädigung im Sinne einer Unbrauchbarmachung einer fremden Sache.[864] Das Merkmal „Unbrauchbarmachen“ ist eine schwierige Auslegungssache wie das Merkmal „Erheblichkeit“, oder „Verunstalten“. Fälle der Substanzverletzung und Brauchbarkeitsminderung erfasten nach wie vor den Straftatbestand der Sachbeschädigung.[865] Es handelt sich um die Konstellation, dass durch die Beseitigung eines Graffitis erst ein Schaden verursacht wird.[866] § 366 KoStGB ist sprachlich äußerst knapp beschrieben. Es gibt keinen Konsens für die Theorie zu Auslegung des Begriffs der Beschädigung im Sinne des § 366 KoStGB. Die Grenzen der Auslegung zum Tatbestand von Graffiti schließen für sich alleine eine strafrecht-

---

856 Kim, Sung-Don, StrR BT, S. 458.

857 Chung, Jin-Yeon/Shin, Yi-Chul, S. 387.

858 Jung, Young-Il, StrR BT, S. 439.

859 Cho, Hyun-Wook, Korean Law Association, DBPIA, Die Gebrauchsbeeinträchtigung bei Sachbeschädigung – unter besondere Berücksichtigung vom koreanischen Obergerichts 2007.6.28. 2007do 2590 Urteils –, S. 301ff.

860 Kwon, Oh-Geol, StrR BT, S. 864; Jin, Gye-Ho/Lee, John-Girl, StrR BT, S. 543.

861 Kim, Seong-Cheon/Kim, Hyung-Joon, StrR BT, S. 659; Kim, Seon-Bok, StrR BT, S. 344.

862 Jung, Young-Il, StrR BT, S. 441.

863 Kim, Seon-Bok, StrR BT I, S. 343, Sim, Jae-Moo, StrR BT I, S. 373.

864 Han, Nam-Hyun, StrR BT, S. 290; Kim, Seon-Bok, StrR BT I, S. 343; Han, Nam-Huyn, S. 290.

865 Oh, Young-Keun, Einführung StrR, S. 503.

866 Kwon, Oh-Geol, StrR BT, S. 868; Oh, Young-Keun, Einführung StrR, S. 504; Choi, Kwan-Shik, StrR BT, S. 211.

liche Tatbestandsebene des § 366 KoStGB nicht grundsätzlich aus, sondern markieren bloß deren strafrechtliche Grenzen. Es fehlt zwar an einer Beeinträchtigung der Substanz der Sache, aber der Grundsatz des Bestimmtheitsgebots wird durch § 366 KoStGB nicht beeinträchtigt.[867]

c) Stellungnahme

Eine Sachbeschädigung ist gegeben, wenn der Täter sowohl die Substanz an der fremden Sache verletzt, als auch dadurch die fremde Sache unbrauchbar beeinträchtigt.[868] Die Rechtsprechung verlangt zwar bei der Sachbeschädigung häufig, dass ein erheblicher Aufwand an Zeit, Arbeit und Kosten anfällt, eine nur geringfügige Beschädigung ist aber auch eine Sachbeschädigung.[869] Eine Sachbeschädigung kann nicht hingenommen werden, wenn öffentliche, oder private Gebäude oder sonstige Einrichtungen bemalt, oder besprüht werden. Eine Sachbeschädigung kann auf Grund der Tätermotivation zu einer politisch motivierten Straftat werden. § 366 KoStGB zielt darauf ab, das schädliche, oder belästigende Verhalten als Unrecht zu begründen. Negativ sei, dass der Straftatbestand der Sachbeschädigung in § 366 KoStGB verschiedene Inhalte und die Formulierung „in sonstiger Weise“ enthält. Anzumerken ist, dass die Brauchbarkeitsminderung mit der Formulierung „unbrauchbar beeinträchtigt“ bei dem unbefugten Sprayen von Graffitis für den Straftatbestand der Sachbeschädigung ausreichend ist.[870] Eine Sachbeschädigung liegt nach § 366 KoStGB vor, wenn die Substanz der Sache erheblich beeinträchtigt, oder die Brauchbarkeit der Sache nicht mehr gewährleistet ist, oder die Veränderung der äußeren Erscheinungsformen durch Graffitis, Bemalen oder Beschmieren der Wand, ohne Substanzverletzung, den ästhetischen Zweck der Sache unbrauchbar beeinträchtigt.

867 Kim, Seon-Bok, StrR BT I, S. 344.

868 Han, Nam-Hyun, StrR BT, S. 290; Kim, Seon-Bok, StrR BT I, S. 343.

869 Kwon, Oh-Geol, StrR BT, S. 868.

870 Kim, Seon-Bok, StrR BT I, S. 344.

3. Rechtsvergleich der Gesetzeslage in drei europäischen Ländern

a) Italien

aa) Art. 635 Abs. 1 ItaStGB

„Wer fremde bewegliche oder unbewegliche Sachen (…) vernichtet, zerstört, beschädigt oder ganz oder teilweise unbrauchbar macht, wird auf Strafantrag der geschädigten Person mit Freiheitsstrafe bis zu einem Jahr oder mit Geldstrafe in Höhe von bis zu 309 Euro[871] bestraft".

bb) Art. 639 Abs. 1 ItaStGB

„Wer außer in den Artikel 635 genannten Fällen fremde bewegliche oder unbewegliche Sachen verunstaltet oder beschmutzt, wird auf Strafantrag der geschädigten Person mit Geldstrafe in Höhe von bis zu 103 Euro[872] bestraft".[873]

cc) Stellungnahme

Art. 635 Abs. 1 ItaStGB regelt den Straftatbestand der Sachbeschädigung wie § 366 KoStGB. Die Formulierung „unbrauchbar macht" erfasst den Straftatbestand der Sachbeschädigung durch Grafftis.

Art. 639 Abs. 1 ItaStGB regelt zusätzlich den Straftatbestand der Verunstaltung und Beschmutzung. Nach Art. 635 Abs. 1 ItaStGB wird mit Gefängnisstrafe bis zu einem Jahr oder Geldstrafe verurteilt. Nach Art. 639 Abs. 1 ItaStGB wird mit Geldstrafe bis zu 103 Euro bestraft. Nach § 366 KoStGB wird mit Freiheitsstrafe bis zu drei Jahren und damit schwerer, als nach Art. 635 Abs. 1 ItaStGB und Art. 639 Abs. 1 ItaStGB bestraft.

Art. 639 Abs. 1 ItaStGB formuliert den umfassenden Schutz vor dem Verunstalten und Beschmutzen. § 366 KoStGB formuliert nicht Verunstalten und Beschmutzen.

---

871 http://ebooksbrowse.com/artt-439-440-635-codice-penale-doc-d421868728; vgl. c.a. sechshunderttausend Lire, http://www.comune.pontecagnanofaiano.sa.it/manifesti/codicepenale.pdf.

872 http://www.altalex.com/index.php?idnot=36775, Codice Penale, Libro II, Titolo XIII, agg. al 07.12.2012; vgl. c.a. zweihunderttausend Lire, http://www.comune.pontecagnanofaiano.sa.it/manifesti/codicepenale.pdf.

873 http://www.dirittoweb.com/codice_penale.html; vgl. Wolf, Graffiti als kriminologisches und strafrechtsdogmatisches Problem, S. 177.

In Italien sind Grafftis strafbar. Dies gilt hinsichtlich des äußeren Erscheinungsbildes an der Sache nach Art. 639 Abs. 1 ItaStGB („verunstaltet und beschmutzt“) und nach Art. 635 Abs. 1 ItaStGB („unbrauchbar macht“). In Südkorea ist das Straftatbestandsmerkmal „die sonst erfassten Handlungen“ nach § 366 KoStGB kein tauglicher Ansatzpunkt für eine Strafverfolgung. Es muss im Einzelfall nachgewiesen werden, dass Graffitis, oder deren Reinigungsarbeit den Untergrund verletzen.

b) Österreich

aa) § 125 ÖsterStGB

Wer eine fremde Sache zerstört, beschädigt, verunstaltet oder unbrauchbar macht, ist zu einer Freiheitsstrafe bis zu sechs Monaten, oder zu einer Geldstrafe bis zu 360 Tagessätzen zu verurteilen.

bb) § 126 Abs. 1 Nr. 7 und Abs. 2 ÖsterStGB

(1) Mit Freiheitsstrafe bis zu zwei Jahren oder mit Geldstrafe bis zu 360 Tagessätzen ist zu bestrafen, wer eine Sachbeschädigung begeht

(...)

7. durch die der Täter an der Sache einen dreitausend Euro übersteigende Schaden herbeiführt.

(2) Wer durch die Tat an der Sache einen fünfzigtausend Euro übersteigenden Schaden herbeiführt, ist mit Freiheitsstrafe von sechs Monaten bis zu fünf Jahren zu bestrafen.[874]

cc) Stellungnahme

§ 125 ÖsterStGB formuliert den einfachen Straftatbestand der Sachbeschädigung. § 125 ÖsterStGB regelt vier Tathandlungen mit der Formulierung „zerstört, beschädigt, verunstaltet oder unbrauchbar macht“. Nach § 125 ÖsterStGB wird mit einer Freiheitsstrafe bis zu sechs Monaten, oder mit einer Geldstrafe bis zu 360 Tagessätzen bestraft. § 366 KoStGB formuliert nicht „verunstaltet“.

§ 126 Abs. 1 Nr. 7 und Abs. 2 ÖsterStGB schützen zusätzlich das Eigentum nach der Schadenshöhe und Verhaltensweise. Nach § 126 Abs. 2 ÖsterStGB ist mit einem Strafrahmen von sechs Monaten bis zu fünf Jahren zu bestrafen. Nach § 366 KoStGB wird mit einer Freiheitsstrafe bis zu drei Jahren, intensiver als

874 http://de.wikipedia.org/wiki/Sachbesch%C3%A4digung; vgl. Moos, JR 2001, 93 (96).

nach § 125, § 126 Abs. 1 Nr. 7 und Abs. 2 ÖsterStGB bestraft. § 366 KoStGB regelt nicht die Schadenshöhe.

Graffitis sind strafbar mit geringeren Beweisproblemen nach §§ 125, 126 Abs. 1 Nr. 7 und Abs. 2 ÖsterStGB („verunstaltet oder unbrauchbar macht" und nach der Schadenshöhe). Grafftis sind auch strafbar mit geringeren Beweisproblemen nach § 366 KoStGB „beschädigt, zerstört, verbirgt oder in sonstiger Weise unbrauchbar beeinträchtigt".

c) Schweiz

aa) Art. 144 Abs. 1 SchwStGB

„Wer eine Sache, an der ein fremdes Eigentums-, Gebrauchs- oder Nutzniessungsrecht besteht, beschädigt, zerstört oder unbrauchbar macht, wird, auf Antrag, mit Freiheitsstrafe bis zu drei Jahren oder Geldstrafe bestraft".[875]

bb) Stellungnahme

Art. 144 Abs. 1 SchwStGB schützt das Vermögen. § 366 KoStGB schützt das Eigentum. Nach Art. 144 Abs. 1 SchwStGB ist die Substanzverletzung nicht notwendig. Nach § 366 KoStGB ist die Substanzverletzung auch nicht notwendig. Die Minderung der Brauchbarkeit ist in der Schweiz und in Südkorea bei Grafftis ausreichend. Graffitis sind strafbar mit geringeren Beweisproblemen nach Art. 144 Abs. 1 SchwStGB („Eigentums-, Gebrauchs- oder Nutzniessungsrecht beschädigt, zerstört oder unbrauchbar macht") wie § 366 KoStGB.

4. Zusammenfassendes Ergebnis

Vergleicht man die Rechtslage in den genannten drei europäischen Ländern, so werden beim Straftatbestand der Sachbeschädigung häufig die gleichen Formulierungen „beschädigt", „zerstört" und „unbrauchbar macht" verwendet. § 366 KoStGB enthält aber keine Formulierung „verunstaltet". Nach § 366 KoStGB wird mit einem erhöhtem Strafrahmen bis zu drei Jahren oder mit einer Geldstrafe bis zu 7000000 KRW stärker als in Italien, Österreich und der Schweiz bestraft. Graffitis sind strafbar mit geringeren Beweisproblemen nach § 366

875 http://www.admin.ch/ch/d/sr/3/311.0.de.pdf; Schweizerisches Strafgesetzbuch, Stand am 01.01.2013, S. 59; vgl. Wolf, Graffiti als kriminologisches und strafrechtsdogmatisches Problem, S. 172.

KoStGB. § 366 KoStGB ist bestimmt, dass der Täter das Risiko einer Bestrafung zumindest kennt.

Das größte Problem des § 366 KoStGB liegt darin, dass die im Einzelfall sachgerechte Lösung immer im Vordergrund steht. Anzumerken ist, dass die Rechtsprechung in vergleichbaren Fällen immer wieder zu unterschiedlichen Ergebnissen gelangt. Dies ist vor dem Hintergrund der Bedeutung des rechtsstaatlichen Gleichheitsgrundsatzes für das Strafrecht hoch problematisch. Damit ist in Bezug auf den Tatbestand der Sachbeschädigung nach § 366 KoStGB kein einheitliches Ergebnis ergangen.

Der Tatbestand des § 366 KoStGB führt auf Grund der Kumulation auslegungsbedürftiger Rechtsbegriffe „verbirgt oder in sonstiger Weise unbrauchbar beeinträchtigt“ wie „verunstaltet“ oder „unbrauchbar macht“ zu einer großen Bandbreite an Auslegungsmöglichkeiten.[876]

II. Zur Reform des Straftatbestands der Sachbeschädigung

1. Begründung auf Fälle des Sprayens

Die Änderung des Straftatbestands der Sachbeschädigung bedeute eine Strafbarkeitsausweitung auf Fälle, in denen auch ohne Substanzverletzung eine sichtbare Veränderung mit erheblichem Aufwand beseitigt werden muss. Die Fälle des unbefugten Sprayens von Graffitis seien vom Straftatbestand des § 303 StGB erfasst. Demgegenüber sei § 304 StGB für die Strafbarkeit des Sprayens von Graffitis nicht erfasst. Es setzt voraus, dass durch die Straftat zugleich die besondere Funktion an der Sache beeinträchtigt wird. Damit bleiben die Fälle straflos, in denen durch die Verunstaltung der Funktionswert der Sache nicht beeinträchtigt werde. Dies führe zu der Straflosigkeit des Sprayens von Polizeifahrzeugen.[877]

2. Ablehnungsgründe

Ist die rückstandsfreie Beseitigung mit oder ohne den Willen des Berechtigten, ohne großen zeitlichen Aufwand möglich, erfasst dies nicht den Straftatbestand

876 5. Kapitel, I, 2 c).

877 Kudlich, JA 2005, 912 (912).

der Sachbeschädigung.[878] Die Veränderung des Erscheinungsbildes gegen den Willen des Eigentümers oder sonstigen Berechtigten wurde nicht angenommen, weil der Schutz des Eigentums an der Sache sehr umfassend ist.[879] Die Formulierungen „Gestaltungswille des Eigentümers“[880] und „gegen den Willen des Eigentümers oder sonstigen Berechtigten“[881] wurden vom Gestzgeber nicht angenommen. Der Gesetzgeber wollte durch das 39. Strafrechtsänderungsgesetz die „enge Auslegung“ verhindern, nach der eine Strafbarkeit nach § 303 Abs. 2 StGB nur dann gegeben ist, „wenn der Eigentümer, oder sonstige Berechtigte vor der Tat einen entgegenstehenden Willen geäußert hat und dieser dem Täter bekannt ist“. Als nicht nur unerheblich werden nur solche Veränderungen des Erscheinungsbildes anzusehen sein, bei denen unmittelbar auf die Substanz an der Sache eingewirkt wird. Keine Sachbeschädigung liegt vor, wenn es um eine nur unerhebliche, nicht dauerhafte und damit vom Straftatbestand nicht erfasste Veränderung geht. Nur unerhebliche Veränderungen sind Veränderungen ohne Substanzverletzung an der Sache, die sich ohne Aufwand und binnen kurzer Zeit von selbst wieder entfernen, oder entfernt werden können.[882] Auch in den Fällen, in denen erst durch die Entfernung eine Substanzverletzung oder Brauchbarkeitsminderung herbeigeführt wird, weil eine Wand oder eine Mauer mit Ölfarbe, Teer oder Petroleum beschmiert wurde, liegt eine Sachbeschädigung vor.[883] Ansonsten hängt es von den Umständen im Einzelfall ab, ob der Straftatbestand der Sachbeschädigung zu bejahen ist oder nicht, so z.B. beim Überkleben mit Plakaten.

Es handelt sich auch um das Merkmal „unbefugt“, trotz des Vorhandenseins des Merkmals „rechtswidrig“. Das Merkmal „unbefugt“ ist ein zum Straftatbestand hinzugefügtes Merkmal und ein Verhalten gegen den Willen des Eigentümers oder sonst Berechtigten. Wenn sich der Täter auf eine Einwilligung des Eigentümers oder sonst Berechtigten beruft, oder wenn es sich um eine Befugnisnorm handelt, erfasst dies nicht den Straftatbestand der Sachbeschädigung. Es handelt sich um eine nicht nur unerhebliche und nicht nur vorübergehende Eigentumsbeeinträchtigung. Die Formulierung „nicht nur unerheblich und nicht nur vorübergehend“ ist abhängig vom Betrachter. Daher ist eine neue Formulierung zum Straftatbestand der Sachbeschädigung notwendig, um einen besseren Schutz des Eigentums zu garantieren.

---

878 Maron, Das 39. Strafrechtsänderungsgesetz, S. 277.

879 BT-Drucks. 15/5317, S. 4; 15/404, S. 7; 14/8013, S. 7; BR-Drucks. 441/01, S. 5–6.

880 BR-Drucks. 805/98, S. 5.

881 BT-Drucks. 15/5317, S. 2; 15/404, S. 5; 14/8013, S. 5; BR-Drucks. 441/01, Anlage, S. 1.

882 BT-Drucks. 15/5313, S. 3.

883 Fischer, StGB, § 303, Rn. 7.

III. Alternativentwurf

1. Wortlaut

a) § 303 StGB Sachbeschädigung

(1) Wer rechtswidrig eine fremde Sache zerstört, beschädigt oder das Erscheinungsbild einer Sache offensichtlich nicht nur unerheblich verändert, wird mit Freiheitsstrafe bis zu drei Jahren oder mit Geldstrafe bestraft.
(2) Der Versuch ist strafbar.

b) § 304 StGB Gemeinschädliche Sachbeschädigung

(1) Wer rechtswidrig Gegenstände der Verehrung einer im Staat bestehenden Religionsgesellschaft oder Sachen, die dem Gottesdienst gewidmet sind, oder Grabmäler, öffentliche Denkmäler, Naturdenkmäler, Gegenstände der Kunst, der Wissenschaft oder des Gewerbes, welche in öffentlichen Sammlungen aufbewahrt werden, oder öffentlich aufgestellt sind, oder Gegenstände, welche zum öffentlichen Nutzen oder zur Verschönerung öffentlicher Wege, Plätze oder Anlagen dienen, zerstört, beschädigt, oder das Erscheinungsbild einer Sache offensichtlich nicht nur unerheblich verändert, wird mit Freiheitsstrafe bis zu fünf Jahren oder mit Geldstrafe bestraft.
(2) Der Versuch ist strafbar.

2. Begründung

Beispiel: Ohne eine Sondernutzungserlaubnis eingeholt zu haben, ist ein Kunstmaler (T) dabei, auf einem öffentlichen Parkplatz Bielefelds mit dem Sprayen von Tags und Bildern ein vier mal vier Meter großes Gemälde zu schaffen. Es wird nicht nur vorübergehend beeinträchtigt.

Später kommen viele Tags und Bilder dazu, die unter demselben Namen angebracht wurden. Dies ist jedoch kein Beweis dafür, dass der Kunstmaler alle Tags und Pieces gesprüht hat, weil Nachahmer durchaus nicht selten auftreten (z.B. Toys, die einen Style oder Namen bilden, oder Dritte, die nicht wussten, dass der Name schon vorhanden ist). Zu führen wäre ein Beweis allenfalls durch Gutachten, die jedoch größtenteils versagen, weil ein Tag (anders als eine Unterschrift) keine überprüfbare Strichrichtung aufweist und häufig auch so gebaut ist, dass er mühelos von einer anderen Person nach getaggt werden kann. Bei Bildern gilt dies in noch stärkerem Maße.

Sprayer haben zu viert an einem Gruppenpiece gemalt, aber nur V wurde erwischt: Sprayer haften für die gesamten entstandenen Schäden als Gesamtschuldner, da auch durch Graffitis von V das Eigentumsrecht des Eigentümers beeinträchtigt und das Erscheinungsbild der Sache noch einmal weitergehend verändert wird.

Parkplätze sind Sachen, die dem öffentlichen Nutzen dienen. T hat auch das Erscheinungsbild der Sache verändert. Jedenfalls hat T nicht nur vorübergehend verändert, weil 10 Stunden Reinigungsarbeit benötigt wurden, um den Schaden zu beseitigen. Die Sprayer können sich nicht auf die freie Meinungsäußerung oder Kunstfreiheit nach Artikel 5 des Grundgesetzes berufen, weil das Grundgesetz ausdrücklich nicht die Kunstfreiheit an fremdem Eigentum, gegen den Willen des Eigentümers schützt. Der Verstoß gegen die Verpflichtung, eine Sondernutzungserlaubnis einzuholen ist ein Formalverstoß. Weil diese für das Kreidesprayen durch Grafftis üblicherweise erteilt werden, darf davon ausgegangen werden, dass T auf Antrag die Erlaubnis von der Stadt Bielefeld bekommen hätte. Die Stadtordnung Bielefeld rechtfertigt keine Unterlassungsverfügung, obwohl die Voraussetzungen der Stadtordnung im Übrigen gegeben sind. Die Stadt Bielefeld kann jedoch wegen der Ordnungswidrigkeiten eine Anzeige erstatten.

Das Kreidesprayen sieht wie Verstellen, oder Verhängen und sogar schon das Verhindern der Wahrnehmung durch Aufbau von Sichthindernissen harmlos aus. Solches Verändern fällt als nur vorübergehend aus dem Straftatbestand der Sachbeschädigung heraus. Es handelt sich nicht nur um einen belanglosen Aufwand.

Es geht um den Schutz des Eigentums. Das Kreidesprayen ist keine Kunst. Es handelt sich um eine Form der Eigentumsschädigung. Der Säuberungsaufwand und die damit verbundenen Reinigungskosten sind teilweise nicht unerheblich. Der Schutz des Eigentums ist immer noch unbefriedigend, insoweit ist der Straftatbestand der Sachbeschädigung nach § 303 Abs. 2 StGB auszulegen (Die Veränderung des Erscheinungsbildes darf nicht nur vorübergehend sein. Solche Veränderungen fallen durch das Kreidesprayen nicht unter den Straftatbestand der Sachbeschädigung. Die Veränderung muss zudem unbefugt vorgenommen werden. Entsteht die Veränderung durch Einwilligung des Eigentümers, so entfällt der Straftatbestand der Sachbeschädigung. Allgemeine Befugnisnormen schließen dagegen nur die Rechtswidrigkeit aus. § 303 StGB schützt auch wirtschaftlich wertlose Sachen.). § 304 StGB würde häufig entfallen, wenn öffentliche Gegenstände durch Graffitis beschädigt würden. Daher müssen die §§ 303,

304 StGB durch die Ergänzung des Strafrechts zur Verbesserung des Eigentumsschutzes beitragen.

a) Zum besseren Schutz des Eigentums nach §§ 303, 304 StGB

aa) Derzeitiger Eigentumsschutz

Maron wollte die Formulierung „gegen oder ohne den Willen des Berechtigten“ zum Schutz des Eigentums vorschlagen.[884] § 303 Abs. 2 StGB folgt auf die unbefugte, nicht nur unerheblichen und nicht nur vorübergehende Veränderung des Erscheinungsbildes den Schutz des Eigentums.[885] Das Eigentum sei ein grundlagendes Grundrecht.[886] Das Eigentum wird nach Art. 14 Abs. 1 GG geschützt. Das unbefugte Sprayen von Graffitis „darf nicht unterschätzt werden“.[887] Der Schutz des Eigentums sei durch die Formulierung „ihr Erscheinungsbild nachhaltig beeinträchtigt“ im Strafrecht ein legitimes Ziel.[888] Das unbefugte Sprayen und das Bekleben sind gegen oder ohne den Willen des Berechtigten nicht strafbar, wenn der angebrachte Lack und die Aufkleber zu einer Substanzverletzung führen; Unter einer sekundären Schädigung versteht man die Fälle, in denen erst durch die Reinigung des Betroffenen, den Ursprungszustand wiederherzustellen, auf die Sachsubstanz stofflich eingewirkt wird.[889] § 303 Abs. 2 StGB wurde bei „sonst Berechtigten“ neben dem Eigentümer oder Eigentümerin verhindert.[890] Das Wort „rechtswidrig nach § 303 Abs. 1 StGB und das Wort „unbefugt“ nach § 303 Abs. 2 StGB sind die Wiederholungserklärung des Wortlauts. Die Formulierung „das Erscheinungsbild verändert“ würde den Schutz des Eigentums in § 303 Abs. 1 StGB wahren.

§ 304 StGB schützt das Interesse der Allgemeinheit an der Nutzung der Gegenstände. Die Einwilligung des sonst Berechtigten erfasst bei § 304 Abs. 1 StGB rechtfertigend. Unbefugt ist nach § 304 Abs. 2 StGB straftatbestandsausschließend.[891] Der Gesetzgeber hat für Rechtswidrigkeiten und unbefugtes Handeln einen Straftatbestand angenommen. Eine Einwilligung des Eigentümers kann als Rechtfertigungsgrund nicht greifen, weil über solche Gegenstände ver-

---

884 Maron, Das 39. Strafrechtsänderungsgesetz, S. 290.

885 BT-Drucks. 15/5313, S. 3.

886 BVerfGE 24, 367 (389).

887 Mogg, Die strafrechtliche Erfassung, S. 61.

888 Wolf, Graffiti als kriminologisches und strafrechtsdogmatisches Problem, S. 205, 227, 232; Ingelfinger, Graffiti und Sachbeschädigung, S. 46.

889 Vgl. Maron, Das 39. Strafrechtsänderungsgesetz, S. 277.

890 BT-Drucks. 15/5313, S. 3.

891 LK-Wolff, StGB, § 304, Rn. 20.

fügungsberechtigte Private den Schutzzweck des § 304 StGB nicht dadurch unterlaufen dürfen, dass sie Einverständnisse für Beschädigungen und Zerstörungen erteilen. Anzumerken ist, dass auch Eigentümer oder Eigentümerinnen nach § 304 Abs. 2 StGB strafbar sind und Einwilligungen nach § 304 Abs. 1 StGB dann tatbestandsausschließend sein können, wenn Eigentümer oder Eigentümerinnen zugleich das Aufhebungsrecht auf die Widmungssache zu öffentlichen Zwecken haben.[892] Sofern der Eigentümer unbefugt ist, kann er sich nach § 304 Abs. 2 StGB strafbar sein.

Nach §§ 303, 304 StGB können nur solche Graffitis strafrechtlich geahndet werden, welche die Substanz der Sache verletzen bzw. unbefugt das Erscheinungsbild einer fremden Sache „nicht nur unerheblich und nicht nur vorübergehend" verändern. Kann das Sprayen mit Lösungsmitteln hingegen rückstandsfrei entfernt werden, so ist dies nicht strafbar. Es liegt keine Beschädigung oder Zerstörung an der Substanzsache nach §§ 303, 304 StGB vor.

bb) Kritische Würdigung der Rechtslage

Aus der strafrechtlichen Erfassung von Graffitis durch das 39. Strafrechtsänderungsgesetz folgt, dass nur die Veränderungen des Erscheinungsbildes erfasst werden, bei denen keine Substanzverletzung gegeben ist und die Straftatbehandlungen eine physikalische dauerhafte Veränderung der Oberfläche bewirkt, wie dies bei dem Beschriften und Bemalen mit nicht oder nur schwer abwaschwarer Farbe der Fall ist.

Das Scratching, das häufig auf den Fensterscheiben öffentlicher Nahverkehrsfahrzeuge anzusehen ist, begründet den Straftatbestand der Sachbeschädigung. Graffitis werden aber häufig durch das Bemalen, Beschmieren, Besprühen auf einem Untergrund angebracht. Nicht immer entsteht dadurch eine Sachbeschädigung bei Glas oder Metall. Der Gesetzgeber sollte dem Missstand des Bemalens und Besprühens durch Grafftis auch in Bezug auf die Sachen, die nicht unter den § 304 StGB fallen, effektiver begegnen.

Ebenso wie bei der Beschädigung an einer Sache nach § 304 Abs. 1 StGB ist auch bei der Tatbestandsverwirklichung hinsichtlich des Veränderns des Erscheinungsbildes nach § 304 Abs. 2 StGB eine Beeinträchtigung an der öffentlichen Funktion des Tatobjekts notwendig:

„Zwar handelt sich bei den von dem Angeklagten besprühten bzw. bemalten S- und U-Bahnhöfen um Gegenstände, welche zum öffentlichen Nutzen dienen. Jedoch reicht die Beschädigung der Substanz derartiger Gegenstände zur Erfüllung des Tatbestandes einer gemeinschädlichen Sachbeschädigung nicht aus.

892 Fischer, StGB, § 304, Rn. 15.

Vielmehr muss die Einwirkung gerade die besondere (öffentliche) Funktion der Sache beeinträchtigen, deren Schutz § 304 StGB bezweckt. Daran fehlt es vorliegend. Da sowohl die Gleisrückwände ihre Funktionsfähigkeit behielten als auch die U- und S-Bahnwaggons weiterhin zur Beförderung benutzt werden konnten, stellt das Besprühen von Gleisrückwänden sowie U- und S-Bahnen keine gemeinschädliche Sachbeschädigung dar".[893]

Die Angeklagten hatten gemeinsam Graffitis mit nicht löslicher Farbe aus Spraydosen gesprüht. Das Amtsgericht verurteilte die Angeklagten wegen gemeinschaftlicher Sachbeschädigung jeweils zu einer Geldstrafe. In seiner Urteilsbegründung führte der Richter aus, dass es unschädlich sei, wenn das Verunstalten des Erscheinungsbildes nicht zugleich die besondere öffentliche Funktion des U-Bahnwaggons beeinträchtige.

Eine von § 304 Abs. 1 StGB abweichende Auslegung des Verändern des Erscheinungsbildes wäre allerdings nicht effektiv, weil die Beeinträchtigung des öffentlichen Nutzungsinteresses den in § 304 StGB über § 303 StGB hinausgehenden Unrechtsgehalt und damit auch den Strafrahmen zur Folge hat. § 304 StGB würde zu dem unbefriedigenden Ergebnis führen, dass für die Beschädigung nach § 304 Abs. 1 StGB das einschränkende Merkmal der Beeinträchtigung der öffentlichen Nutzungsfunktion verlangt würde, für die geringfügigere Einwirkung der Sache durch die Veränderung des Erscheinungsbildes nach § 304 Abs. 2 StGB jedoch nicht: Zu den Gegenständen, welche dem öffentlichen Nutzen nach § 304 StGB dienen, zählen das Plakatieren und Anbringen von Graffitis durch Beschriften, Bemalen und Besprühen an öffentlichen Bäumen, bauliche Anlagen oder öffentliche Einrichtungen von Brunnen, Park- und Grünanlagen, Spielplätzen, Sportplätzen, Parkbänken, Telefonzellen, Verkehrszeichen, Wegweisen, Notrufeinrichtungen, Rettungswagen von Feuerwehr u.a., Einsatzfahrzeuge der Polizei und Bundeswehr erfassen nicht den Straftatbestand der Sachbeschädigung, weil hier nach § 305a StGB bestraft werden kann. Danach wird wegen Zerstörung wichtiger Arbeitsmittel bestraft, wer solche Sachen ganz oder zum Teil zerstört. Energieversorgungsanlagen sind solche, die der öffentlichen Versorgung mit Wasser, Licht, Wärme oder Kraft dienen. Soweit solche Mittel nicht ganz oder zum Teil zerstört, sondern nur beschädigt oder besprüht, beschmiert, plakatiert werden, ist der Straftatbestand des § 304 StGB gegeben.

Das Bemalen von Tags und Pieces mit Kreide erfasst nicht den Straftatbestand der Sachbeschädigung, weil sich die Farbe mit dem nächsten Regen selbst verwischt und verschwindet. Zu beachten ist, dass nach den Vereinbarungen der Parteien, oder auch durch Satzungen von Gemeinden, bestimmte Bereiche der

---

893 KG Berlin, NStZ-RR 2009, 310f.

Gemeinden von Wahlwerbung ausgenommen bleiben. Hier darf dann auch nicht mit Kreide bemalt werden.

Fraglich ist allerdings, was unter den Formulierungen von §§ 303, 304 StGB zu verstehen ist. Tatsache ist vor allem, dass Graffitis überall dort, wo kein Einverständnis des Eigentümers vorliegt, illegal sind. Gleichgültigkeit im Hinblick auf das Erscheinungsbild der Städte zieht andere Erscheinungsformen von „Tags“ nach sich.

Das Erscheinungsbild der Sache gehört zum Schutz des Eigentums selbst. Die Auslegungsschwierigkeiten bestehen nicht nur im Hinblick auf das Vorliegen der Substanzverletzung, oder dem Vorliegen der unbefugten und nicht nur unerheblichen und nicht nur vorübergehenden Veränderungen des Erscheinungsbildes einer Sache. Anzumerken ist, dass die Substanzsache und Erhaltungszustände von den Ermittlungsbehörden analysiert werden müssen. Der Ermittlungsaufwand steht oft in keinem Verhältnis zu den Schäden, weil die Sprayer nur schwierig zu ermitteln sind. Die Anforderungen für die umfassende Straftatbestandsfeststellung der Sachbeschädigung ziehen oft einen erheblichen Kostenaufwand nach sich. Hinzu kommen die Aufwandkosten der Schädenentferung.

Die bloße Veränderung des Erscheinungsbildes einer fremden Sache wird nicht erfasst. Solches gehört aber zu den Eigentumsrechten über das Erscheinungsbild. Der Eigentümer muss davor bewahrt werden, dass ihm das Eigentum an seiner Sachen aufgezwungen wird. Ein solches Problem besteht genauso nach § 304 StGB. Graffitis hinsichtlich der Veränderungen städtischer Erscheinungsbildern ziehen andere Erscheinungsformen sozialer, oder auch strafrechtlicher Problemlagen nach sich. Deshalb bedarf es des verbesserten Schutz des Eigentums.

cc) Lösung

aaa) Formulierungsvorschläge

Die Formulierungen von §§ 303, 304 StGB „das Erscheinungsbild einer Sache offensichtlich nicht nur unerheblich verändert“ wären bei fehlender Brauchbarkeitsminderung oder Substanzverletzung durch Grafftis als Sachbeschädigung erfasst.

bbb) Strafrahmenvorschläge

Die Bestrafung des Anbrigens von Graffitis erweist sich als effektiv, wenn der Täter einen Bezug zwischen Straftat und Strafe herstellen kann und daraus einen Lerneffekt erzielt. Die Sprayer sehen sich durch Graffitis in dem Unrechtsbewusstsein bestätigt. Bei milden Strafen ist die Zahl der Sprayer höher, die das

Risiko des Erkanntwerdens und der Festnahme auf sich nehmen. Es sollte sichergestellt werden, dass bei Verhängung einer Geldstrafe nicht die Eltern für die Straftaten ihres Kindes aufkommen, sondern Jugendliche oder junge Erwachsene selbt zur Verantwortung gezogen werden.

Zu den Erscheinungsformen der Sachbeschädigungen zählen die Beschädigungen von Kraftfahrzeugen und öffentlichen Verkehrsmitteln und anderer Einrichtungen, Schmierereien und Graffitis. Bei solchen Straftaten kommen insbesondere die Straftatbestände der Sachbeschädigungen nach §§ 303, 304, 305, 305a StGB in Betracht. Die reine Veränderung des Erscheinungsbildes einer Sache nach § 303 StGB zieht eine Strafandrohung von Geldstrafe bis hin zu zwei Jahren Freiheitsstrafe nach sich. Die weiteren Straftatbestände stellen besonders schützenswürdige Gegenstände unter den Schutz einer erhöhten Strafandrohung. Bei der gemeinschädlichen Veränderung des Erscheinungsbildes einer Sache nach § 304 Abs. 1 StGB wird wegen Sachbeschädigung als Maximalstrafandrohung eine Freiheitsstrafe von bis zu drei Jahren verhängt, oder mit Geldstrafe bestraft, wer rechtswidrig einen der dort genannten Gegenstände beschädigt oder zerstört. Nach § 304 Abs. 2 StGB wird ebenso wegen gemeinschädlicher Sachbeschädigung bestraft, wer unbefugt das Erscheinungsbild einer in Abs. 1 bezeichneten Sache oder eines der dort bezeichneten Gegenstände nicht nur unerheblich und nicht nur vorübergehend verändert.

Mit Geldstrafe oder Freiheitsstrafe bis zu 5 Jahren kann nach § 305 StGB die ganze oder teilweise Zerstörung von Gebäuden, Brücken, Dämmen, gebauten Straßen, Eisenbahnanlagen, oder anderen Bauwerken geahndet werden. § 305a StGB lässt auch die Verhängung von Geldstrafe oder Freiheitsstrafe bis zu 5 Jahren zu.

Die Sanktionsmöglichkeiten sind beispielsweise bei der Beschädigung und Zerstörung auf Friedhöfen problematisch. Metalldiebstahl auf Friedhöfen ist als Diebstahl nach § 242 StGB strafbar und wird mit Freiheitsstrafe bis zu fünf Jahren oder Geldstrafe bestreft. Einbruchsdiebstahl wird als besonders schwerer Fall nach § 243 Abs. 1 Satz 2 Nummer 1 StGB behandelt. Kirchendiebstahl erfasst nach § 243 Abs. 1 Satz 2 Nummer 4 StGB den Diebstahl von Sachen, die aus religiösen Gründen als besonders schutzwürdig angesehen und an besonderen Orten aufbewahrt werden. Es kann durch Wegnahme den öffentlichen Frieden verletzen.[894] Gegenstände sind religiöser Verehrung wie heiligen Bilder, Statuen, Reliquien oder Votivtafeln erfasst. Vorausgesetzt wird insoweit aber der Diebstahl an der Sache aus einer Kirche. Grabdiebstahl wird an Grabkreuz, heiligen Figuren und ähnlichen Gegenständen auf Friedhöfen nach § 243 Abs. 1 Satz 2

894 Fischer, StGB, § 243, Rn. 19.

StGB für einen besonders schweren Fall des Diebstahls angezeigt. Daher muss man Beschädigung, Zerstörung nach § 304 StGB intensiver bestrafen können.

Es wird deshalb vorgeschlagen, die Obergrenze der Freiheitsstrafe in § 303 StGB auf drei, in § 304 StGB auf fünf Jahre zu erhöhen.

dd) Schluss-Wort

Graffitis werden sich weiter verändern, neue Situationen werden sich ergeben, neue Verhaltensweisen durch Graffitis werden sich etablieren. Von Bedeutung für die Strafrechtsänderungsvorschläge ist daher, bei Straftatbeständen der Sachbeschädigung Unrecht als schädliches und belästiges Verhalten behandeln zu können und parallel neben dem Strafrecht, im Zusammenhang mit der Kooperation der verschiedenen Stellen und Behörden, durch die Organisation des Graffiti-Unwesen Präventionsprogramme durchführen zu können.

Die obigen Formulierungsvorschläge würden zu einer sprürbaren Reduzierung des Ermittlungsaufwandes bei der Strafjustiz führen. Nicht notwendige wirtschaftliche Mehrkosten für Bund, Länder und Kommune werden vermieden. Diese Formulierungsvorschläge beinhalten als Unrechtskern den rechtswidrigen Eingriff in fremden Sache. Durch die auf fremde Sachen rechtswidrig angebrachten Graffitis, wird das ursprüngliche Erscheinungsbild dieser Sachen verändert. Bei einer Sachbeschädigung kommt es allerdings nicht darauf an, ob eine Substanzverletzung an der Sache vorliegt und eine Veränderung des Erscheinungsbildes gegeben ist. Das Eigentum darf hinsichtlich der fremden Sache grundsätzlich nicht beeinträchtigt werden.

Insbesondere lässt sich auch aus der Kunstfreiheit keine Rechtfertigung dafür begründen, fremde Sachen durch Graffitis zu Kunstwerken zu erklären. Für den Eigentumsschutz im Hinblick auf unerwünschte Graffitis hängt die Strafbarkeit oder Straflosigkeit nach § 303 StGB immer noch vom Zufall ab. Formulierungsvorschläge werden erwarten, dass insbesondere illegale Graffitis eindeutig strafrechtlich erfasst werden. Damit reduzieren sich die Auslegungsprobleme bei der Feststellung der Straftatbestände der Sachbeschädigungen.

Nur durch einen umfassenden strafrechtlichen Schutz des Eigentums kann erreicht werden, dass die Zahl der Graffitis abnimmt. Mit den vorliegenden Formulierungsvorschlägen wird zum umfassenden Schutz des Eigentums beigetragen. Obwohl sich die an den Gegenständen angebrachte Sachsubstanz von Graffitis ohne Rückständen oder Schäden wieder sich entfernen lässt, wäre der Straftatbestand der Sachbeschädigung begründet. Auch hier gibt es andere Formulierungsvorschläge, als die §§ 303 Abs. 2 und 304 Abs. 2 StGB.

b) Zur besseren gerichtlichen Feststellung von Sachbeschädigungen

Nach § 303 Abs. 1 StGB wird die rechtswidrige Beschädigung oder Zerstörung einer fremden Sache unter Strafe gestellt. Im Hinblick auf das unbefugte Sprayen von Graffitis wurde lange debattiert, ob zumindest eine Beschädigung fremden Eigentums gegeben ist. Die Strafverfolgung scheiterte häufig daran, dass sich der Zweifel an der Beseitigung der angebrachten Farbe auch ohne Substanzverletzung selten durch Gutachten ausräumen lies. Denn wenn die angebrachte Farbe ohne Rückstände und ohne Substanzverletzung entfernt werden konnte, war trotz hohen Kostenaufwands, keine Sachbeschädigung gegeben. Dieses Beweisproblem führte dazu, dass kostspielige Gutachten häufig vermieden wurden. Der Grund, in den Tatbestand der Sachbeschädigung einen neuen § 303 Abs. 2 StGB einzuführen, liegt darin, dass sich der Gesetzgeber hiervon eine leichtere gerichtliche Feststellung von Sachbeschädigungen bei Graffiti-Sprayereien versprach. Er erhoffte, dass hierdurch auf die bisher oft langwierigen und kostenintensiven Feststellungen von Substanzverletzungen in der Hauptverhandlung verzichtet werden könnte.[895] Die Probleme, welche durch Graffitis verursacht werden, haben sich teilweise verringert. Aktuelle polizeiliche Statistikdaten sind wegen der Veränderung des Anzeigeverhaltens auch ein Indiz für den Effekt des neuen Tatbestandes.[896]

IV. Zusammenfassendes Ergebnis

Die Veränderungen der §§ 303, 304 StGB führten nicht zu nennenswerten Auswirkungen, da die Straftatbestandsvoraussetzungen der §§ 303, 304 StGB auch bereits vor dem 39. Strafrechtsänderungsgesetz umfassend ausgelegt und dadurch im Vorfeld der Gesetzesänderung entsprechende Strafverfahren eingeleitet wurden. Die §§ 303, 304 StGB haben nur zu einer geringfügigen Erweiterung von Strafverfahren wegen Sachbeschädigung durch Graffitis geführt. Vor dem 39. Strafrechtsänderungsgesetz war ein gesonderter Nachweis erforderlich, dass die Reinigungsarbeit der illegalen Graffitis zu einer Substanzverletzung des beschmierten Untergrunds führt. Hierzu wurden gelegentlich entsprechende Gutachten eingeholt.

---

895 BT-Drucks. 15/5313; BR-Drucks. 452/05 von 17.06.2005, Gesetzesbeschluss von Deutschen Bundestag.

896 4. Kapitel, II; vgl. Behforouzi, Die deutsche Graffiti-Szene, S. 165.

Die Anwendung der §§ 303 Abs. 2, 304 Abs. 2 StGB spielt nur eine untergeordnete Rolle.[897] Auf Grund der von den Sprayer überwiegend eingesetzten bunten Farben ist häufig eine Substanzverletzung zu verzeichnen, so dass eine Strafbarkeit nach §§ 303 Abs. 1, 304 Abs. 1 StGB gegeben ist. Diese Probleme bestehen immer noch in strafrechtlichen Aspekten.

Die bei den Ermittlungs- und Strafverfahren vorhandenen Schwierigkeiten sind beim Nachweis der Straftat zu sehen, weil Sprayer in den seltensten Fällen auf frischer Tat angetroffen werden, so dass die Täterschaft nur über Indizien bewiesen werden kann. Der Straftatbestand der Sachbeschädigung soll die Nachweispflicht im Hinblick auf den besseren Schutz des Eigentums reduzieren und den Zwang zur Einholung von Gutachten auf den Einzelfall reduzieren.

Im Alternativentwurf werden die Begriffe „zerstört, beschädigt oder das Erscheinungsbild einer Sache offensichtlich nicht nur unerheblich verändert" als bessere Lösung nach §§ 303, 304 StGB vorgeschlagen, weil der Straftatbestand der Sachbeschädigung auf Grund der auslegungsbedürtigen Rechtsbegriffe „unbrauchbar macht", „verunstaltet", „unbefugt das Erscheinungsbild einer fremden Sache nicht nur unerheblich und nicht nur vorübergehend verändert" oder „verbirgt oder in sonstiger Weise unbrauchbar beeinträchtigt" zu den Schwierigkeiten an Auslegungsmöglichkeiten führt.

897 KG Berlin, NStZ 2007, 223 (224); OLG Jena, NJW 2008, 776 (776); Eidam, JA 2010, 603 (603).

Zusammenfassung der wesentlichen Ergebnisse

1. Das Phänomen Graffiti wird gesellschaftlich als kreative, künstlerische Tätigkeit mit einem subkulturellen Hintergrund betrachtet, das zur Identitätsfindung in einer individualisierten Gesellschaft beitragen würde.[898] Graffitis wurden jedoch, soweit diese ohne Erlaubnis der Eigentümer stattfanden, nicht nur positiv bewertet, sondern nicht selten auch als Vandalismus angesehen. Überwiegend werden die gesprayten Schriftzüge in den Städten, die sog. Tags als erhebliche Beeinträchtigung des Eigentums angesehen. Graffitis werden überwiegend durch Gruppen von Jugendlichen im öffentlichen Raum angebracht. Die Sprayer von Graffitis suchen tendenziell eher das Abenteuer, den „Kick", der mit dem heimlichen unbefugten Anbringen ihrer Sprayereien verbunden ist. Der Verfolgungsdruck hat vor diesem Hintergrund Einfluss auf die Ausdrucksformen der Graffiti-Szene.[899] Die Jugendlichen wollen die anderen Mitglieder ihrer jeweiligen Peer-Gruppen durch ihre Taten beeindrucken. In nicht wenigen Fällen entwickeln die Jugendlichen bei der Suche nach Anerkennung durch Gleichgesinnte einen regelten Ehrgeiz. Die Jugendlichen unterschätzen das Ausmaß der Schäden. Das Sprayen von Graffitis ist ohne Einverständnis des Eigentümers nicht durch die Kunstfreiheit zu rechtfertigen.[900] Viele Jugendliche schätzen den Wert des Eigentums anderer nicht hinreichend.
2. Die Substanztheorie führt zwar zu erheblichen Strafbarkeitslücken, die letztendlich häufig zufällig sind und damit zu Rechtsunsicherheit führen. Die Substanzverletzungstheorie ist wohl in der Sache als richtig anzusehen, man dieser Theorie nicht vorwerfen kann, dass das Gesetz nicht sämtliche Fälle erfasst. Nach der bisherigen Rechtsprechung des Bundesgerichtshofs sei der Straftatbestand der Sachbeschädigung nur dann gegeben, wenn der Untergrund einer Substanzsache erheblich verletzt, oder dessen technische Brauchbarkeit erheblich beeinträchtigt worden sei. Plakatieren könnte nur dann Sachbeschädigung nach § 303 Abs. 1 StGB sein, wenn Plakate etwa mit stark haftenden Klebern über Verteilerkästen geklebt wurden, oder wenn bei der Reinigungsarbeit der Untergrund in erheblicher Weise beschädigt wurde. Im

898 Kaiser, Graffti, 42–45.

899 Hillenkamp, Was bewirkt das „Noffiti-Gesetz"?, in: FS für Schwind, S. 927, 942.

900 Wolf, Graffiti als kriminologisches und strafrechtsdogmatisches Problem, S. 46, 87–88.

Einzelfall war festzustellen, ob eine Sachbeschädigung durch Substanzverletzung infolge Beschmutzen, Beschmieren, Plakatieren, Bemalen und Graffitis gegeben war. Eine erhebliche Substanzverletzung an der Sache wird als gegeben angenommen, wenn die Sache derart in Mitleidenschaft gezogen wird, dass eine Reinigungsarbeit zwangsläufig zu einer solchen Substanzverletzung führen muss. In aller Regel ist das bloße Verändern der äußeren Erscheinungsform an der Sache keine Sachbeschädigung nach § 303 Abs. 1 StGB und zwar auch dann nicht, wenn diese Veränderung auffällig sei.[901]

§ 303 StGB schütze anders als § 1004 BGB nicht die Belange des Eigentümers in umfassender Weise. Eine Substanzverletzung sei dann gegeben, wenn die überdeckende Substanz sich so mit der Sache selbst verbindet, dass eine Reinigungsarbeit mit einem verhältnismäßigen Aufwand nicht, oder nur unter Eingriff in die Substanz der Sache möglich ist. Damit reichte ein dem Gestaltungswillen des Eigentümers zuwider laufendes Verändern der äußeren Erscheinung und Form einer Substanzsache, z.B. durch Verunstalten oder das Verändern des Erscheinungsbildes durch Graffitis, für sich alleine bisher nicht aus, wenn es andere Rechtsgüter des Eigentümers erfasst. Eine Beschädigung erfasse vor allem als Ausnahmeregelung Denkmäler und andere Kunstwerke. Es sei nicht Aufgabe des Strafrichters, über Ästhetik der Gegenstände zu urteilen.[902] Die Funktionsvereitelungs-, Wertminderungs- und Zustandsveränderungstheorien können zwar das unbefugte Sprayen von Graffitis sanktionieren, aber mit dem Wortlaut des Gesetzes und damit mit dem Gesetzlichkeitsprinzip aus Art. 103 Abs. 2 GG und § 1 StGB sind sie nicht zu vereinbaren und sind damit abzulehnen.[903]

Die Rechtspraxis kann das Problem bei dem unerlaubten Sprayen von Graffiti nur unzureichend mit § 303 Abs. 1 StGB lösen. Es gab jedenfalls bis zur gesetzlichen Änderung im Jahr 2005 keine Möglichkeit, das unbefugte Sprayen von Graffitis als Straftat zu sanktionieren. Mithin ist festzustellen, dass die Beschädigungstheorien zum § 303 Abs. 1 StGB nicht geeignet waren, eine zufriedenstellende Antwort auf das Graffitiproblem zu liefern.[904] Es gab die ständige vielfältige Problematik der Sachbeschädigung durch Graffitis gemäß § 303 Abs. 1 StGB („Wer rechtswidrig eine fremde Sache beeinträchtigt oder zerstört"). Vor der gesetzlichen Änderung des § 303 StGB im Jahr 2005 war die Strafbarkeit von Graffiti häufig individuell nicht vorhersehbar. Vor dem Hintergrund der

901 2 Kapitel, II 6; BGHSt 29, 129 (129ff.).

902 Wolf, Graffiti als kriminologisches und strafrechtsdogmatisches Problem, S. 116–117.

903 Vgl. Mogg, Die strafrechtliche Erfassung, S. 24–35; Ingelfinger, Graffiti und Sachbeschädigung, S. 17–27; Behforouzi, Die deutsche Graffiti-Szene, S. 68; Maron, Das 39. Strafrechtsänderungsgesetz, 43–44; Schnurr, Graffiti als Sachbeschädigung, S. 63.

904 Wolf, Graffiti als kriminologisches und strafrechtsdogmatisches Problem, S. 149–150.

offensichtlichen Probleme im Umgang mit der strafrechtlichen Verfolgung des Sprayens unbefugter Graffitis sah der Gesetzgeber Handlungsbedarf und brachte verschiedene Gesetzentwürfe zu einer Reform des Straftatbestandes Sachbeschädigung ein. Die Rechtsprechung hielt an einem restriktiven Beschädigungsbegriff fest. Deshalb konnte das sozialschädliche Phänomen des Beschmierens von fremden Sachen durch Graffiti in vielen Fällen nicht bestraft werden. Einig war man sich im Bundestag darüber, dass das Problem des Beschmierens von Fahrzeugen des öffentlichen Nah- und Fernverkehrs mit Graffiti nicht nur ein besonderes Ärgernis darstellt, sondern auch mit den Mitteln des Strafrechts verfolgt werden sollte. Infolgedessen wurde vom Gesetzgeber und innerhalb der Rechtswissenschaft eine solche Einbeziehung in das Strafrecht diskutiert und § 303 Abs. 2 StGB („Ebenso wird bestraft, wer unbefugt das Erscheinungsbild einer fremden Sache nicht nur unerheblich und nicht nur vorübergehend verändert") eingeführt.[905]

3. Im Rahmen der wissenschaftlichen Diskussion über das Schutzgut des Paragraphen 303 Abs. 2 StGB vertraten Teile des wissenschaftlichen Schrifttum die These, dass dieser neben dem Rechtsgut des Eigentums ein gegenüber § 303 Abs. 1 StGB eigenständiges Rechtsgut schütze, nämlich das sogenannte Sicherheitsgefühl der Bevölkerung oder Lebensgefühl. Das Lebensgefühl oder Sicherheitsgefühl der Bürger ist als Rechtsgut von Straftatbeständen, die das Anbringen von Graffiti erfassen, problematisch.[906] Der Eigentümer hat das Recht und in der Regel auch den Willen über das Aussehen der Sache allein zu entscheiden. Das Vermögen ist neben dem Eigentum kein geschütztes Rechtsgut zum Straftatbestand der Sachbeschädigung.

Die von Teilen des wissenschaftlichen Schrifttum und der Rechtsprechung entwickelten Versuche, das als zu eng empfundene Gesetz zu korrigieren, erwiesen sich als unzureichend und kamen insbesondere mit dem Gesetzlichkeitsprinzip in Konflikt.[907] Der Gesetzgeber hat den Straftatbestand der Sachbeschädigung mit dem Graffitibekämpfungsgesetz nicht durch eine Anhebung des Strafrahmens verschärft, sondern den Tatbestand lediglich auf weitere Verhaltensweisen ausgeweitet.[908] Trotz der Normverdeutlichung durch den Begriff „unbefugt", „nicht nur unerheblichen und nicht nur vorübergehenden Veränderung" des Erscheinungsbildes, besteht die Gefahr, dass der Tatbestand des § 303 Abs. 2 StGB sehr

905 BT-Drucks. 15/5313, S. 2.

906 Maron, Das 39. Strafrechtsänderungsgesetz, S. 124–125.

907 Schnurr, Graffiti als Sachbeschädigung, S. 144; Mogg, Die strafrechtliche Erfassung, S. 129–130.

908 Maron, Das 39. Strafrechtsänderungsgesetz, S. 226.

weit gefasst bleibt und mithin nach seinem Wortlaut Handlungen erfasst, die nicht als strafwürdig anzusehen sind.

Graffitis sind strafrechtlich keine Bagatelle. Das vom Deutschen Bundestag verabschiedete Gesetz sieht eine Ergänzung die §§ 303, 304 StGB vor, um Graffitis-Probleme zu lösen. Durch Graffitis wird das optische Erscheinungsbild verändert, weil hierdurch das äußere Erscheinungsbild der Sache von dem vorherigen Erscheinungsbild abweicht, was für den § 303 Abs. 2 StGB ausreichend ist. Für den § 303 Abs. 2 StGB bedarf es insbesondere – im Gegensatz zu dem Beschädigen und Zerstören nach § 303 Abs. 1 StGB – keine Substanzverletzung. Die schwierige Beweissituation bei der Feststellung einer Substanzverletzung der Sache durch Graffitis war der Hauptanlass für den Gesetzgeber, durch das 39. Strafrechtsänderungsgesetz in § 303 Abs. 2 und § 304 Abs. 2 StGB die Tathandlung der unbefugten, nicht nur unerheblichen und nicht nur vorübergehenden Veränderung des Erscheinungsbildes der Sache einzuführen. Damit wollte er nicht zur Vermeidung von Strafbarkeitslücken auf das Kriterium Erheblichkeit verzichten.[909] Eine Einschränkung erfährt der Straftatbestand des § 303 Abs. 2 StGB aber durch die weiteren Tatbestandsmerkmale der unbefugten, nicht nur unerheblichen und nicht nur vorübergehenden Veränderung. Der „ultima ratio“ Charakter ist ein wichtiger Gesichtspunkt, der bei der Auslegung des § 303 Abs. 2 StGB berücksichtigt werden muss. Der „ultima ratio“ Charakter und das Bestimmtheitsgebot beschreiben keine klaren Grenzen, im Hinblick darauf, wann eine Verfassungswidrigkeit vorliegt. § 303 Abs. 2 StGB ist problematisch für die Auslegung, ist aber nicht verfassungswidrig.[910] Ein Straftatbestand der Sachbeschädigung ist zu weit gefasst, wenn er jede Beeinträchtigung des Gestaltungsinteresses des Eigentümers oder sonst Berechtigten unter Strafe stellen würde.

4. Ein Problem bei der strafrechtlichen Verfolgung besteht in der schwierigen Ermittlung der Täter, weil die Graffiti-Szene durch eine Bewahrung des Geheimnisses gegenüber Außenstehenden geprägt wird.[911] Graffitis werden durch den Straftatbestand der Sachbeschädigung nur dann erfasst, wenn entweder bereits durch Graffitis oder durch die Reinigungsarbeit die Sache verletzt wird. Lässt sich die Schmiererei ohne Substanzverletzung entfernen, liegt keine Sachbeschädigung vor, ist der Arbeitaufwand zur Reinigung auch noch so groß. Einer angemessenen strafrechtlichen Ahndung der Graffitis steht die Auslegung zum Straftatbestand des § 303 StGB entgegen. Der Straftatbestand der Sachbeschädigung führt zu dem unbefriedigenden Ergebnis, dass ein

909 BT-Drucks. 15/5313, S. 3.

910 Maron, Das 39. Strafrechtsänderungsgesetz, S. 227–229.

911 Behforouzi, Die deutsche Graffiti-Szene, S. 75–82.

Eigentümer seine Sache mit einem Schutzanstrich versieht, um Tags ohne bleibenden Schaden beseitigen zu können, was den Sprayer vor Strafe schützt. Vor allem aber sind die Strafverfolgungsbehörden gezwungen, einen nicht unwesentlichen Anteil ihrer Ermittlungskapazitäten auf die Beeinträchtigung der Sache durch Graffitis zu verwenden.[912]

Die Entwicklung der Graffitikriminalität verläuft dramatisch. Graffitis beeinträchtigen das Eigentum erheblich. Graffitis werden nicht nur durch Jugendlichen gesprüht, sondern auch durch Erwachsenen. Zumindest ist eine Stimmung in der Gesellschaft vorzufinden, Schmierereien und Vandalismus nicht mehr ohne weiteres zu dulden. Graffitidelikte sind von der Intensität der Ermittlung und Verfolgung durch die Polizei und von den Kapazitäten im personellen Bereich abhängig. Sachbeschädigungen durch Graffitis zeigen steigende Tendenzen. Eindeutig ist, dass intensive Beschäftigungen zu einer besseren Aufklärungsquote führen würden, so dass auch die Zahl der Tatverdächtigen zunehmen wird.[913] Es wird zu realen Zunahmen kommen, weil Sprayer zunehmend am Nachtleben teilnehmen.[914] Opfer sind nicht nur die eigentlichen Opfer durch Graffitis. Daneben sind es auch Menschen, an denen sonstige Begleitstraftaten begangen wurden und die materielle oder körperliche Schäden davon tragen.[915] In der Auswertung der PKS hinsichtlich der Schäden durch Graffitis ist anzumerken, dass die Schadenshöhe und Häufigkeit teilweise rückläufig ist. Werden die jugendlichen Täter ermittelt, werden die Straftaten auch in der PKS dem jugendlichen Spektrum zugeschlagen. Kommt es nicht zur Taterklärung, gehen diese Straftaten in die allgemeine PKS als ungeklärte Sachbeschädigung mit ein. Somit ist eine Bewertung tatsächlicher Graffitikriminalität hinsichtlich der PKS nicht mehr möglich.[916] Graffitis schafften schwer erträgliche Strafbarkeitslücken. Das Strafrecht muss von daher seinen Beitrag durch gesetzliche Präzisierung zur Bekämpfung der Graffitis leisten.

Prävention ist von den Städten und Gemeinden gefordert, vor allem wenn es darum geht, Nachahmungseffekte zu verhindern. Die präventive Wirkung einer raschen Beseitigung der Graffitis ist nicht als unerheblich einzuschätzen. So kann man einen Erfolg der Sprayer vereiteln, wenn ihr Werk nur von wenigen

---

912 Wolf, Graffiti als kriminologisches und strafrechtsdogmatisches Problem, S. 156–158; Maron, Das 39. Strafrechtsänderungsgesetz, S. 255.

913 4. Kapitel, II; vgl. Maron, Das 39. Strafrechtsänderungsgesetz, S. 245–246.

914 Höffler, Graffti – Prävention durch Wiedergutmachung, S. 203; Behforouzi, Die deutsche Graffiti-Szene, S. 176.

915 Wolf, Graffiti als kriminologisches und strafrechtsdogmatisches Problem, S. 85; Maron, Das 39. Strafrechtsänderungsgesetz, S. 240–241.

916 4. Kapitel, II; vgl. Maron, Das 39. Strafrechtsänderungsgesetz, S. 247.

Menschen gesehen wird. Deshalb müssen Graffitis schnell entfernt werden.[917] Dadurch wird der Erfolg der Sprayer infrage gestellt, oder noch besser, gegenstandlos. Zur Eindämmung illegaler Graffiti bedarf es intensiver Bemühungen um präventive Angebote. Die Schaffung legaler Ausdrucksmöglichkeiten, Organisation von Säuberungsprogrammen bei Geschädigten, Graffiti-Workshops und Technische Maßnahmen leisten ihren Betrag zur Eindämmung illegaler Graffiti. Prävention muss so früh wie möglich bereits im Elternhaus, in Kindergärten, in Schulen, Kirchen und Vereinen einsetzen. Lehrer und Eltern müssen vor allem über den Wert, den Nutzen öffentlicher Einrichtungen und dem notwendigen Respekt vor dem Recht anderer, auch vor dem Eigentumsrecht, sprechen. Es muss ebenso vermittelt werden, dass es für seinen Nachwuchs nicht nur strafrechtliche, sondern auch zivilrechtliche Konsequenzen gibt. Durch elterliche Wärme und konsistentes Erziehungsverhalten im Elternhaus, in der Schule und unterstützendes präventives Netzwerk kann man auch alle illegalen Graffitis nicht verhindern. Nur durch die Landespolitik gegen Vandalismus und illegale Graffitis kann man zwar die Gefahr der Strafbarkeit und Schadensersatzanforderungen vor Augen führen, aber alle illegalen Graffitis sind nicht zu verhindern. Zum Grundverständnis der Szenengänger gehört einfach ein illegaler Kick. Da Sprayer bei der Teilnahme an Hall of Fames die Gefahr sehen, ihre Annonymität zu verlieren, lehnen sie solche Angebote völlig ab und verbreiten so häufig nur unter Zeit- und Entdeckungsdruck „Tags“. Alternativen zur gesellschaftlichen Bekämpfung leisten ihren Beitrag, sind aber keine überzeugende Alternative zum Strafrecht. Es darf nicht hingenommen werden, dass sich Einzelne das Recht herausnehmen, das Eigentum fremder gegen den Willen des Eigentümers zu verändern.[918]

Das unbefugte Sprayen von Graffitis sei ein Indiz für das Fehlen wirksamer staatlicher Sicherheitskontrolle einer Stadt hinsichtlich des sauberen Erscheinungsbildes. „Broken-Windows“ begründe weitere Straftaten durch Armut und schlechte Wohnverhältnisse. Ordnungsstörungen und Verwahrlosungen beeinträchtigen das Sicherheitsgefühl der Bürger und schaffen einen Nährboden für Kriminalität. Dagegen sei frühzeitig und entschlossen vorzugehen.[919] Die „Broken-Windows“-Theorie gehe davon aus, dass solche Zeichen der sozialen Verwahrlosung – zu denen auch Graffitis gezählt werden – eine ansteckende Wirkung haben und auch schwere Kriminalität begünstigen können. Es gibt eine Vielzahl von sozialen Ursachen für das illegale Sprayen von Graffitis. Diese

917 Behforouzi, Die deutsche Graffiti-Szene, S. 203–204.

918 4 Kapitel, IV; vgl. Behforouzi, Die deutsche Graffiti-Szene, S. 159, 162, 165, 170, 175, 222, 224.

919 Wilson/Kelling, KrimJ 1996, 121 (124); Volkmann, NVwZ 1999, 225 (226).

Taten werden auch von Jugendlichen aus der Mittelklasse begangen, die sich zur Rap- und Hip Hop-Szene zählen. Die Vorstellung, dass Straftäter aus einem „broken home“ kommen, also Scheidungskinder sind, oder sonst von ihren Eltern vernachlässigt wurden, trifft in dieser Allgemeinheit auf die Sprayer illegaler Graffitis nicht zu. Die Jugendlichen können sich ihre Sprühdosen oder Filzstifte häufig von ihrem Taschengeld kaufen. Sie besitzen ein gehobenes Bildungsnieveau. 69,0 Prozent der Täter kommen aus der gesellschaftlichen Mittel- und Oberschicht mit einem intakten Elternhaus.[920] Die Auffassung nach der „Broken-Windows“-Theorie, dass Täter mit sozialen Problemen zwangsläufig Straftaten begehen und durch diese Probleme zur Begehung von Straftaten determiniert sind, gilt in der modernen Kriminologie zu Recht als überholt.

Es ist in der Tat so, dass Teile der Politik das Thema innere Sicherheit bewusst aufgreifen und auch beim Ausmaß der Kriminalität übertreiben, um sich in der Öffentlichkeit mit rigorosen Forderungen zu profilieren. Es besteht aber die Gefahr eines Ansehensverlustes der Politik. Es ist daher nicht so, dass die Kriminalpolitik die Emotionen der Bevölkerung widerspiegelt, sondern dass hier ein Wechselspiel stattfindet.[921] Die Strategie der Kriminalpolitik setzt ebenso auf Verhütung, wie Verfolgung der Straftaten. Es ist besser, Straftaten erst gar nicht geschehen zu lassen. Deshalb kommt der Prävention, insbesondere bei den Eigentumsdelikten von Jugendlichen, eine hohe Bedeutung zu. Die polizeilichen Maßnahmen und die Maßnahmen der Justiz sind vor allem bei schweren Straftaten zu intensivieren. Graffitis bedeuten den Verlust am Eigentum der Bürger. Polizei und Justiz können Sicherheit und Ordnung nicht allein gewährleisten. Sie brauchen Partner in der Gesellschaft: Familien, Schulen, Jugenhilfeeinrichtungen, Kirchen, Vereine, Verbände, Kommunen und Bürger u.a.[922]

Das Rechtsbewusstsein nimmt nicht nur unerheblichen Schaden, wenn Graffiti-Delikte nur deshalb nicht mehr strafrechtlich verfolgt werden, weil sie massenhaft begangen werden. Oftmals sind geringe Hemmschwellen und fehlendes Unrechtsbewusstsein der Grund für das Anbringen von Graffitis. Auch der Wunsch nach Anerkennung in der Gruppe ist eine häufige Ursache. Dies ist ein falsches Signal gegenüber Kinder und Jugendlichen. Durch abgestimmte Verfahrensweisen zwischen Polizei und Staatsanwaltschaft ist die Bearbeitung von Fällen der Kleinkriminalität zu beschleunigen und die Sanktionsquote zu erhöhen. In allen Polizeigesetzen der Länder muss deshalb die Polizei auch für den Schutz der öffentlichen Ordnung zuständig sein. Vor allem die Zunahme der

920 Höffler, Graffiti – Prävention durch Wiedergutmachung, S. 109, 115, 118, 111.

921 4. Kapitel, IV, 4 b).

922 Vgl. Mogg, Die strafrechtliche Erfassung, S. 183–184; Maron, Das 39. Strafrechtsänderungsgesetz, S. 110–111; Schnurr, Graffiti als Sachbeschädigung, S. 227.

Graffiti-Delikte gibt zu erheblicher Sorge Anlass. Vielfach werden Graffitis aus der Gruppe heraus begangen.[923] In manchen Städten gibt es kaum noch Gebäuden und öffentliche Befördungsmittel, die nicht beschmiert sind. Das Anbringen von Graffitis muss effektiv bestraft werden. Die Strafbarkeit durch Graffitis in den Straftatbeständen der Sachbeschädigung und der gemeinschädlichen Sachbeschädigung ist durch entsprechende Ergänzungen klarzustellen.

5. Illegale Graffitis sind ein internationales Problem. Graffitis sind seit Jahren unverändert. Die öffentliche Aufmerksamkeit gegenüber Graffitis hat sich immer noch stark erhöht. Die geeignete Gesamtwürdigung des Straftatbestandes der Sachbeschädigung besteht innerhalb der betrachteten drei europäischen Ländern darin, dass die Straftatbestände der Sachbeschädigung durch Graffitis oder sonstigen Verhaltensweisen nicht nur eine umfassende Strafbarkeit erfassen, sondern auch durch unterschiedlichen Traditionen der einzelnen Rechtskulturen entstanden sind. In Italien, Österreich und der Schweiz ist das Verunstalten, oder Unbrauchbarmachen von Gegenständen durch Graffitis eine strafbare Sachbeschädigung. Das Verunstalten oder Unbrauchbarmachen ist durch Bemalen, Beschmutzen, Beschmieren und Besprayen gegeben, soweit die Reinigungsarbeit nicht zu vernachlässigen ist. Der Tatbestand der Sachbeschädigung nach § 366 KoStGB liegt hingegen nicht vor bei bloßen Belästigungen oder Störungen im Gebrauch einer fremden Sache. Problematisch ist, dass die Gesellschaft in Südkorea so tolerant ist, dass sie es zulässt, dass fremdes Eigentum durch Graffitis beeinträchtigt wird und dass gesagt wird, dass man dies im Interesse einer unbeeinträchtigten politischen Auseinandersetzung, im Interesse der Meinungsfreiheit hinnehmen muss. Viele Auslegungen in Graffitifällen werden als zwingendes Ergebnis aufgezeigt. § 366 KoStGB führt bei einzelnen Graffitifällen zu unterschiedlichen Auslegungen. Dies ist vor dem Hintergrund der Bedeutung des rechtsstaatlichen Gleichheitsgrundsatzes für das Strafrecht hoch problematisch. Damit ist in Bezug auf den Tatbestand der Sachbeschädigung nach § 366 KoStGB kein einheitliches Ergebnis erzielt worden. § 366 KoStGB führt auf Grund der auslegungsbedürftigen Formulierung „verbirgt oder in sonstiger Weise unbrauchbar beeinträchtigt“ wie „verunstaltet“ oder „unbrauchbar macht“ in drei europäischen Ländern zu einer großen Bandbreite an Auslegungsmöglichkeiten. Daher sind diese Formulierungen „verbirgt oder in sonstiger Weise unbrauchbar beeinträchtigt“ wie „verunstaltet“ oder „unbrauchbar macht“ ungeeignet für die Änderung der Straftatbestände der §§ 303, 304 StGB.[924]

923 Vgl. Behforouzi, Die deutsche Graffiti-Szene, S. 153; Wolf, Graffiti als kriminologisches und strafrechtsdogmatisches Problem, S. 87.

924 5 Kapitel, I.

Im Hinblick auf die Bedeutung der Straftatbestandsmerkmale „Beschädigen" und „Zerstören" soll auf das allgemeinsprachliche Verständnis dieser Begriffe verwiesen werden. Es handelt sich jeweils um eine Verletzung an der Substanz der Sache. Die Strafbarkeit durch Graffitis ist nach § 303 Abs. 2 StGB oder § 303 Abs. 1 StGB gleichgestellt. Die notwendige Brauchbarkeitsminderung oder Substanzverletzung kann bei dem Kreidesprayen durch Graffitis durch den Reinigungsaufwand nicht nachgewiesen werden.

Man kann bis heute das Problem der Graffitis nach dem Straftatbestand der Sachbeschädigung nicht lösen.[925] Eine Auslegung über den Straftatbestand der Sachbeschädigung ist in Deutschland, anders als in Südkorea bei vergleichbarer Formulierung des Straftatbestands der Sachbeschädigung, möglich. So hatte der Gesetzgeber in Deutschland den Rechtsgutschutz des § 303 StGB nicht umfassend hinsichtlich der Belange des Eigentümers formuliert. Der Gesetzgeber hat mit dem 39. Strafrechtsänderungsgesetz nur die unbefugte Veränderung des Erscheinungsbildes „nicht nur unerheblich und nicht nur vorübergehend" an der körperlichen Unversehrtheit an der Substanzsache formuliert.[926] Graffitis, Tags, Pieces und Schmierereien müssen unter den besseren Schutz des Eigentums in der Weise erfasst werden, dass das Strafrecht künftig seinen Beitrag zur Graffitibekämpfung zu leisten vermag. Die Auslegungsprobleme durch Graffitis ergeben sich zum einen aus dem Merkmal „beschädigt" nach § 303 Abs. 1 StGB und zum anderen aus den Merkmalen „unbefugt" und „nicht nur unerheblich und nicht nur vorübergehend" nach § 303 Abs. 2 StGB.[927]

Deshalb besteht Anlass zur Änderung des Straftatbestands der Sachbeschädigung. Der Formulierungsvorschlag des Straftatbestands der Sachbeschädigung wird durch die neue Ergänzung zum besseren Schutz des Eigentums an der körperlichen Unversehrtheit der Substanzsache, hinsichtlich der Veränderung des Erscheinungsbildes beitragen.

Alternativen zur Graffitibekämpfung sind häufig nicht effektiv. Graffiti ist eine Herausforderung für das Strafrecht. Bei den Eigentumsschäden soll nochmals geprüft werden, ob die Straftatbestände der Sachbeschädigungen nach §§ 303, 304 StGB durch das 39. Strafrechtsänderungsgesetz eine zufriedenstellende Wirkung zeigen. Sollten sie nicht der Fall sein, darf man nicht zögern, das Strafrecht auf langfristige Sicht effektiv nachzubessern.

---

925 Behforouzi, Die deutsche Graffiti-Szene, S. 100.

926 BT-Drucks. 15/5313, S. 2.

927 5 Kapitel, II, III 2.

Literaturverzeichnis

Albrecht, Peter-Alexis: Prävention als problematische Zielbestimmung im Kriminaljustizsystem, in: KritV 1986, S. 55 (zit.: P.A. Albrecht, KritV 1986, S.).

Baier, Helmut: Referendarsexamensklausur, in: JuS 2004, S. 59f. (zit.: Baier, JuS 2004, S.).

Baldus, Manfred: Freiheit und Sicherheit nach dem 11. September 2001 – Versuch einer Zwischenbilanz, in: KritV 2005, S. 364ff. (zit.: Baldus, KritV 2005, S.).

Behforouzi, Human: Die deutsche Graffiti-Szene – Eine explorative Studie zur Phänomenologie und zu den Aktiven im Feld, unter Berücksichtigung strafrechtlicher, kriminologischer und kriminalpräventiver Aspekte, Diss. Tübingen 2006 (zit.: Behforouzi, Die deutsche Graffiti-Szene, S.).

Behm, Ulrich: Sachbeschädigung und Verunstaltung – Zur Notwendigkeit einer Abgrenzung bei der Auslegung des § 303 I StGB, Diss. Berlin 1984 (zit.: Behm, Sachbeschädigung und Verunstaltung, S.).

–: Zur Sachbeschädigung durch Plakatieren und Beschmieren, in: JR 1988, S. 360ff. (zit.: Behm, JR 1988, S.).

–: Ablassen der Luft aus Fahrradreifen, in: NStZ 1988, S. 275ff. (zit.: Behm, NStZ 1988, S.).

–: Sollte der Tatbestand der §§ 303, 304 StGB um das Merkmal „Verunstalten" erweitert werden? – Zu den aktuellen Entwürfen des Bundesrats, der CDU/CSU und der FDP, in: StV 1999, S. 567ff. (zit.: Behm, StV 1999, S.).

Binding, Karl: Die Normen und ihre Übertretung, Leipzig 1872 (zit.: Binding, Die Normen und ihre Übertretung, S.).

Bock, Michael: Prävention und Empirie, über das Verhältnis von Strafzwecken und Erfahrungswissen, JuS 1994, S. 89ff. (zit.: Bock, JuS 1994, S.).

Boers, Klaus: Kriminalitätsfurcht, in: MschrKrim 1993, S. 72ff. (zit.: Boers, MschrKrim 1993, S.).

–: Sozialer Umbruch und Kriminalität in Deutschland, in: MschrKrim 1996, S. 314ff. (zit.: Boers, MschrKrim 1996, S.).

Bosinski, Gerhard: Eiszeitliche Höhlenkunst, in: Hainzl, Manfred (Hrsg.), Zeichen an der Wand, Höhlenmalereien – Felsbilder – Graffiti, Wels 2004, S. 13ff. (zit.: Bosinski, Eiszeitliche Höhlenkunst, S.).

Brassai, Gyula Halasz: Von der Höhlenwand zur Mauer der Fabrik, in: Stahl, An der Wand. Graffiti zwischen Anarchie und Galerie, Köln 1989 (zit.: Brassai, Höhlenwand, in: Stahl, An der Wand, S.).

Braum, Stefan: Das Graffiti-Bekämpfungsgesetz und der Schutz des Eigentums, in: KJ 2000, S. 35ff. (zit.: Braum, KJ 2000, S.).

Brüchert, Oliver/Steinert, Heinz: Das kriegerische Missverständnis des polizeilichen Gewaltmonopols, am Beispiel „Aufräumen" wie in New York", in: Ortner Helmut(Hrsg.) u.a., New Yorker „Zero-Tolerance"-Politik, Baden-Baden 1998 (zit.: Brüchert/Steinert, Das kriegerische Missverständnis des polizeilichen Gewaltmonopols, in: Ortner Helmut(Hrsg.) u.a., New Yorker „Zero-Tolerance"-Politik, S.).

Calliess, Christian: Die grundrechtliche Schutzpflicht im mehrpoligen Verfassungsrechtsverhältnis, in: JZ 2006, S. 321ff. (zit.: Calliess, JZ 2006, S.).

Cho, Kuk: Law School, StrR BT, Bak Joung Sa 2009 (zit.: Cho, Kuk, Law School, StrR BT, S.).

Choi, Kwan-Shik: StrR BT, Sa Mu Sa 2009 (zit.: Choi, Kwan-Shik, StrR BT, S.).

Chung, Jin-Yeon/Shin, Yi-Chul: StrR BT, 2. Aufl., Soongsil University Press 2008 (zit.: Chung, Jin-Yeon/Shin, Yi-Chul, StrR BT, S.).

Dietmeier, Frank: Anmerkung zum Urteil des BGH v. 12.02.1998, in: JR 1998, S. 471 (zit.: Dietmeier, JR 1998, S.).

Dölling, Dieter: Sachbeschädigung durch Plakatieren von Gebrauchsgegenständen, in: NJW 1981, S. 207ff. (zit.: Dölling, NJW 1981, S.).

–: Zur Frage, ob das Besprühen als Sachbeschädigung strafbar ist, in: JR 1984, S. 37ff. (zit.: Dölling, JR 1984, S.).

Dreher, Eduard: Die Behandlung der Bagatellkriminalität, in: Stratenwerth, Günter u.a.: FS für Hans, Welzel zum 70. Geburtstag, Berlin u.a. 1974, S. 917 (zit.; Dreher, Die Behandlung der Bagatellkriminalität, S.).

Dünkel, Frieder/Maelicke, Bernd: Irren ist (un-)menschlich!, in: Neue Kriminalpolitik 2004, S. 131 (zit.: Dünkel, Neue Kriminalpolitik, S.).

Ecker, Harald: Graffiti in modernen Gesellschaften, in: Hainzl, Manfred (Hrsg.), Zeichen an der Wand: Höhlenmalereien – Felsbilder – Graffiti, Wels 2004 (zit.: Ecker, Graffiti in modernen Gesellschaften, S.).

Eder, Flora/Grillmayr, Julia: „Graffiti sind weit mehr als Kunst", in: Der Standard. Schülerstandard, vom 7./8. Dezember 2004, S. 30, 34 (zit.: Eder/ Grillmayr, Der Standard. Schülerstandard vom 7./8. Dezember 2004, S.).

Eidam, Lutz: Sprühaktion mit Folgen, in: JA 2010, S. 603 (zit.: Eidam, JA 2010, S.).

Eisenschmid, Norbert: Neue Strafnormen zur Sachbeschädigung: Das Graffiti-Bekämpfungsgesetz, in: NJW 2005, S. 3033ff. (zit.: Eisenschmid, NJW 2005, S.).
Ellbogen, Klaus: Assessorexamensklausur – Strafrecht: Nebeneinkünfte, in: JuS 2006, S. 345ff. (zit.: Ellbogen, JuS 2006, S.).
Engi, Lorenz: Was heißt Politik, in: ARSP 2006, S. 237ff. (zit. Engi, ARSP 2006, S.).
Feltes, Thomas: Vandalismus und Sicherheit im öffentlichen Nahverkehr, in: Kriminalistik 2003, S. 277ff. (zit.: Feltes, Kriminalistik 2003, S.).
Fischer, Thomas: Strafgesetzbuch und Nebengesetze, Kommentar, 58 Aufl., München 2011 (zit.: Fischer, StGB, §, Rn.).
Frankenberg, Günter: Kritik des Bekämpfungsrechts, in: KJ 2005, S. 370ff. (zit.: Frankenberg, KJ 2005, S.).
Gaede, Karsten: Sachbeschädigung durch Ausnutzung der Funktionsgrenzen fremder Sachen?, in: JR 2008, S. 97ff. (zit.: Gaede, JR 2008, S.).
Geerds, Friedrich: Anmerkung zum Urteil des BayObLG am 21.08.1987, RReg. 1 St 98/87, in: JR 1988, S. 218 (zit.: Geerds, JR 1988, S.).
Gössel, Karl Heinz: Wildes Plakatieren und Sachbeschädigung im Sinne des § 303 StGB in: JR 1980, S. 184ff. (zit.: Gössel, JR 1980, S.).
Gössner, Rolf: Wahlkampf gegen Bürgerrechte, Die große Koalition der Inneren Sicherheit, in: Ortner, Helmut/Pilgram, Arno/Steinert, Heinz, Die Null-Lösung, Baden-Baden 1998, S. 229ff. (zit.: Grössner, in: Ortner, u.a., Die Null-Lösung, S.).
Gusy, Christoph: Gewährung von Freiheit und Sicherheit im Lichte unterschiedlicher Staats- und Verfassungsverhältnisse, in: VVDStRL 2004, S. 155ff. (zit.: Gusy, VVDStRL 2004, S.).
Günther, Hans-Ludwig: Die Genese eines Straftatbestandes – Eine Einführung in Fragen der Strafgesetzgebungslehre, in: JuS 1978, S. 8ff. (zit.: Günther, JuS 1978, S.).
Günther, Klaus: die Person der personalen Rechtsgutslehre, in: Neumann, Ulfrid/ Prittwitz (Hrsg.), Cornelius, Personale Rechtsgutslehre und Opferorientierung im Strafrecht, Frankfurt a.M. 2007 (zit.: Günther, die Person der personalen Rechtsgutslehre, in: Neumann/Prittwitz, Personale Rechtsgutslehre und Opferorientierung im Strafrecht S.).
Kwon, Oh-Geol: StrR BT, Hyeong Sulsa 2009 (zit.: Gwon, Oh-Geol, StrR BT, S.).
Haas, Robert: Sachbeschädigung durch wildes Plakatieren – Probleme des § 303 – in: JuS 1978, S. 14ff. (zit.: Haas, JuS 1978, S.).

Habich, Roland: Immer mehr für immer mehr – Anmerkungen zur Wohlfahrtsforschung in vergleichender Perspektive, in: Glatzer, Wolfgang/Habich, Roland/Mayer, Karl Ulrich (Hrsg.), Sozialer Wandel und gesellschaftliche Dauerbeobachtung, Opladen 2002, S. 202ff. (zit.: Habich, Immer mehr für immer mehr – Anmerkungen zur Wohlfahrtsforschung in vegleichender Perspektive, in: Glatzer, Wolfgang, Sozialer Wandel und gesellschaftliche Dauerbeobachtung, S.).

Haffke, Bernhard: Vom Rechtstaat zum Sicherheitsstaat?, in: KJ 2005, S. 17 (zit.: Haffke, KJ 2005, S.).

Han, Nam-Hyun: StrR BT, Beob Mun Sa 2009 (zit.: Han, Nam-Hyun, StrR BT, S.).

Hansen, Ralf: Eine Wiederkehr des Leviathans? Starker Staat und neue Sicherheitsgesellschaft, Zero Tolerance als Paradigma Innerer Sicherheit?, in: KJ 1999, 231ff. (zit.: Hansen, KJ 1999, S.).

Hassemer, Winfried: Theorie und Soziologie des Verbrechens, Ansätze einer praxisorientieten Rechtsgutlehre, Frankfurt am Main 1980/1973 (zit.: Hassemer, Theorie und Soziologie des Verbrechens, S.).

–: Perspektiven einer neuen Kriminalpolitik, in: StV 1995, S. 483ff. (zit.: Hassemer, StV 1995, S.).

–: Zum Spannungsverhältnis von Freiheit und Sicherheit, Vorgänge 3/2002, S. 10ff. (zit.: Hassemer, Vorgänge 2002, S.).

–: Sicherheitsbedürfnis und Grundrechtsschutz, Umbau des Rechtsstaats?, in: StraFo 2005, S. 312ff. (zit.: Hassemer, StraFo 2005, S.).

–: Strafrecht, Prävention, Vergeltung, in: ZIS 2006, S. 266ff. (zit.: Hassemer, ZIS 2006, S.).

Hefendehl, Roland: Der Kampf geht weiter: Der Entwurf eines Graffiti-Bekämpfungsgesetzes, in: NJ 2002, S. 459ff. (zit.: Hefendel, NJ 2002, S.).

–: Kollektive Rechtsgüter im Strafrecht, Köln u.a. 2002 (zit.: Hefendehl, Kollektive Rechtsgüter, S.).

Hefendehl, Roland/Hirsch, Andrew von/Wohlers, Wolfgang: Die Rechtsguttheorie, Baden-Baden 2003 (zit.: Hefendehl, Roland/Hirsch, Andrew von/ Wohlers, Wolfgang, Die Rechtsguttheorie, S.).

Heinrich, Manfred: Die Sachbeschädigung als unmittelbare Nutzungsbeeinträchtigung, in: FS für Otto, Harro zum 70. Geburtstag am 1. April 2007, S. 577ff. (zit.: Heinrich, Die Sachbeschädigung als unmittelbare Nutzungsbeeinträchtigung, in: FS für Otto, S.).

Hess, Henner: New York zieht die Lehren aus den zerbrochenen Fensterscheiben, in: KrimJ 1996, S. 179ff. (zit.: Hess, KrimJ 1996, S.).

Hillenkamp, Thomas: Was bewirkt das „Noffiti-Gesetz“?, in: Kriminalpolitik und ihre wissenschaftlichen Grundlagen, FS für Schwind, Hans-Dieter, Heidelberg 2006, S. 927ff. (zit.: Hillenkamp, Was bewirkt das „Noffiti-Gesetz“?, in: FS für Schwind, S.).

Hirsch, Hans Joachim: Zur Behandlung der Kriminalität in der Bundesrepublik Deutschland, Unter besonderer Berücksichtigung der Stellung der Staatsanwaltschaft, in: ZStW 1980, S. 218 (zit.: Hirsch, ZStW 1980, S.).

Hirtenlehner, Helmut: Kriminalitätsfurcht, Ergebnis unzureichender Coping-Ressourcen, in: MschrKrim 2006, S. 1ff. (zit.: Hirtenlehner, MschrKrim 2006, S.).

Höffler, Katrin: Graffiti – Prävention durch Wiedergutmachung – Implementation und Evalution eines Münchner Modellprojektes, Diss. München 2008 (zit.: Höffler, Graffiti – Prävention durch Wiedergutmachung, S.).

Huh, Won-Gu: StrR BT, Chung Mok Sa 2010 (zit.: Huh, Won-Gu, StrR BT, S.).

Ingelfinger, Ralph: Graffiti und Sachbeschädigung, Hamburg 2003 (zit.: Ingelfinger, Graffiti und Sachbeschädigung, S.).

Jescheck, Hans-Heinrich/Weigend, Thomas: Lehrbuch des Strafrechts, Allgemeiner Teil, 5. vollständig neubearbeitete und erweiterte Aufl., Berlin 1996 (Jescheck/Weigend, StrR AT, S.).

Jin, Gye-Ho/Lee, John Girl: StrR BT, Dae Wang Sa 2008 (zit.: Jin, Gye-Ho/Lee Jon-Girl: StrR BT, S.).

Joecks, Wolfgang: Studienkommentar, StGB, 9 Aufl., München 2010 (zit.: Joecks, Stud-K, StGB, §, Rn.).

Joecks, Wolfgang/Miebach, Klaus: Münchener Kommentar, Strafgesetzbuch, Bd. 4, Bandredakteure: Hefendehl, Roland/Hohmann, Olaf, §§ 263–358 StGB, §§ 1–8, 105, 106 JGG, München 2006 (zit.: MK-Bearbeiter, StGB, §, Rn.).

Jung, Young-Il: StrR BT, Bak Young Sa 2008 (zit.: Jung, Young-Il, StrR BT, S.).

Kaiser, Günther: Möglichkeiten zur Bekämpfung der Bagatellkriminalität in der Bundesrepublik Deutschland, in: ZStW 1978, S. 877ff. (zit.: Kaiser, ZStW 1978, S.).

Kaiser, Katrin: Graffiti in der gesellschaftlichen Kontroverse unter Berücksichtigung der ‚Demokratie von unten‘, Berlin 2007 (zit.: Kaiser, Graffiti, S.).

Kargl, Walter: Sachbeschädigung und Strafgesetzlichkeit, in: JZ 1997, S. 283ff. (zit.: Kargl, JZ 1997, S.).

–: Gesinnung und Erfolg im Unterlschlagungstatbestand, in: ZStW 1991, S. 156ff. (zit.: Kargl, ZStW 1991, S.).

Katzer, Hans: Sachbeschädigung durch unbefugtes Plakatieren?, in: NJW 1981, S. 2036ff. (zit.: Katzer, NJW 1981, S.).

Kaufmann, Arthur: Schuldprinzip und Verhältnismäßigkeitsgrundsatz, in: Warda, Günter (Hrsg.), FS für Richard Lange, Berlin 1976 (zit.: Kaufmann, FS für Lange, S.).

Kemme, Stefanie/Hanslmaier, Michael/Stoll, Katharina: Kriminalitätsentwicklung 1995 bis 2008 – Ergebnis einer Expertenbefragung, Forschungsbericht Nr. 112, Hannover 2011 (zit.: Kemme/Hanslmaier/Stoll, Kriminalitätsentwicklung 1995 bis 2008 – Ergebnis einer Expertenbefragung, Forschungsbericht Nr. 112, Hannover 2011, S.).

Kim, Il-Su: Strafrechtsreform in Korea, in: ZStW 1994, S. 422ff. (zit.: Kim, Il-Su, ZStW 1994, S.).

Kim, Seong-Cheon/Kim, Hyung-Joon: StrR BT, Seoul 2006 (zit.: Kim, Seong-Cheon/Kim Hyung-Joon, StrR BT, S.).

Kim, Seon-Bok: StrR BT I, Pukyoung National University Press 2010 (zit.: Kim, Seon Bok, StrR BT I, S.).

Kim, Sung Don: StrR BT, Criminal Law, Sungkunkwan University Press 2009 (Kim, Sung Don, StrR BT, Criminal Law, S.).

Kim, Yong-Geun: Journal of the Institute of Industrial Technologie 2005, Characteristics of Vandalism in Park Management (zit.: Kim, Yong-Geun, Vandalism, S.).

Kindhäuser, Urs/Neumann, Ulfrid/Paeffgen, Hans-Ullrich (Hrsg.): Nomoskommentar, StGB, Strafgesetzbuch, Bd. 1, §§ 1–145d, 3 Aufl., Baden-Baden 2010 (zit.: NK-Bearbeiter, StGB, §, Rn.).

Kindhäuser, Urs/Neumann, Ulfrid/Paeffgen, Hans-Ullrich(Hrsg.): Nomoskommentar, StGB, Strafgesetzbuch, Bd. 2, §§ 146–358, 3. Aufl., Baden Baden 2010 (zit.: NK-Bearbeiter, StGB, §, Rn.).

Kindhäuser, Urs: Strafrecht Besonderer Teil II, Straftaten gegen Vermögensrechte, 4. Aufl., Baden-Baden 2005 (zit.: Kindhäuser, StrR BT II, §, Rn.).

Kohlrausch, Eduard/Lange, Richard: Strafgesetzbuch mit Erläuterung und Nebengesetzen, 43. Aufl., Berlin 1961 (zit.: Kohlrausch/Lange, StGB, §).

Köhlmeier, Lorenz: Graffiti-Kultur in Voralberg, Brg Dornbirn Schoren 2002 (zit.: Köhlmeier, Graffiti-Kultur, S.).

Krekow, Sebastian/Steiner, Jens/Taupitz, Mathias: HipHop-Lexikon, Berlin 1999 (zit.: Krekow/Steiner/Taupitz, HipHop-Lexikon, S.).

Kreß, Claus/Baenisch, Felix: „Ein Hund zwischen den Fronten“, in: JA 2006, S. 707ff. (zit.: Kreß/Baenisch, JA 2006, S.).

Kreuter, Frauke: Kriminalitätsfurcht, Messung und methodische Probleme, Opladen 2002 (zit.: Keuter, Kriminalitätsfurcht, S.).

Krey, Volker/Hellmann, Uwe: Strafrecht Besonderer Teil, Bd. 2, Vermögensdelikte, 15., neu bearbeitete Aufl., Stuttgart 2008 (zit.: Krey/Hellmann, StrR BT, Rn.).

Krüger, Matthias: Die gegenwärtige Strafrechtslage zu Graffiti, in: Sackmann, Reinhold/Kison, Silvio/Horn, Andre, Graffiti Kontrovers – Die Ergebnisse der ersten mitteldeutschen Graffitistudie –, Halle 2009 (zit.: Krüger, Graffiti, S.).

Krüger, ders.: Sachbeschädigung und Graffiti, in: NJ 2006, S. 247ff. (zit.: Krüger, NJ 2006, S.).

Kudlich, Hans: Anbringen von Reflektoren gegen Verkehrsüberwachungskameras, in: JA 2007, S. 72ff. (zit.: Kudlich, JA 2007, S.).

–: An den Grenzen des Strafrechts Rationale und verfassungsorientierte Strafgesetzgebung, dargestellt am Beispiel des strafrechtlichen Schutzes gegen Doping, in: JA 2007, S. 90ff. (zit.: Kudlich, JA 2007, S.).

Kudlich, ders.: Folgenlose Änderung oder inkonsequente Strafbarkeitsausweitung – zum zweifelhaften Regelungsgehalt des neuen § 304 II StGB, in: GA 2006, S. 38ff. (zit.: Kudlich, GA 2006, S.).

–: Mehr Rechtsklarheit bei der strafrechtlichen Graffiti-Bekämpfung (?), in: JA 2005, S. 912. (zit.: Kudlich, JA 2005, S.).

Kunz, Karl-Ludwig: Das strafrechtliche Bagatellprinzip – Eine strafrechtsdogmatische und kriminalpolitische Untersuchung, Schriften zum Strafrecht, Band 57, Berlin 1984 (zit.: Kunz, Das strafrechtliche Bagatellprinzip, S.).

–: Kriminalwissenschaften und gesellschaftliche Sicherheit, in: Gedächtnisschrift für Schlüchter, Ellen, München 2002, S. 727ff. (zit.: Kunz, GS für Schlüchter, S.).

–: Prävention und gerechte Zurechnung, Überlegungen zur normativen Kontrolle utilitaristischer Strafbegründung, in: Kunz, Karl-Ludwig, Bürgerfreiheit und Sicherheit, Bern 2000 (zit.: Kunz, Bürgerfreiheit und Sicherheit, S.).

–: Kriminologie, 6.Aufl., Bern, Stuttgart, Wien 2011 (zit.: Kunz, Kriminologie, S.).

–: Grundzüge der heutigen Kriminalpolitik, in: Neue kriminalpolitik 2005, S. 151ff. (zit.: Kunz, Neue Kriminalpolitik 2005, S.).

Kühl, Kristian: Die strafrechtliche Erfassung von „Graffiti“, in: FS für Weber, Ulrich, zum 70. Geburtstag, 18.September 2004, 413ff. (zit.: Kühl, Die strafrechtliche Erfassung von „Graffiti“, in: FS für Weber, S.).

Kühne, Hans-Heiner: Gegenstand und Reichweite von Präventionskonzepten, in: DRiZ 2002, 18ff. (zit.: Kühne, DRiZ 2002, S.).

Küper, Wilfried: Strafrecht Besonderer Teil, Definition mit Erläuterungen, 7., neubearbeitete Aufl., Heidelberg 2008 (zit.: Küper, StrR BT, S.).

Lackner, Karl/Kühl, Kristian: Strafgesetzbuch mit Erläuterungen, Kommentar, StGB, 27., neu bearbeitete Aufl., München 2011 (zit.: Lackner/Kühl, StGB, §, Rn.).

Laufhütte Heinrich Wilhelm/Rissing-van Saan Ruth/Tiedemann Klaus: Strafgesetzbuch, Leipziger Kommentar, Großkommentar, zenter Bd., §§ 284–305a, 12., neu bearbeite Aufl., Berlin 2008 (zit.; LK-Bearbeiter, StGB, §, Rn.).
Larenz, Karl/Canaris, Claus-Wilhelm: Methodenlehre der Rechtswissenschaft, Heidelberg, u.a. 1995 (zit.: Larenz/Canaris, Methodenlehre, S.).
Lee, Jae-Sam: Moderne StrR, Dae Jin Sa 2006 (zit.: Lee, Jae-Sam, Moderne StrR, S.).
Lee, Young-Ran: StrR BT, Hyeong Sul Sa 2008 (zit.: Lee, Young-Ran, StrR BT, S.).
Liszt, Franz von: Zweckgedanke im Strafrecht, in: ZStW 1883, S. 19 (zit.: Listz, ZStW 1883, S.).
Maiwald, Manfred: Unbefugtes Plakatieren ohne Substanzverletzung keine Sachbeschädigung?, in: JZ 1980, S. 256ff. (zit.: Maiwald, JZ 1980, S.).
–: Der Zueignungsbegriff im System der Eigentumsdelikte, Heidelberg 1970 (zit.: Maiwald, Der Zueignungsbegriff, S.).
Mann, Johannes: „Blenden" einer Verkehrsüberwachungs-Blitzanlage, in: NStZ 2007, S. 271ff. (zit.: Mann, NStZ 2007, S.).
Maron, Christian Oliver: Das 39. Strafrechtsänderungsgesetz – Die strafrechtliche Antwort auf Graffiti?, Diss. Konstanz 2009 (zit.: Maron, Das 39. Strafrechtsänderungsgesetz, S.).
Maurach, Reinhart/Schroeder, Christian/Maiwald, Manfred: Strafrecht Besonder Teil, Bd. 1, Straftaten gegen Persönlichkeits- und Vermögenswerte, 10., neubearbeitete Aufl., Heidelberg u.a. 2009 (zit.: Maurach/Schroeder/Maiwald, StrR BT 1, §, Rn.).
Maurach, Reinhart/Zipf, Heinz: Strafrecht Allgemeiner Teil, Teilband 1, Grundlehren des der Straftat, 8. Aufl., Heidelberg 1992 (zit.: Maurach/Zipf, StR AT, S.).
Merrson, Günter: Straffreiheit von Graffiti-Schmieren, in: NZM 1999, S. 447ff. (zit.: Merrson, NZM 1999, S.).
Michaelis, Lars Oliver: Mediation im Strafrecht – der Täter-Opfer-Ausgleich, in: JA 2005, S. 828–831 (zit.: Michaelis, JA 2005, S.).
Mogg, Christoph: Die strafrechtliche Erfassung von Graffiti, Diss. Tübingen 2007 (zit.: Mogg, Die strafrechtliche Erfassung von Graffiti, S.).
Mommsen, Carsten: Anmerkung zum Urteil des OLG Düsseldorf am 10.03.1998, in: JR 2000, S. 172ff. (zit.: Mommsen, JR 2000, S.).
Moos, Reinhard: Die Strafbarkeit von Graffiti-Sprayen in Österreich und der Schweiz, in: JR 2001, S. 93ff. (zit.: Moos, JR 2001, S.).
Naucke, Wolfgang: Über die Zerbrechlichkeit des rechtsstaatliches Strafrechts, Baden-Baden 2000 (zit.: Naucke, Über die Zerbrechlichkeit, S.).

–: Konturen eines nach-präventiven Strafrechts, in: KritV 1996, S. 336ff. (zit.: Naucke, KritV 1996, S.).
–: Strafrecht, 10 Aufl., Neuwied 2002 (zit.: Naucke, StrR, S. §, Rn.).
Neubacher, Frank: An der Grenzen des Strafrechts –Stalking, Graffiti, Weisungsverstöße, in: ZStW 2006, S. 855ff. (zit.: Neubacher, ZStW 2006, S.).
Niebaum, Imke: Illegales Sprayen als jugendkulturelle Form der Sachbeschädigung oder „Narrenhände beschmieren Tisch und Wände"?, in: Raithel, Jürgen/Mansel, Jürgen (Hrsg), Kriminaltät und Gewalt im Jugendalter, München 2003, S. 227ff. (zit.: Niebaum, Illegales Sprayen als jugendkulturelle Form der Sachbeschädigung oder „Narrenhände beschmieren Tisch und Wände"? in: Raithel, Jürgen/Mansel, Jürgen (Hrsg), Kriminaltät und Gewalt im Jugendalter, S.).
Oberwittler, Dietrich: Die Entwicklung von Kriminalität und Kriminalitätsfurcht in Deutschland, Konsequenzen für die Kriminalprävention, in: Deutsche Zeitschrift für die Kommunalwissenschaften 2003, S. 31 (zit.: Oberwittler, Die Entwicklung von Kriminalität und Kriminalitätsfurcht in Deutschland, Konsequenzen für die Kriminalprävention, in: Deutsche Zeitschrift für die Kommunalwissenschaften 2003, S.).
Obergfell-Fuchs, Joachim: KKP – Erfahrungen und Perspektiven, in: Innenministerium Baden-Württemberg (Hrsg.), Netzwerk der Zukunft, Stuttgart 2002, S. 50–51 (zit.: Obergfell-Fuchs, KKP – Erfahrungen und Perspektiven, in: Innenministerium Baden-Württemberg (Hrsg.), Netzwerk der Zukunft, S.).
Oh, Young-Keun: Einführung StrR, Bak Young Sa 2009 (zit.: Oh, Young-Keun, Einführung StrR, S.).
OK, Pil-Hun: Understanding of Criminal Law & Cases, Jin Young Sa 2009 (zit.: Ok, Pil-Hun, Understanding of Criminal Law & Cases, S.).
Otto, Harro: Grundkurs Strafrecht, Die einzelnen Delikte, 7. Aufl., Berlin, 2005 (zit.: Otto, Grundkurs StrR, StrR BT, §, Rn.).
–: Die neue Rechtsprechung zu den Vermögensdelikten, in: JZ 1985, S. 21ff. (Otto, JZ 1985, S.).
Pawlik, Michael: Strafe oder Gefahrenbekämpfung?, in: ZIS 2006, S. 274ff. (zit.: Pawlik, ZIS 2006, S.).
Peyer, Fritz: Narrenhände, Hamburg 1991 (zit.: Peyer, Narrenhände, S.).
Pieroth, Bodo/Schlink, Bernhard: Grundrechte, Staatsrecht II, 28. Aufl., Heidelberg u.a. 2012 (zit.: Pieroth/Schlink, Grundrechte, Rn.).
Reinecke, Julia: Street-Art, Eine Subkultur zwischen Kunst und Kommerz, Bielefeld 2007 (zit.; Reinecke, Street-Art, S.).
Rengier, Rudolf: Strafrecht Besonderer Teil I, Vermögensdelikte, 12. neu bearbeitete Aufl., München 2010 (zit.: Rengier, StrR BT 1, §, Rn.).

–: „Gedanken zur Problematik der objektiven Zurechnung im besonderen Teil des Strafrechts“, in: FS für Claus Roxin, Berlin u.a. 2001, S. 815ff. (zit.: Rengier, Gedanken zur Problematik der objektiven Zurechnung, in: FS für Roxin, S.).

Rheinberg, Falko/Manig, Yvette: „Was macht Spaß am Graffiti-Sprayen?“, in: Report Psychologie, Ausgabe Mai 2003 (zit.: Rheinberg/Manig, „Was macht Spaß am Graffiti-Sprayen?“, in: Report Psychologie, S.).

Roxin, Claus: Strafrecht Allgemeiner Teil, Bd. I, Grundlagen der Aufbau der Verbrechenslehre, 4. Aufl., München 2006 (zit.: Roxin, StrR AT, S.).

Rössner, Dieter/Klaus, Thomas: Rechtsgrundlage und Rechtspraxis, in: Dölling, Dieter u.a., Täter-Opfer-Ausgleich in Deutschland, Bonn 1998, S. 49ff. (zit.: Rössner/Klaus, Rechtsgrundlage und Rechtspraxis, S.).

Rudolphi, Hans-Joachim u.a.: Systematischer Kommentar zum Strafgesetzbuch, Loseblattsammlung, § 267–358, 127. Lfg., München 2011 (zit.: SK-Bearbeiter, StGB, §, Rn.).

– u.a.: Systematischer Kommentar zum Strafgesetzbuch, Loseblattsammlung, §§ 1–37, 130. Lfg., München 2011 (zit.: SK-Bearbeiter, StGB, §, Rn.).

Sack, Fritz: Prävention – ein alter Gedanke im neuen Gewand, in: Gössner, Rolf (Hrsg.), Mythos Sicherheit, Baden-Baden 1995, S. 429. (zit.: Sack, in: Gössner, Mythos Sicherheit, S.).

Satzger, Helmut/Schmitt, Bertram/Widmaier, Gunter: StGB – Strafgesetzbuch, Kommentar, Köln 2009 (zit.: SSW-Saliger, StGB, §, Rn.).

Satzger, Helmut: Der Tatbestand der Sachbeschädigung (§ 303 StGB) nach der Reform durch das Graffiti-Bekämpfungsgesetz, in: Jura 2006, S. 428ff. (zit.: Satzger, Jura 2006, S.).

Säftel, Werner: Die einfache Sachbeschädigung und die Sachentziehung im gegenwärtigen und zukünftigen Strafrecht, Heidelberg 1971 (zit.: Säftel, Die einfache Sachbeschädigung, S.).

Scheffler, Uwe: Das Verteilerkasten-Urteil (BGHSt 29, 129) – eine falsche interpretierte Entscheidung?, in: NStZ 2001, S. 290ff. (zit.: Scheffler, NStZ 2001, S.).

Schluttenhafner, Pit/Klaußenborg, Rainer: Graffiti Art, Deutschland-Germany, Berlin 1994 (zit.: Schluttenhafner/Klaußenborg, Graffiti, S.).

Schmid, Michael: Sachbeschädigung durch Ankleben von Plakaten?, in: NJW 1979, S. 1580ff. (zit.: Schmid, NJW 1979, S.).

Schmidt-Brümmer, Horst: Wandmalerei zwischen Reklamekunst, Phantasie und Protest, Köln 1982 (Zit.: Schmidt-Brümmer, Wandmalerei, S.).

Schmitt, Angelika/Irion, Michael: Graffiti Problem oder Kultur, München 2001 (zit.: Schmitt/Irion, Graffiti Problem, S.).

Schneider, Hans Joachim: Kriminologie, Berlin, u.a., 1987 (zit.: Schneider, Kriminologie 1987, S.).
Schneider, Hellmuth: Wildes Plakatieren, in: MDR 1979, S. 74ff. (zit.: Schneider, MDR 1979, S.).
Schnittenhelm, Ulrike: Urteilsanmerkung: Kriminelle Vereinigung zur Begehung von Sprühaktionen, in: NStZ 1995, S. 343 (zit.: Schnittenhelm, NStZ, S.).
Schnurr, Oliver: Graffiti als Sachbeschädigung – Strafbarkeit, Strafwürdigkeit und Strafbedürftigkeit eines gesellschaftlichen Phänomen, Diss. Frankfurt am Main 2006 (zit.: Schnurr, Graffiti als Sachbeschädigung, S.).
–: Graffiti nach der Reform des Sachbeschädigungstatbestands – eine erste Bestandsnahme aus praxisorientierter Sicht, in: StraFo 2007, S. 318ff. (zit.: Schnurr, StraFo 2007, S.).
Schönke, Adolf/Schröder, Horst (Hrsg.): Strafgesetzbuch, StGB, Kommentar, 28., neu bearbeitete Aufl., München 2010 (zit.: Sch/Sch/Bearbeiter, StGB, §, Rn.).
– (Hrsg.): Strafgesetzbuch, StGB, Kommentar, 27., neu bearbeitete Aufl., München 2006 (zit.: Sch/Sch/Bearbeiter, StGB, 27. Aufl., §, Rn.).
Schroeder, Friedrich – Christian: Urteilsanmerkung zu OLG Oldenburg am 13.09.1977, Ss 374/77, in: JZ 1978, S. 70ff. (zit.: Schroeder, JZ 1978, S.).
–: Das Bekleben einer Wandfläche aus Sichtbeton mit Plakaten kann eine Sachbeschädigung sein: Sachbeschädigung durch Ankleben von 25 Plakaten an die Brückenpfeiler der Freihafen – Elbbrücke, in: JR 1976, S. 336ff. (zit.: Schroeder, JR 1976, S.).
Schuhr, Jan C. : Veränderung des Erscheinungsbildes einer Sache als Straftat, in: JA 2009, S. 169ff. (zit.: Schuhr, JA 2009, S.).
Schumann, Karl F.: Kriminalpolitik zwischen Empirie und Ideologie, der Fall Berufsbildung im Jugendstrafvollzug, in: KrimJ 2004, S. 249ff. (zit.: Schumann, KrimJ 2004, S.).
Schwarzkopf, Oliver: Graffiti Art – Deutschland – Germany, Berlin 1994 (zit.: Schwarzkopf, Graffiti Art, S.).
Schwarz-Winklhofer, Inge/Biedermann, Hans: Das Buch der Zeichen und Symbole, 4. Aufl., Graz 1994 (zit.: Schwarz-Winklhofer/Biedermann, Zeichen und Symbole, S.).
Schweikhart, Gunter: Sgraffito-Graffiti, Über Putz und Schmutz an den Wänden, in: Stahl, Johnnes (Hrsg.), An der Wand, Graffiti zwischen Anarchie und Galerie, Köln 1989 (zit.: Schweikhart, Sgraffito-Graffiti, S.).
Schwind, Hans-Dieter: Kriminologie, Eine praxisorientierte Einführung mit Beispielen, 21., neubearbeitete und erweiterte Aufl., Heidelberg u.a. 2011 (zit.: Schwind, Kriminologie, S.).

Seelmann, Kurt: Grundfälle zu den Eigentumsdelikten, in: JuS 1985, S. 199ff. (zit.: Seelmann, JuS 1985, S.).
Shim, Jae-Moo: StrR BT I, Shinji Seowon 2009 (zit.: Shim, Jae-Moo, StrR BT I, S.).
Singelnstein, Tobias/Stolle, Peer: Die Sichergesellschaft, Wiesbaden 2006 (zit.: Singelnstein/Stolle, Die Sichergesellschaft, S.).
Sofsky, Wolfgang: Das Prinzip Sicherheit, Frankfurt a.M. 2005 (zit.: Sofsky, Das Prinzip Sicherheit, S.).
Son, Dong-Kwun: StrR BT, Yul Gok 2010 (zit.: Son, Dong-Kwun, StrR BT, S.).
Son, Misuk: Die mittelbare Täterschaft und das System der Tatbegehung im koreanischen StGB, in: ZStW 2007, S. 750ff. (zit.: Son, Misuk, ZStW 2007, S.).
Sprau, Hartwig: Palandt, Bürgerliches Gesetzbuch, 71. neubearbeitete Aufl., München 2012 (zit.: Palandt-Sprau, BGB, §, Rn.).
Stahl, Johannes: An der Wand. Graffiti zwischen Anarchie und Galerie, Köln 1989 (zit.: Stahl, An der Wand, S.).
–: Graffiti: zwischen Alltag und Ästhetik, in: Beiträge zur Kunstwissenschaft, München 1990 (zit.: Stahl, Beiträge zur Kunstwissenschaft, S.).
Stock, Jürgen: Kriminalprävention in Deutschland, forum Kriminalprävention 2001, S. 12–14. (zit.: Stock, Kriminalprävention in Deutschland, forum Kriminalprävention 2001, S.).
Streng, Franz: Wie weit trägt das broken windows-Paradigma?, Annäherungen an einen aktuellen kriminalpolitischen Ansatz, in: Internationale Perspektiven in Kriminologie und Strafrecht –FS für Günther Kaiser, Berlin 1998, S. 921ff. (zit.: Streng, FS für Kaiser, S.).
Strubelt, Wendelin/Krauwetter, Klaus: Soziale Probleme in ausgewählten Neubaugebieten verschiedener Städte der Bundesrepublik Deutschland, Bonn 1982 (zit.: Strubelt, Soziale Probleme in ausgewählten Neubaugebieten verschiedener Städte der Bundesrepublik Deutschland, S.).
Suter, Beat: Graffiti Rebellion der Zeichen, Frankfurt a.M. 1992 (zit.: Suter, Graffiti Rebellion der Zeichen, S.).
Thoss, Peter: § 303 als Reservestrafrecht, in: KritV 1994, 392ff. (zit.: Thoss, KritV 1994, S.).
–: Graffiti als Sachbeschädigung, in: StV 2006, S. 160ff. (zit.: Thoss, StV 2006, S.).
Treeck, Bernhard van: Das große Graffiti-Lexikon, Berlin 2001(zit.: Treeck, Graffiti Lexikon, S.).
Volkmann, Uwe: Broken Windows, Zero Tolerance und das deutsche Ordnungsrecht, in: NVwZ 1999, S. 225ff. (zit.: Volkmann, NVwZ 1999, S. 225ff.).

Walter, Michael: Kriminalpolitik im Wandel, Von der institutionellen Tatvergeltung zu einer gesamtgesellschaftlichen Kriminalprävention?, in: GA 2005, S. 489ff. (zit.: Walter, GA 2005, S.).
Walter, Tonio/Uhl, Matthias: Übermut tut selten gut, in: JA 2009, S. 31ff. (zit.: Walter, DWW 1998, S.).
Wassermann, Rudolf: Freibrief für Schmierereien, in: DWW 1998, S. 330ff. (zit.: Wassermann, DWW 1998, S.).
Weber, Ulrich: Bemerkungen zum Bundesrats-Entwurf eines Graffiti-Bekämpfungsgesetzes, in: GS für Meuer, Dieter, Berlin 2002, S. 283ff. (zit.: Weber, Bemerkungen, in: GS für Meuer, S.).
Wehde, Susanne: Typographische Kultur, Eine zeichentheoretische und kulturgeschichtliche Studie zur Typographie und ihrer Entwicklung, Tübingen 2000 (zit.: Wehde, Typographische Kultur, S.).
Weigend, Thomas: Bewältigung von Beweisschwierigkeiten durch Ausdehnung des materiellen Strafrechts?, in: FS für Otto Triffterer, Wien 1996, S. 695, 709 (zit.: Weigend, Bewältigung von Beweisschwierigkeiten, FS für Triffterer, S.).
Welzel, Hans: Das deutsche Strafrecht, Eine systematische Darstellung, 11. Aufl., Berlin 1969, (zit.: Welzel, Das deutswche Strafrecht, S.).
Wessels, Johannes/Beulke, Werner: Strafrecht Allgemeiner Teil, Die Straftat und ihr Aufbau, 41. überarbeitete Aufl., Heidelberg u.a. 2011 (zit.: Wessels/Beulke, StrR AT, Rn.).
Wessels, Johannes/Hillenkamp, Thomas: Strafrecht Besonderer Teil 2, Straftaten gegen Vermögenswerte, 34. Aufl., Heidelberg u.a. 2011 (zit.: Wessels/Hillenkamp, StrR BT 2, Rn.).
Wilhelm, Jens: Der praktische Fall – Strafrecht: Das überklebte Wahlplakat, in: JuS 1996, S. 424ff. (zit.: Wilhelm, JuS 1996, S.).
Wilson, James Quinn./Kelling, Georg L.: Polizei und Nachbarschaftssicherheit, Zerbrochene Fenster, in: KrimJ 1996, S. 121ff. (zit.: Wilson/Kelling, KrimJ 1996, S.).
Winko, Rolf: Graffiti – nur eine Sachbeschädigung?, in: Der Kriminalist 1997, S. 483 ff. (zit.: Winko, Der Kriminalist 1997, S.).
Wohlfarth, Jürgen: Strategien gegen Vandalismus durch Farbsprühereien, in: VewRS 1998, S. 84ff. (zit.: Wohlfarth, VewRS 1998, S.).
Wolf, Ingmar: Graffiti als kriminologisches und strafrechtsdogmatisches Problem, Diss. Frankfurt am Main 2004 (zit.: Wolf, Graffiti als kriminologisches und strafrechtsdogmatisches Problem).
Wüstenhagen, Peggy/Pfab, Alexander: Zur Strafbarkeit von Graffiti – Von einer missglückten Gesetzesnovelle, in: StraFo 2006, 190ff. (zit.: Wüstenhagen/Pfab, StraFo 2006, S.).

Zakosek, B.M.B./Laubach, Sabine (Hrsg.): Graffiti Art #8, Deutschland, Figuren & Character, Schwarzkopf & Schwarzkopf, Berlin 1998 (zit.: Zakosek/ Laubach, Graffiti Art, S.).